日本語指示詞の歴史的研究

ひつじ研究叢書〈言語編〉

【第67巻】古代日本語時間表現の形態論的研究　　　　　鈴木泰 著
【第68巻】現代日本語とりたて詞の研究　　　　　　　　沼田善子 著
【第69巻】日本語における聞き手の話者移行適格場の認知メカニズム
　　　　　　　　　　　　　　　　　　　　　　　　　　榎本美香 著
【第70巻】言葉と認知のメカニズム−山梨正明教授還暦記念論文集
　　　　　　　　　　　　　　　　　　　　児玉一宏・小山哲春 編
【第71巻】「ハル」敬語考−京都語の社会言語史　　　　辻加代子 著
【第72巻】判定質問に対する返答−その形式と意味を結ぶ談話規則と推論
　　　　　　　　　　　　　　　　　　　　　　　　　　内田安伊子 著
【第73巻】現代日本語における蓋然性を表すモダリティ副詞の研究　杉村泰 著
【第74巻】コロケーションの通時的研究−英語・日本語研究の新たな試み
　　　　　　　　　堀正広・浮網茂信・西村秀夫・小迫勝・前川喜久雄 著
【第76巻】格助詞「ガ」の通時的研究　　　　　　　　　山田昌裕 著
【第77巻】日本語指示詞の歴史的研究　　　　　　　　　岡﨑友子 著
【第78巻】日本語連体修飾節構造の研究　　　　　　　　大島資生 著
【第79巻】メンタルスペース理論による日仏英時制研究　井元秀剛 著
【第80巻】結果構文のタイポロジー　　　　　　　　　　小野尚之 編
【第81巻】疑問文と「ダ」−統語・音・意味と談話の関係を見据えて　森川正博 著

ひつじ研究叢書〈言語編〉第77巻

日本語指示詞の歴史的研究

岡﨑友子 著

ひつじ書房

目 次

序章　はじめに　　　　　　　　　　　　　　　　　　　　　　1

第1章　指示副詞研究の導入　　　　　　　　　　　　　　　　7

  1.　指示詞の研究史　　　　　　　　　　　　　　　　　　　7
  2.　時代区分と資料　　　　　　　　　　　　　　　　　　　10
  3.　指示副詞の用法（指示用法・副詞的用法）の用語について　11
    3.1　指示用法の基本的な用語　　　　　　　　　　　　　11
    3.2　副詞的用法の基本的な用語　　　　　　　　　　　　14
    3.3　指示代名詞・指示副詞が指し示す対象について　　　16
  4.　問題の所在　　　　　　　　　　　　　　　　　　　　　17

第2章　現代語の指示副詞―指示用法と副詞的用法―　　　　21

  1.　現代語の指示用法について　　　　　　　　　　　　　　21
  2.　現代語の副詞的用法　　　　　　　　　　　　　　　　　28
    2.1　動作・作用の様態を表すコ・ソ・ア　　　　　　　　29
    2.2　言語・思考・認識活動の内容を表すコ・ソ・ア　　　32
    2.3　程度・量の大きさを表すコ・ソ・ア　　　　　　　　34
    2.4　静的状態の様子を表すコ・ソ・ア　　　　　　　　　39
    2.5　まとめ　　　　　　　　　　　　　　　　　　　　　40

第3章　語彙から見た指示副詞の歴史的変化について　43

1. 上代・中古　44
2. 中世、そして近代へ　50
3. 指示体系のコ・ソ・アへの推移について
   —天草版平家物語を中心に—　54
   - 3.1　原拠本から天草版平家物語への変化について　54
   - 3.2　指示副詞の分類　56
   - 3.3　A類「カク・サ」から「コウ・ソウ」へ　57
   - 3.4　B類「カヤウ・サヤウ」から「コノヤウ・ソノヤウ」へ　65
   - 3.5　構文的機能からみるB類の変化について　71
   - 3.6　カク系・サ系列からコ・ソ・ア系へ　—指示体系の推移—　72
4. 近代以降の指示副詞のバリエーションについて　75
   - 4.1　明治期から昭和期　75
   - 4.2　発生過程について　80
5. 歴史的な資料に見られる方言形について　83
6. 語彙から見た歴史的変化のまとめ　84

第4章　指示用法から見た指示副詞の歴史的変化について　87

1. 指示代名詞　88
   - 1.1　上代　89
   - 1.2　中古　92
   - 1.3　中世以降　97
   - 1.4　ソ系列の直示用法の発生過程について　99
   - 1.5　指示代名詞のまとめ　103
2. 指示副詞　104
   - 2.1　上代　105
   - 2.2　中古　108
   - 2.3　中世　121

2.4　指示副詞のまとめ　　　　　　　　　　　　　　126
　3.　指示用法のまとめ　　　　　　　　　　　　　　　　127
　4.　指示用法から副詞的用法へ　　　　　　　　　　　　129

第5章　副詞的な機能から見た指示副詞の歴史的変化について　　133

　1.　現代語と古代語の統語論的な相違について　　　　　133
　2.　動作・作用の様態を表す用法について　　　　　　　140
　　　2.1　上代　　　　　　　　　　　　　　　　　　　141
　　　2.2　中古　　　　　　　　　　　　　　　　　　　145
　　　2.3　中世　　　　　　　　　　　　　　　　　　　147
　　　2.4　近世から近代へ　　　　　　　　　　　　　　
　　　2.5　動作・作用の様態を表す用法のまとめ　　　　156
　3.　言語・思考・認識活動の内容を表す用法について　　157
　　　3.1　上代　　　　　　　　　　　　　　　　　　　158
　　　3.2　中古　　　　　　　　　　　　　　　　　　　158
　　　3.3　中世　　　　　　　　　　　　　　　　　　　159
　　　3.4　近世そして近代へ　　　　　　　　　　　　　161
　　　3.5　言語・思考・認識活動の内容を表す用法のまとめ　163
　4.　程度・量の大きさを表す用法について　—A類・D-1類—　164
　5.　静的状態の様子を表す用法について　　　　　　　　168
　6.　副詞的用法のまとめ　　　　　　　　　　　　　　　172
　　　6.1　カク系列とコ系列、そしてコ系へ　　　　　　172
　　　6.2　サ系列とソ系列、そしてソ系へ　　　　　　　174
　　　6.3　ア系列からア系へ　　　　　　　　　　　　　176
　7.　歴史的変化における指示用法と副詞的用法の影響関係について　177
　8.　近代から新しく見いだせる指示副詞による副詞的用法　180

第6章　程度・量の大きさを表す指示副詞について　　187

1. はじめに　　187
2. 程度・量の大きさを表す指示副詞のタイプについて　　188
3. 指示副詞の表す程度・量について　　191
4. 程度・量の大きさを表す指示副詞の歴史的変化について　　195
   - 4.1　上代　　196
   - 4.2　中古　　204
   - 4.3　中世以降　　207
5. 副助詞の歴史的変化との関連性について　　210
6. まとめ　　213

第7章　ソ系(列)・サ系列の感動詞・曖昧指示表現・否定対極表現について　　217

1. はじめに　　217
2. 先行研究におけるソ系の曖昧指示表現・否定対極表現　　219
3. 心的領域について　　220
4. 談話情報領域におけるソ系(列)・サ系列の指示について　　222
   - 4.1　照応用法としてのソ系　　222
   - 4.2　感動詞・曖昧指示表現・否定対極表現のソ系(列)・サ系列　　225
5. 古代語における感動詞・曖昧指示表現・否定対極表現について　　231
   - 5.1　上代・中古　　231
   - 5.2　中世以降　　234
6. 古代語・現代語の心的領域について　　236
7. まとめ　　238

第8章　「コソアで指示する」ということ　　241

1. はじめに　　241

2. 直示（ダイクシス）と指示 242
  3. 直示の定義について 244
  4. 直示のⅡ方法とⅢ対象について 245
  5. 直示におけるⅣ場面について 252
  6. まとめ 255

第9章　今後の指示詞研究について 259

  1. はじめに 259
  2. 「サテ」について 259
  3. 先行研究と問題点 261
  4. 現代語における接続詞「サテ」について 263
    4.1 サテ①について 269
    4.2 サテ②について 270
    4.3 サテ③について 272
    4.4 感動詞的用法のサテ④について 274
    4.5 現代語「サテ」のまとめ 275
  5. 古代語の「サテ」について 275
    5.1 中古の「サテ」の意味・用法について 276
    5.2 中古の「サテ」と歴史的変化の予想
        ―源氏物語を中心に― 278
    5.3 中世における「サテ」について 284
    5.4 近世前期・近松浄瑠璃における「サテ」について 289
    5.5 近世後期・浮世風呂における「サテ」について 290
  6. まとめ　―指示詞との関係について― 291

結語　指示副詞の歴史的研究にあたって 295

あとがき 297
主要資料一覧 299

| 参考文献 | 307 |
| 索引 | 317 |

序章　はじめに

　本書は、現代・古代日本語の指示副詞を中心に、その意味・用法等の歴史的変化について考究するものである。
　同じ体系内にある指示代名詞については、諸家によって近年優れた研究がおこなわれ、精密な分析が得られるようになった。しかし、指示副詞についてはいくつかの注目すべき先行研究を除くと、古代語だけではなく現代語においてさえも、その分析は進んでいないのが現状である。
　この指示副詞研究の遅れの原因については、次のことが容易に推測できる。それは、指示副詞について明らかにする為には、以下の二つの問題点を同時に越えなければならない困難さが、常につきまとうからである。
　その二つの問題点とは、

1)　「何かを指示する」指標表現(ダイクシス)としての用法の究明
2)　「用言に係る」副詞としての統語論的な意味・用法の究明

である。
　つまり指示副詞の研究には、現在あまり進んでいない古代語の指示体系、指示用法の究明の上に、未だ分からないところが多い副詞の機能についても、明らかにしなければならないという二重の問題が待ち構えているのである。
　そこで本書は、この指示副詞の全般について、初めてまとまった歴史的研究を展開するものである。論述を進めるにあたっては、指示副詞の歴史的研

究を主とするが、現代語の分析にも力を注いだ。それは、歴史的資料から観察される事実をただ記述するのみでなく、現代語の分析を通して構築した理論をもって、古代語の指示副詞の用法、および歴史的変化の本質的構造を考究し述べることが筆者の基本理念であるからである。

また、歴史的な指示副詞の意味・用法、さらに変化の究明には、当然、指示代名詞まで含めた指示体系からの観察も必要である。そこで本書では、指示副詞のみではなく歴史的な指示代名詞についても、調査・考察を加えた後に、指示体系全体から指示副詞の意味・用法、そして変化についての考察をおこなっていく。

なお、本書における古代語の用例には、できる限り現代語訳を付した。歴史的なことばを扱う研究書として、やや冗長に感じるかもしれないが、これについては国内外の様々なことばの研究者、また興味のある方に気軽に読んでもらいたいという筆者の思いが込められている。また、用例や雑誌名等の旧字体を新字体に改めた部分もある。どうか、ご海容願いたい。

具体的には、本書は以下のように議論を進める。

まず、第1章「指示副詞研究の導入」では、考察に入る前に指示詞の研究史、歴史的な調査における時代区分・資料、また本書で使用する用語についての確認をおこなう。そしてさらに、現代・古代語の指示副詞を論じていく上で、問題となる点について整理をしておく。

次に第2章「現代語の指示副詞」では、現代語の指示副詞の指示用法と副詞的用法について論じていく。

第3章「語彙から見た指示副詞の歴史的変化について」では、上代から近代までの指示副詞の語彙的変化を概観した後に、指示体系の転換期であると考えられる中世から近世前期を中心に、調査・考察することにより(特に天草版平家物語と原拠本を資料として)、指示体系がカク・サからコ・ソ・ア体系へと整備されていく様相を示していく。

第4章「指示用法から見た指示副詞の歴史的変化について」は、指示副詞の指示用法の歴史的変化について、指示代名詞の変化とともに論じてい

く。

　そして第5章「副詞的な機能から見た指示副詞の歴史的変化について」では、指示副詞の様々な副詞的用法の歴史的な変化について明らかにしていく。

　第6章「程度・量の大きさを表す指示副詞について」では、他の指示副詞の歴史的変化とはかなり違った様相を見せる程度・量の大きさを表す指示副詞に焦点をあて論じていく。

　第7章「ソ系(列)・サ系列の感動詞・曖昧指示表現・否定対極表現について」では、ソ系(列)・サ系列のみに見られ、また例外的な用法であると考えられてきた曖昧指示表現・否定対極表現、また感動詞的な用法について論じていく。

　第8章「「コソアで指示する」ということ」では、コ・ソ・アがおこなう働き「直示」「指示する」「指す」等について、果たしてこれらが本質的にはどのようなものであるかということについて論じていく。

　第9章「今後の指示詞研究について」では、指示詞は指示代名詞・指示副詞の問題だけではなく、様々な他の文法の問題(接続詞・人称代名詞・フィラー等)とつながっていることを、特に接続詞「サテ」の分析を通して示していく。

　最後に「結語」として本書の成果と残された問題を述べる。

　なお本書は、大阪大学大学院文学研究科に平成15年度博士論文として提出した「古代指示副詞の研究」がもととなっているが、その後、数年間に公開した数点の論文を加え、大幅に加筆修正した。

　以下に、各章のもととなった論文の初出を示す。

第1章
書き下ろし
第2章
岡﨑友子(1999b)「いわゆる「近称の指示副詞」について」『語文』第73輯、

pp.42–52、大阪大学国語国文学会.

岡﨑友子(2003)「現代語・古代語の指示副詞をめぐって」『日本語文法』3 巻 2 号、pp.163–180、日本語文法学会.

第 3 章

岡﨑友子(2006c)「指示副詞のコ・ソ・ア体系への推移について」『国語と国文学』第 83 巻第 7 号(平成 18 年 7 月号)、pp.59–74、東京大学国語国文学会.

岡﨑友子(2006d)「近世以降の指示副詞の基礎的調査―明治期以降の小説を中心に―」『就実表現文化』第 1 号(通巻第 27 号)、pp.90(1)–70(21)、就実大学表現文化学会.

第 4 章

岡﨑友子(2001)「指示副詞の史的変遷について」『国文学　解釈と教材の研究』46-2、pp.119–122、学燈社.

岡﨑友子(2002)「指示副詞の歴史的変化について―サ系列・ソ系を中心に―」『国語学』第 53 巻 3 号(通巻 210 号)、pp.1–17、国語学会.

岡﨑友子(2007)「中古における指示副詞の用法と変化について」『就実表現文化』第 2 号(通巻第 28 号)、pp.94(1)–74(21)、就実大学表現文化学会.

第 5 章

岡﨑友子(1999a)「指示副詞の歴史的考察―「カク」を中心に―」文部省科学研究費研究成果報告書『明治時代の上方語におけるテンス・アスペクト形式―落語資料を中心として―』(研究代表者：金沢裕之)、pp.107–136.

第 6 章

岡﨑友子(2006a)「程度を表す指示副詞について」『大阪大学大学院文学研究科紀要』第 46 巻、pp.65–87.

第 7 章

岡﨑友子(2006b)「感動詞・曖昧指示表現・否定対極表現について―ソ系(ソ・サ系列)指示詞再考―」『日本語の研究』第 2 巻 2 号(『国語学』

通巻 225 号)、pp.77–91、日本語学会.
第 8 章
岡﨑友子(2004)「「コソアで指示する」ということ—直示(ダイクシス)についての覚書—」『語文』第 83 輯、pp.59–70、大阪大学国語国文学会.
第 9 章
岡﨑友子(2008)「指示語「サテ」の歴史的用法と変化について—『源氏物語』を中心に—」『国語語彙史の研究』二十七、pp.183–202、国語語彙史研究会.
岡﨑友子(2009)「接続詞「サテ」について—現代語の用法とテクスト—」『就実論叢』第 38 号、pp.63–78、就実大学・就実短期大学.
岡﨑友子(印刷中)「サテの歴史的変化について—中世天草版平家物語を中心に—」『語文』第 92–93 輯、大阪大学国語国文学会.

　また本書は以下の研究助成金、及び科学研究費補助金(研究代表者・岡﨑友子)による研究成果も含む。

○平成 16 年度第 22 回新村出記念財団研究助成金
○科学研究費補助金・基盤研究(C)・研究題目「古代・現代語の指示詞における総合的研究」(2007 年度〜 2009 年度)

　さらに本書の出版にあたっては平成 21 年度科学研究費補助金(研究成果公開促進費、課題番号 215062)を受けた。記して謝意を表す。

第1章　指示副詞研究の導入

1. 指示詞の研究史

　指示詞の研究史については本書で詳しく述べるまでもなく、佐久間鼎の研究(佐久間 1936、1951)を出発点とするのがほぼ定説となっている(金水・田窪 1992b 参照)。特に佐久間の指摘の優れた点は、品詞分類を超えた指示詞の体系を発見したところにある。
　特に指示副詞について、

　　「代名詞」にとりつかれている人にとっては、従来副詞として取扱われて来た「コー・ソー・アー・ドー」が、同一種類の語だということは、夢想もされなかったようです。
　　動詞を修飾するというので、一も二もなく副詞になりすましているこの種の単語は、語法家にとってあまり問題にされなかったように思われます。
　　　　　　　　　　　　　　　　　　　　　　　(佐久間 1966: p.9)[1]

といった扱いを受けてきたものが、指示体系の一員として認められたのは、佐久間の研究の功績であるといっても過言ではない。
　また、指示副詞の歴史的な側面に対して佐久間(1966)では、

もっとも、古いところでは、「かく(斯)、さ(然)」で、コーは、もとのかなづかい「かう」ですが、それは「かく(斯)」の音便に外ならず(中略)ソーは、もと「さう」で「さ(然)」から出ているということです。

(佐久間 1966: p.9)

といった形態の歴史的変化に対する指摘をおこなっている(残念ながら古代語の用法についての言及はない)。
　また、現代語の指示副詞「コウ・ソウ・アア」については、

　「こう」は話し手自身が何事かを実演して見せるしぐさ、または身近のありさまにかかわるのに対し、「そう」は相手の、「ああ」は第三者の、それぞれ動作や状態にかかわるというようになっています。

(佐久間 1966: p.24)

という指示副詞「コウ・ソウ・アア」の用法が、指示代名詞と同じように、人称区分と相関していることが指摘されている。
　この佐久間の与えた「そ＝聞き手」の前提は、金水・田窪(1992b)で述べるように、その後の指示代名詞の研究において、誰もが無批判に引用することとなり、様々な問題を生み出してきた。そして、それは指示副詞の指示用法を、不用意に指示代名詞の用法と同一視してきた指示副詞の研究にも、同様の問題を引き起こすこととなる。指示副詞に関する先行論文である橋本(1961、1966、1982)井上(1999)鈴木(2000)等の研究もやはり、佐久間以後の指示代名詞の研究と同じく、佐久間の人称区分説からの完全なる脱却と、独自の論の展開という点から見れば成功していない。
　また注目すべきものとして近年、指示副詞も含む指示体系の歴史的研究として、李(2002)の研究が提出された。李(2002)は詳細な歴史的データを駆使した労作であり、指示詞の歴史的変化を主題とした初めてのものである。
　しかし、李(2002)は他言語に見られる一人称対非一人称という現象をもって、日本語の指示詞の歴史的事実を観察しており、金水(2004)において「根

本的な疑問として、「なぜ指示詞の体系や歴史を人称体系に基づいて分析しなければならないのか」という点が最後まで残るのである」(p.142(2))、「一方で、指示詞の指示対象を決定する機構と「人称」との関わりは、評者の見るところでは決して必然的でも自明でもない」(p.140(4))と指摘されるように、その現象がはたして日本語の古代語にも存在したのか、という論の根幹部分にかなり疑問が残るのである。そしてさらに、指示副詞に関しては、「カク(カウ)・サ(サウ)」のみの考察であり、また指示代名詞と同じく人称との関係の考察が主であり、指示副詞の(特に副詞としての)本質的な意味・用法を究明するには至っていない。

このような指示詞の研究史の中で、橋本(1966)の「上代の指示体系が感覚の世界を指示するコと観念の世界を指示するソの二元的対立を基本とする構造を有する」(p.224)という指摘や、橋本(1982)における指示代名詞と指示副詞の歴史的変化の記述は、注目に値するものである。

しかし残念なことに、橋本(1966)で見られた上代の指示代名詞の基本的性質に対する卓見はそれ以上展開することはなく、また指示副詞の性質との関係についても触れられていないのである。

なお、指示代名詞については近年、特に現代語の用法において、三上(1970)阪田(1971)黒田(1979)金水・田窪(1990)金水(1999)等と活発に議論がおこなわれ、その成果には目覚しいものがあった。また、指示代名詞の歴史的研究については、金水・岡﨑・曹(2002)を始め、迫野(2002)等と、次第にその姿が明らかにされつつある。

以上のように指示副詞に関しては、これまでに体系的に研究がなされたことはなく、古代語そして現代語においてさえも、その意味・用法は明らかとされてはいない。さらに指示代名詞についても、現代語の用法はかなり精密な成果が出たものの、古代語に関しては未だ議論の余地がある(先行研究の詳しい内容については、各章で適宜述べていく)。

そこで、本書では指示副詞の歴史的な用法(指示用法・副詞用法)を中心に調査し、分析をおこなうことにより、その機能を明らかにしていく。また、同体系内の指示代名詞の変化とも、あわせて考察することにより、指示体系

全体の変化についても述べていく。

　以上のように本書は、指示副詞を中心に、歴史を通じた指示詞の機能・変化を明らかにすることにより、これまで分からないことの多かった古代語の指示の姿を、より鮮明に描き出すことを目標とする。

2.　時代区分と資料

　本書では、上代から現代までの指示副詞の歴史的変化を主に考察をおこなっていくが、ここで用いる時代区分については以下とする。

【時代区分】
上代：奈良時代
中古：平安時代
中世：院政期・鎌倉時代・室町時代
　　　（中世前期：院政期・鎌倉時代、中世後期：室町時代）
近世：江戸時代
　　　（近世前期：江戸幕府成立〜宝暦・明和頃、近世後期：安永・天明頃〜明治改元）
近代：明治・大正・昭和戦前まで
現代：昭和戦後から平成

　次に資料について、特に上代では万葉集等の歌集に偏っている点について、江富(1988)のように資料の限界を見る立場と、李(2002)の万葉集と平安鎌倉時代の和歌のテキスト（三代集＋新古今集）における指示詞の述べ語数を調査した結果、万葉集のほうが倍くらい多いことから、上代の和歌は言語資料として現場性に卓越しているとし、指示詞研究は可能であるとする立場がある。

　本書では、上代と中古の指示詞を調査し考察した結果から、完全な連続とは言えないものの、その用法から歴史的なつながりを認めることはできると

考える。

　さらにまた、上代から現代までの歴史的変化を扱う以上、時代を通じて政治的・文化的に中心地であった近畿中央部(京阪)の資料を、連続して用いるのが当然好ましいと考えられる。そこで従来問題となったのは、近世後期以降における上方語の口語的資料の不足であった。しかし、この問題については矢野(1976ab)金沢(1998)等による近世後期上方版洒落本・滑稽本の研究の成果により、その調査が可能となった。また、補足的な資料として江戸で出版されたものも調査をおこなった。

　なお、調査した作品と使用テキストについては、末の主要資料一覧に記す。

3. 指示副詞の用法(指示用法・副詞的用法)の用語について

3.1 指示用法の基本的な用語

　本書では指示詞の指示用法について、以下のように用語を規定する。

[照応用法]　対話により音声化、または書記化された言語文脈内に、当該の指示表現と指示対象を共有する先行詞があるもの。

（１）「こんなにおそくなるなら、今少し急げばよかったに。家の人達にきっと何とか言われる。政夫さん、私はそれが心配になるわ」
　　　　　　　　　　　　　　　　　　（伊藤左千夫、野菊の墓、p.54）
（２）――こうなれば、もう誰も晒うものはないにちがいない。
　　　内供は心の中でこう自分に囁いた。　　（芥川龍之介、鼻、p.43）

（3）　わしがここで送った夜は五人が穴吊りにされておった。五つの声が風の中で纏れあって耳に届いてくる。役人はこう言った。お前が転べばあの者たちはすぐ穴から引き揚げ、縄もとき、薬もつけようとな。わしは答えた。あの人たちはなぜ転ばぬかと

(遠藤周作、沈黙、p.451)

　なお、コ系には上記の例に示すように、先行詞が前方の文脈にある「前方照応」(2)、そして先行詞が後方の文脈にある「後方照応」(3)がある。なお、「後方照応」はソ・ア系にはない(木村1983等[2])。

[直示用法]　今、現場で目に見える、直接知覚・感覚できる対象があるもの。

（4）　「わたし休まなくとも、ようございますが、早速お母さんの罰があたって、薄の葉でこんなに手を切りました。ちょいとこれで結わえて下さいな」親指の中程で疵は少しだが、血が意外に出た。僕は早速紙を裂いて結わえてやる。　　　　(伊藤左千夫、野菊の墓、p.38)
（5）　浅づけもそう切ったのは、うまくなし　　　(佐久間1951：p.25)

[観念用法[3]]　エピソード記憶領域内[4]にある、過去の直接経験に関わる要素を指示対象とするもの。(言語テキスト内に先行詞もなく、今、現場で目に見える、直接知覚・感覚できる対象もないもの)

（6）　私はふと思い出して、さっきの青年のことを訊いてみました。すると御主人は、あの青年もモーツァルト狂いで、たくさんレコードを持っているのだが、もう手に入らない名盤を聴きたくて、ああやって店にやって来ては、毎日同じ曲をかけて帰って行くのだと説明してくれました。　　　　　　　　　　　　　　　(宮本輝、錦繡、p.136)

現代語の指示代名詞と指示副詞は両者とも、コ系が直示・照応用法、ソ系が直示・照応用法、ア系が直示・観念用法をもつ。

　次に、直示用法におけるコ・ソ・ア系の指示領域(いわゆる近称・中称・遠称)について、これまでの研究(主に現代語の指示代名詞)では、佐久間(1951)三上(1955)等に代表される人称区分説と、服部(1961)阪田(1971)等の距離区分説がある。本書については、2章以降に詳しく述べることになるが、以下(7)のような金水・岡﨑・曺(2002)において提案された指示領域区分と同じ立場をとっている((7)については、本書でまとめた)。

(7)　(コ・ソ・アの指示領域)
　　　比較的指示領域が安定している近称(コ)・遠称(ア)、そして近距離と遠距離に狭まれた、副次的で曖昧な領域の指示である中称(ソ)。
　　　　コ　近称：話し手から近いところ
　　　　ソ　中称：話し手からやや離れた、または聞き手に近いところ
　　　　ア　遠称：話し手から遠いところ

　また、コ・ソ・アの指示用法については、直示・照応・観念用法という3用法に分類し定義をおこなっているが、ソ系については、さらに次のような問題がある。

　まず、ソ系のみに以下のような先行文脈に先行詞もなく、対話現場に対象(事物等)もない例が多く観察される。これは先の指示用法である直示用法にも照応用法にも当てはまらない例である。

(8)　人間の心には互に矛盾した二つの感情がある。勿論、誰でも他人の不幸に同情しない者はない。ところがその人がその不幸を、どうにかして切りぬける事が出来ると、今度はこっちで何となく物足りないような心もちがする。
　　(李 2002: p.32、例は新潮文庫 100 冊 CD-ROM、芥川龍之介、鼻、p.39)

(9)　「ちょっとそこまで使いに出たんですよ。すぐ戻ってきますよ」愛想のよい吉川の妻の言葉に、信夫は思わず微笑した。
　　　（李 2002: p.25、例は新潮文庫 100 冊 CD-ROM、三浦綾子、塩狩峠、p.625）
(10)　A：私のめがね、知らない？
　　　B：その辺に置いてあるんじゃないの。　　　　（金水 1999: p.85）

　本書では、これらの用法をソ系の曖昧指示表現とし（さらに後で述べるがソ系のみがもつ否定対極表現とともに）、第 7 章「ソ系（列）・サ系列の感動詞・曖昧指示表現・否定対極表現について」で詳しく考察をおこなっていく。
　また、直示用法についても、先に述べた指示領域の他に、さらに議論しなければならない問題が残されている。そこで第 8 章「「コソアで指示する」ということ」で、これまでの問題をまとめた上で、考察をおこなっていく。

3.2　副詞的用法の基本的な用語

　指示副詞を統語論的な働きにより分類すると、以下のようになる。（以下 (11) から (18) までの例は、金水・木村・田窪 1989 より）

形容詞相当語句としての働き
(11)a.　（こんな／そんな／あんな）料理が食べたい。　　　　　　　(p.53)
　　b.　私の部屋もこんなだったら（＝こんな様子だったら）いいのですが。
　　　　　　　　　　　　　　　　　　　　　　　　　　　　　　　(p.53)

副詞相当語句としての働き
(12)a.　「お箸の持ち方を教えてください」
　　　　「右手の指にこう挟んで、こう動かすのです」
　　　　「ああ、そんな風にするのですか」　　　　　　　　　　　(p.56)
　　b.　ここをこう折ってこうすると、こうなります。　　　　　　(p.59)

名詞相当語句としての働き
(13) <u>これほど</u>の料理は、一流レストランでもまず食べられませんよ。
(p.90)

節相当語句としての働き
(14) 「中国からいらっしゃったのですか」
　　 「<u>そう</u>です」 (p.77)

　本書は、論の煩雑さを避けるため、指示副詞の中心的用法であると考えられる副詞相当語句(12)としての働きを中心に考察をおこなう。なお、これ以降、この副詞相当語句としての働きを、指示副詞の副詞的用法と呼ぶ。
　そして副詞的用法はさらに、その表す意味から「動作・作用の様態を表す用法」「言語・思考・認識活動の内容を表す用法」「静的状態の様子を表す用法」「程度・量の大きさを表す用法」に分類することができる。

動作・作用の様態を表す用法
(15)　ここのレバーを手前に(<u>こう／こんな風に／こうして／こうやって</u>)引くと、ほら、舞台の幕が上がるでしょう。 (p.57)

言語・思考・認識活動の内容を表す用法
(16)　「おはようございます。きょうもよろしくお願いいたします」
　　 (<u>こう／そう</u>)言いながら、登美子が入ってきた。 (p.63)

静的状態の様子を表す用法
(17)　この道は<u>こんな風に</u>人通りが少ないですから、女性の一人歩きは危険です。 (p.58、一部変更)

程度・量の大きさを表す用法
(18) 「暑いですね」
　　　「ええ、暑いですね。こう暑いと、勉強がはかどりませんね」　(p.68)

　それぞれの用法については、後で詳しく論じていくことになるが「程度・量の大きさを表す用法」の歴史的な用法については特に、他の副詞用法とはかなり異なる歴史的変化が観察されるため、第6章「程度・量の大きさを表す指示副詞について」で別に考察をおこなう。

3.3　指示代名詞・指示副詞が指し示す対象について

　次に、指示代名詞・指示副詞が指示する対象についても確認しておきたい。木村(1983)では、「コンナ」と「コノ」(「こんな本」「この本」)について、

　　「コンナ」はもとより指示詞一般が担う'境遇的' deictic な関係的概念に加えて、或いは〈性状〉(佐久間1936)と呼ばれ、或いはまた〈状態〉(時枝1950)と呼ばれるところの実質概念をも担うものである。その実質的概念をここでは〈さま〉と呼ぶことにすると、「コンナ」はすなわち〈さま〉を指示し、同時に〈さま〉を表す指示詞であるといえる。一方「コノ」はそれ自身いかなる実質的概念も担わず、ただ後に来る名詞によって表される事物(即ち実質的概念)を単に指示する機能しかもたない。　(p.73)

と述べ、「コンナ」が指示する(そして、表す)ものを〈さま〉としている。
　なお、その他の指示副詞について時枝(1950: p.80)では、「コンナ・ソンナ・アンナ」のみでなく、「カウ・サウ・アア・ドウ」「コンナニ・ソンナニ・アンナニ・ドンナニ」も同じく「状態」としている(なお、佐久間(1966: p.7)は「コンナ・ソンナ・アンナ・ドンナ」は「性状」であるのに対し、「コー・ソー・アー・ドー」は「容子」としている)。

そこで本書では、指示代名詞「《指定》コノ・ソノ・アノ」、「《もの》コレ・ソレ・アレ」、「《場所》ココ・ソコ・アソコ（アスコ）」等が指し示すものを〈もの・こと〉とし、また指示副詞「コウ・ソウ・アア《容子》」「コンナ・ソンナ・アンナ《性状》」等の指し示す（表す）ものを、あわせて〈さま〉とする（上記の《　》は佐久間より）。

4. 問題の所在

最後に、現代語・古代語の指示副詞を論じていく上で、問題となる点について整理し述べておきたい。

現代日本語では表1に示すように、「コレ・ソレ・アレ」等の指示代名詞と平行して、「コウ・ソウ・アア」等の指示副詞が存在する。

それに対し、古代語（平安時代）では、表2のように指示代名詞は3系列存在するのに対し、指示副詞は2系列しかなく、さらに語のバリエーションも現代語に比べ少ない。

表1　現代語の指示詞

系	指示代名詞	指示副詞
コ	コノ・コレ・ココ	コウ・コノヨウニ・コウシテ・コウヤッテ・コンナ風ニ・コウイウ風ニ・コンナニ・コレホド等
ソ	ソノ・ソレ・ソコ	ソウ・ソノヨウニ・ソウシテ・ソウヤッテ・ソンナ風ニ・ソウイウ風ニ・ソンナニ・ソレホド等
ア	アノ・アレ・アソコ	アア・アノヨウニ・アアシテ・アアヤッテ・アンナ風ニ・アアイウ風ニ・アンナニ・アレホド等

表2 中古語の指示詞

系列	指示代名詞
コ	コノ・コレ・ココ
ソ	ソノ・ソレ・ソコ
カ(ア)	カノ・カレ・カシコ(アノ・アレ・アシコ)

系列	指示副詞
カク	カク(カウ)・カヤウニ・カバカリ等
サ	サ(シカ)・サヤウニ・サバカリ等

注：現代語コ・ソ・ア系、古代語コ・ソ・カ・ア・カク・サ系列の名称について、現代語の'─系'は指示代名詞・指示副詞を含んだものであり、指示代名詞または指示副詞のみで各グループが構成される古代語については'─系列'を用いている。なお、コ系列・ソ系列・ア系列がコ系・ソ系・ア系になる時期については、カクがコウ、サがソウとなった近世とする。(アアは近世から、その用例が見られる)

　そこで、上記の表1と表2から、次の疑問点が指摘できよう。

[現代語における疑問点]
① 現代語のコ・ソ・ア系の指示副詞には、どのような用法(指示用法・副詞的用法)があるのだろうか。
② 現代語の指示副詞と指示代名詞の指示用法には、それぞれ違いはあるのだろうか。もし、あるのならどのような違いであろうか。

[歴史的な疑問点]
③ 現代語の指示副詞は指示代名詞と同様に3系あるのに対し、古代語では2系列しか存在しない。では指示副詞は、いつ2系列から現代語のような3系へ変化したのであろうか。また、古代語においては、一見別の体系を為すように見える指示副詞と指示代名詞は、本当に別の体系なのであろうか。そして、両者はどのようにして同体系へと変化していったのであろうか。
④ 古代語の指示副詞は現代語と比べ系列が一つ少なく、さらに語のバリエーションも乏しい。では、指示副詞の各語はいつ頃から見られるのであろ

うか。また、どのように変化したのであろうか。
⑤　現代語ではコ・ソ・ア3系で機能している指示副詞の用法(指示用法・副詞的用法)は、カク・サ2系しかない古代語ではどのようであったのだろうか。

　以上の疑問点に対し、まず第2章において［現代語における疑問点］①②である現代語の指示代名詞と指示副詞の指示用法の相違、および現代語の指示副詞の用法(指示用法・副詞的用法)について考察していく。
　次に、［歴史的な疑問点］③である、指示副詞の2系列から3系の推移、及び④の指示副詞のバリエーション化については第3章で、さらに⑤の古代語の用法については、第4章で指示用法、第5章で副詞的用法について論じていく。
　なお、本書では上記の問題点について、古代語「カク(カウ)・サ(サウ)」、現代語「コウ・ソウ」および「アア」を中心に論究をおこなう。これらの語については「カク」は上代から、「サ」は中古から見いだすことができ(「カク→カウ→コウ」「サ→サウ→ソウ」と変化する。なお「アア」は近世にならないと例は見いだせない)、また古代・現代語において、主として用いられる指示副詞である。これらの語を中心に、他の指示副詞(「カヤウ・サヤウ」等)も含めて調査し論じることにより、古代から現代までの指示副詞の本質的な姿を明らかにしていきたいと考える。

注
1　佐久間鼎『現代日本語の表現と語法』については、1966年の「補正版」(くろしお出版より1983年に復刊)を使用している。なお、この『現代日本語の表現と語法』は金水・田窪(1992b)で述べるように、戦前に発行されたもの(1936年刊)と「改訂版」(1951年刊)、そして「補正版」(1966年刊)が知られている。そして「指示詞と人称の相関という佐久間鼎の論点が一層鮮明になった」(金水・田窪 1992b: p.160)のは改訂版であり、また改訂版から補正版へは大きな変化はないとされて

いる。
2 後方照応については、コ系以外の指示詞の系列、特にソ系に後方照応を認めるかどうかについて、様々な議論があり十分に検討する必要があるが、ここではそれについては深く述べない(正保1981、田中1981等参照)。
3 多くの先行研究では、ア系に照応用法を認めているが、本書ではこれまでア系の照応用法とされてきたものは、観念用法であると考える。これについては、第2章1「現代語の指示用法について」で再度述べる。
4 エピソード記憶領域とは本書が提案する、様々な指示詞の用法を説明するための心的モデルの領域の一つである。これについては、第7章で詳細に述べる。

第 2 章　現代語の指示副詞
―指示用法と副詞的用法―

　本章は現代語における指示副詞の指示用法、そして副詞的用法について考察をおこなう。

　まず、指示用法については、同体系であり同じ指示用法をもつと考えられる指示代名詞と同じ用法であるのか、それともコ・ソ・アそれぞれに、いくらかは違いがあるのかを確認していく。

　次に、副詞的用法については、「動作・作用の様態を表す用法」「言語・思考・認識活動の内容を表す用法」「程度・量の大きさを表す用法」「静的状態の様子を表す用法」という用法に分類し、それぞれについて論じていく。

1.　現代語の指示用法について

　現代語の指示代名詞・指示副詞は、両者ともコ系が直示・照応用法、ソ系が直示・照応用法、ア系が直示・観念用法をもつと考えられる。

　そこで、コ・ソ・アそれぞれの系列で、指示代名詞と指示副詞の指示用法（直示・照応・観念用法）には違いがあるのかどうかについて、確認をおこなっていく。

コ系について

　現代語のコ系の指示詞は、指示代名詞・指示副詞ともに直示・照応用法をもつ。

　まず、コ系の指示代名詞では、直示用法の指示領域について金水・岡﨑・

曹(2002)で指摘するように、話し手から近い領域の〈もの・こと〉を示す。そしてコ系の指示副詞についても、その指示対象は指示代名詞と同様に、話し手に関わりが強く、話し手から近い領域の〈さま〉を示すと考えられる。

　特に、コ系の指示副詞の指示対象について、特徴的な点をあげるとすれば、コ系の指示副詞(特に「コウ」)は、主として話し手自身が動作しながら、その〈さま〉を自ら示すところにあるといえるようである。

　これについては、佐久間(1966: p.24)「「こう」は話し手自身が何事かを実演して見せるしぐさ」という指摘や、本章の2.1で指摘する「コウ」の使用場面制約下の指示領域からも観察することができる。

(1)　「お箸の持ち方を教えてください」
　　　「右手の指に<u>こう</u>挟んで、<u>こう</u>動かすのです」
　　　　　　　　　　　　　　　　　(金水・木村・田窪 1989: p.56)

　次に、コ系の照応用法について、同様に照応用法をもつソ系と比べながら述べていきたい。そこでまず、これまでの研究で指摘されているコ系およびソ系の照応用法における性質について、以下で確認しておく。

　指示代名詞のコ系、およびソ系の照応用法については、久野(1973)庵(2007)金水(1999)等の研究で、両者の基本的性質にかなりの違いがあることが報告されている。その中でも金水(1999)は、コ系の非直示用法(本書の照応用法)は「談話主題指示」であり、直示用法の拡張と考えられるのに対し、ソ系の非直示用法は直示の拡張ではなく、主に言語的な表現によって談話に導入された要素を指し示すために用いられるとする。

　このことは金水・岡﨑・曹(2002)においても、コ系は以下のような後方照応をもつことから、文脈内直示用法(text deixis/discourse deixis)の一種と指摘されている(例(2)は金水・岡﨑・曹 2002: pp.224–225)。

(2) a.　東京では、(この／*その／*あの)三人のエージェントに会って下さい。即ち、田中次郎、吉田茂、三谷孝の三人です。

b.　これはアメリカの通貨記号です。"＄"
　　c.　これは芭蕉の有名な句です。「古池やかはず飛び込む水の音」

　これについてはコ系の指示副詞も同様であり、以下のように後方照応が見られる。

（3）　すると犯人が、(こう／*そう)言ったんです。「俺は本当にやってない。他に犯人はいる」って。

　なお、ソ系の指示副詞については指示代名詞と同じく、後方照応として用いることはできない[1]。
　このように指示副詞においても、コ系の照応用法は直示の拡張であると考えられることは、カク系列からコ系へ（「カク→カウ→コウ」）の歴史的変化を考える上でも重要な指摘であり、これについては第4章「指示用法から見た指示副詞の歴史的変化について」で検証していく。

ソ系について

　次に、現代語のソ系の指示詞は、指示代名詞・指示副詞ともに直示・照応用法をもつ。
　まず、ソ系の直示用法の指示領域について、以下に確認しておきたい。
　指示代名詞における直示用法の指示領域は、これまでに佐久間(1951)三上(1955)等に代表される人称区分説と、服部(1961)阪田(1971)等の距離区分説が提案されてきた。これらは主に、ソ系の指示領域について「聞き手に近いところ」（人称区分説）であるのか、「話し手からやや離れたところ」（距離区分説）であるのか、ということを論争したものであったといえよう。
　そのような指摘に対し、金水・岡﨑・曺(2002)では人称区分説と距離区分説のどちらかだけで説明がつくものではなく、比較的安定しているコ・ア系に比べ、ソ系は不安定な面をもつものであり、現代語のソ系（指示代名詞）は「聞き手に近い領域の対象：人称区分説」も「話し手からやや離れた領域

の対象(いわゆる中距離):距離区分説」も、両方指示することができるものであるとする(なお、中距離指示のソ系については、金水・岡﨑・曹(2002)において、これらのソ系が多く現れるのは場所表現で、「それ」「そのN(Nは名詞)」のような、ものを指し示す用法には現れにくいと指摘する[2])。

(4) 聞き手の近くにあるもの:人称区分説
　　　(聞き手のカバンを指さし)「そのカバン、どこで買ったの?」
(5) 話し手からやや離れた位置にあるもの(中距離):距離区分説
　　　(タクシーの客が運転手に)そこの角で止めて下さい.

(金水・岡﨑・曹 2002: p.219)

では、ソ系の指示副詞についてはどうであろうか。例えば、以下のような場面を設定してみよう。

(6) (地震の後、現地調査に訪れた二人。地割れを見つけて)
　　助教「ほら、(ここ/そこ/あそこ)見てください!」
　　教授「あ、なんてことだ…」
　　助教「地面が(こんな風に/??そんな風に/あんな風に)割れるなんて、今回の揺れは、相当激しかったんですね」

　上記の例では、地割れを近い対象として示した「ココ」に対し「コンナ風ニ」、また離れた対象として示した「アソコ」に対し「アンナ風ニ」を用いることは可能であるが、話し手(助教)からも聞き手(教授)からも、やや離れた位置(いわゆる中距離)にある対象として示した「ソコ」に対して「ソンナ風ニ」を使用することは、かなり不自然であると感じられる。
　このようにソ系の指示副詞の直示用法は、距離区分の中距離は指しにくく、主に人称区分に関わるものであると考えられる。
　ただし、これは従来のように、ソを人称区分説のように平板に捉えてよいということではなく、あくまでもこの現象は直示用法の指示領域に見られる

ものであり、指示副詞にもやはり金水(1999)のコ・ア系対ソ系という構図が、以下のように見て取れる。

まず、金水・岡﨑・曹(2002)で指摘するように、ソ系の指示代名詞には(7)のような曖昧領域指示がある。

(7) 曖昧指示表現：指示代名詞
　　A：私のめがね、知らない？
　　B：どこか、その辺にあるんじゃないの．

（金水・岡﨑・曹 2002: p.219）

さらに、「誰それ・どこそこ」等の匿名指示・空欄指示、また「それとなく伝える」等のlogo指示用法も、曖昧領域指示に連続する表現である(金水・岡﨑・曹 2002では、指示代名詞のみを扱っている。また、本書では匿名指示・空欄指示・logo指示[3]をあわせて、曖昧指示表現と呼ぶ。第7章)。

そして、このような曖昧指示表現はソ系の指示副詞においても、以下の「しかじか」(空欄指示)や程度用法[4]において、多く見いだすことができる。

(8) a.　(慣用表現で)しかじかの話
　　b.　程度表現
　　　　荷物は(そんなに／それほど)重くなかったので手に下げて歩いて帰りました。　　　　　　　　　　　　　　　　　（金水 1999: p.84）

そして、さらに定延(2002)で指摘される気づき・応答・了解、また肯定の場合に発せられる「ソウ」も(本書では、あわせて感動詞的な用法としている。第7章)、上記と同様のタイプの用法であると考えられる。

（9）a. そうそう。田中さんがよろしくとのことでした。
　　 b. そうだ。いいことがありますよ！
　　 c. そうか。別の手がありましたね。　　　　　（定延 2002: p.91）
（10）　秘書：先方様がお見えになりました。
　　　　社長：そう(か)。部屋にお通しして。　　（定延 2002: p.88）

　また、現代語では慣用表現のみで見られる(11)(12)の表現も、そもそもは曖昧指示表現であったと考えられる。

（11）「敵もさる者」
　　　（「さ」はサ系列の「サ」＋動詞「有り」）
（12）「しかるべき所に訴える」
　　　（サ系列「シカ」＋動詞「有り」＋助動詞「べき」）

　このような曖昧指示表現、否定対極表現、感動詞的な用法のソ系は、現代語では慣用的な表現に偏るが、古代語においては、広く用いられていたもので、それが上記の表現に残ったものであると考えられる（第7章）。
　以上、このような曖昧指示的な用法は、金水(1999)で指摘されているように、指示代名詞においてはソ系のみがもつ用法であるが、これについては指示副詞も同様である。このことから、僅かの相違はあるものの、ソ系の指示代名詞と指示副詞の本質的性質は、ほぼ同じであり、指示副詞の指示用法もコ・ア系対ソ系という構図で捉えられると考える。

ア系について
　現代語のア系の指示詞は、指示代名詞・指示副詞ともに直示・観念用法をもつ。
　ア系の指示副詞の直示用法における指示領域については、指示代名詞と同じく、話し手から離れたところであると考えられる。

(13) オートバイでコーナーを走り抜けるときは、ああやって体を内側に傾けるのですね
　　　　　　　　　　　　　　　　　（金水・木村・田窪 1989: p.56）

　次に、ア系の観念用法について、これまでの多くの研究ではア系(主に指示代名詞)に照応用法を認めてきたが、本書は金水(1999)の指摘である、

　　一般に、アの文脈照応用法と呼ばれるものは、すべてこの記憶指示用法である。一見、先行文脈に依存した表現のように見えるが、言語文脈は聞き手の便利のためにアによって焦点化された場面を限定しているに過ぎない(p.72、ア系の指示代名詞について。なお、「記憶指示用法」とは、本書の「観念用法」にあたる)

という考えと立場を同じくするため、ア系に照応用法は認めていない。すなわち、今、目に見える・感覚できる対象がないア系の指示副詞の対象はすべて、話し手の記憶の中にある〈さま〉である。

(14) 彼らはね、ああいうふうに見えてもものすごくデリケートなんだよ。愛想よくふるまっていても、内心は人見知りでびくびくしている。
　　　　　　　　　　　　　　　　　（林真理子、不機嫌な果実、p.109）

　このように、ア系に関しては指示代名詞と指示副詞の間には相違はないものと考えられる。

　以上、これまで現代語の指示副詞コ・ソ・ア系の指示用法(直示・照応・観念用法)について、それぞれの系列の指示代名詞と対比させながら確認をおこなってきた。
　そこで、これまでの内容をまとめ、現在の筆者の考えを述べてみたい。
　コ・ソ・ア系の指示副詞は、指し示すという機能(指示用法)においては、指示代名詞との違いはあまり認められないと考えられる。つまりこれは指示

副詞にも、金水(1999)で指摘する、直示を原型とするコ・ア系と、直示はできず言語文脈を示すことを本質とするソ系という、コ・ア系対ソ系の対立が見いだせるということである。
　しかし、本質的な性質に違いは見られないものの、ほんの僅かであるが相違は確認できる。それは、コ系における指示対象(主に話し手自身が動作をしながら、その動作を示す)と、ソ系の中距離指示(話し手からもやや離れた領域)である。
　これについて筆者は、やはり代名詞と副詞という統語論的な機能の差によるものでないかと考える。指示副詞は述語に係り、述語の表す動作や作用・状態を指し示すものであり、それらの述語には必ず主体が存在する。つまり、指示副詞コ・ソ・ア系の直示用法における指示対象は、話し手・聞き手・第三者に関わるものであると考えられる。そのため、コ系は積極的に話し手に関わり、またソ系は指示代名詞に見られるような、聞き手(・話し手)に積極的に関わらない、やや離れた領域(中距離)の対象は、指示副詞では指示しにくいのではないだろうか。

2. 現代語の副詞的用法

　指示副詞の副詞的用法について考察をおこなっていく。
　そこでまず、指示副詞全体の副詞的用法について述べる。先に述べたように、指示副詞の副詞的用法は「動作・作用の様態を表す用法」「言語・思考・認識活動の内容を表す用法」「程度・量の大きさを表す用法」「静的状態の様子を表す用法」に分類することができる。

　そこで、結論を一部先取りして述べることになるが、現代語の指示副詞はその副詞的用法から、以下の表1に示すA・B・C・D類に分類することができる(さらに、B・C・D類については、1と2に分類される。なお、以降において、特に「B-1類」等と示さない場合には、B・C・D類は1も2も含む)。

では、現代語の指示副詞における、それぞれの副詞的用法について考察をおこなっていく。

表1　現代語の指示副詞の副詞的用法

	現代語の指示副詞	動作	言語	程度	静的
A	コウ・ソウ・アア	△	●	●	×
B	B-1 コウヤッテ・ソウヤッテ・アアヤッテ	※	×	×	×
	B-2 コウシテ・ソウシテ・アアシテ	※	×	×	※
C	C-1 コンナ風ニ・ソンナ風ニ・アンナ風ニ、コウイウ風ニ・ソウイウ風ニ・アアイウ風ニ	●	●	×	●
	C-2 コノヨウニ・ソノヨウニ・アノヨウニ	●	●	×	●
D	D-1 コンナニ・ソンナニ・アンナニ	×	×	●	×
	D-2 コレホド・ソレホド・アレホド、コレ(コノ)クライ・ソレ(ソノ)クライ・アレ(アノ)クライ、コレダケ・ソレダケ・アレダケ	×	×	●	×

注：表では「動作・作用の様態を表す用法」は「動作」、「言語・思考・認識活動の内容を表す用法」は「言語」、「程度・量の大きさを表す用法」は「程度」、そして「静的状態の様子を表す用法」は「静的」と示す。また「●・×・△・※」については、「●＝用法がある」「×＝用法がない」「△＝用法はあるが、偏りおよび場面制約がある」「※＝用法はあるが、偏りがある」を示している（それぞれについては、後で詳細に述べる）。またC-2類「コノヨウニ・ソノヨウニ・アノヨウニ」は、現代語においては口頭では用いにくい。

2.1　動作・作用の様態を表すコ・ソ・ア

　動作・作用の様態を表す用法とは、指示副詞が「走る・もつ」等の動作動詞や、「(風が)吹く・(日が)暮れる」等の無(非)意志的な作用を表す動詞、また「曲がる・折れる」等の結果動詞に係り、その動詞の表す動作・作用の様態、また動作・作用の結果現れた変化過程の様態や変化結果の状態を表す用法である。

　まず動作の様態を表す用法については、A・B・C類がこの用法をもつ。

(15) 高いボールは(ああ／あんな風に／ああして／ああやって)打つとうまく打ち返せるのですね。　　　　　　（金水・木村・田窪1989: p.57）

ただし、金水・木村・田窪(1989)で指摘されるように、動作・作用の結果現れた変化過程の様態や変化結果の状態については、A・C類は表せるが、B類は表すことはできない。

(16) ふたをあけて、熱湯をかけると(こう／こんな風に／*こうして／*こうやって)なります。　　　　　　（金水・木村・田窪1989: p.60）

また、無(非)意思的な作用の様態は、C類のみが表すことができる。

(17) 西風が(*こう／*こうやって／こんな風に)吹いてくるときは、雨になることが多い。　　　　（金水・木村・田窪1989: p.57、一部変更）

ところで、A類「コウ・ソウ・アア」については、この動作・作用の様態を表す用法に用いられる場合には、その使用場面に制約があると考えられる。

(18) **A類「コウ・ソウ・アア」の使用場面の制約仮説**[5]
　　A類は、動作・作用の様態を表す用法では、以下の場面で用いられる。〈対象X〉の動作の様態、または〈対象X〉の動作の結果現れた変化過程の様態・変化結果の状態そのものを直接、身体的指示動作(指・視線・体の動き等で対象を指し示す動作等、又は実演する動作)で示しながら説明・分析をおこなう場面。なお、「コウ・ソウ・アア」は次のように〈対象X〉の違いにより使い分けられる。
　　・〈対象X〉が発話者自身、および眼前の他者である場合…「コウ」
　　・〈対象X〉が少し離れた場所に位置する他者である場合…「ソウ」

・〈対象X〉が遠く離れた場所に位置する他者である場合…「アア」
　（ただし、他者とは有情物に限らない）

(19) a. 説明・分析の場面：（天気予報。気象予報士が天気図の前で、風の方向を動作を交えて示しながら）
　　　　台風の風が(こう／こんな風に)吹くと、西側の地域は大荒れとなります。
　　 b. 説明・分析ではない場面：（夫婦が、外を歩きながら）
　　　　暖かい風が(*こう／こんな風に)吹くと、春がそこまで来ているのを感じるね。
(20) 説明・分析の場面：（マナー教室で座り方講座。前の生徒を指差し）
　　　講師「違います。(そう／そんな風に)座っちゃ駄目です！」
　　　（教室の端の生徒を指し）
　　　講師「ほら見て！(ああ／あんな風に)座ると綺麗でしょ！」
(21) 説明・分析ではない場面：（中年男性が反戦運動をする若者に話しかける、または遠くから見て）
　　　俺も若い頃は何時間も(*そう／*ああ／そんな風に／あんな風に)座って、政府とアメリカのやり方に反対したものさ。

　上記の(19a)と(20)が「(風の)吹き方・座り方の説明」をしている場面であるのに対し、(19b)と(21)は、そのような動作(吹く・座る)の説明や分析の場面ではないため、「コウ・ソウ・アア」が使用しにくいものと考えられる。
　なお、(17)や(19b)に示した「(風が)吹く・(日が)暮れる」等の無(非)意思的な作用を表す動詞や、以下(22)のように「通勤する・住む・暮らす」等の一時的な動き・変化を表していない動詞の場合、A類「コウ・ソウ・アア」は用いられにくい。
　これについては、(18)の使用場面制約から説明できると考える。つまり、これらの無(非)意思的作用や長期的な動作の様態は、発話者が直接身体的指

示動作で示しながら、説明・分析する対象にはなりにくいのである。

(22) （通勤ラッシュのニュースをテレビで見ながら。父が子に）
　　　父さんも毎朝(*ああ／あんな風に／ああやって)通勤してるんだ。

　最後に、A類は(18)以外の場合には、以下のように程度・量の大きさを表すと考えられる。

(23) （夫がノーベル賞を取るだろうと思い、喜んでいる様子の妻に）
　　　まだ決まった訳ではないのに、君にまで、そう期待されても困るよ。

　また、「する・なる」に係る場合には、(18)の場面制約がなくなることが指摘できる。

(24) 　結局は航一の方を選んだのであるから、とうに交際を断わってもいいはずなのに、そうしないところに麻也子の意地汚さがあった。
　　　　　　　　　　　　　　　　　　　（林真理子、不機嫌な果実、p.11）

　「する・なる」に係る場合については、歴史的な「する・なる」に係るA類とあわせ、更なる考察が必要であろう。

2.2　言語・思考・認識活動の内容を表すコ・ソ・ア

　現代語のA・C類は金水・木村・田窪(1989: p.61)で「「発言・思考を表す動詞」を修飾すると、発言・思考の内容を表す」と指摘するように、「言う・思う」等の動詞に係るとそれらが表す言語・思考・認識活動の内容を表すことができる。（なおB・D類はこの用法をもたない）

(25) この前、花子の身勝手さには、もう我慢できないかもしれないって、太郎が(そう／そんな風に／*そうやって)言ってたよ。

　ただし、A類とC類が当用法において、同一の働きをするわけではなく、また「発話・思考を表す動詞」についても捉えなおす必要がある。
　そこでまず、この言語・思考・認識活動の内容を表す用法におけるA類を、以下のように規定する。

(26) A類「コウ・ソウ・アア」は、藤田(2000)の第Ⅰ類の引用構文で用いられる動詞(句)[6]「言う・思う」等に係る場合に、その動詞の表す言語・思考・認識活動の内容を表すことができる。本書ではこれらの動詞を、総称して言語思考活動動詞(動詞句も含む)と呼ぶ。
　　言語思考活動動詞…「言う・思う・意地を張る・宣言する・主張する・声をひそめる・後悔する・心配する・感謝する」等

　なお、指示副詞が「カク→カウ→コウ」「サ→サウ→ソウ」と歴史的に変化するなかで、この言語・思考・認識活動の内容を表す用法は、どの時代においても多く見いだされ、特にサ系列「サ(サウ)」・ソ系「ソウ」は、当用法が常に主用法であり、歴史的に安定した用法であるといえる。
　次に、C類「コンナ風ニ・ソンナ風ニ・アンナ風ニ」「コウイウ風ニ・ソウイウ風ニ・アアイウ風ニ」は、言語思考活動動詞の中でも「期待する」等のように内的な情態のみでなく、外的な様態も含む動詞に係ると以下のように、その動詞の表す動作の外的な様態を表すことがある。

(27) 〈言語・思考・認識活動の内容〉
　　(会社の同僚達が、田中さんに向かって)
　　田中君はいつかノーベル賞を取るって、みんな(そんな風に／そういう風に)期待していたんだよ。

(28) 〈動作・作用の様態〉
　　　（夫がノーベル賞を取るだろうと思い、新調した授賞式用のドレスを試着して、鏡の前でうっとりしている妻に）
　　　まだ決まった訳ではないのに、君にまで(そんな風に／そういう風に)期待されても困るよ。

　さらに興味深いことに、A類が上記と同じ外的な様態も含む言語思考活動動詞に係ると、(29)のようにそれらの表す状態の程度の大きさを表すことがある（これについては、次の程度・量の大きさを表す用法でも考察をおこなう）。

(29) 〈程度・量の大きさ〉
　　　まだ決まった訳ではないのに、君にまでそう期待されても困るよ。

　なお先に述べた、指示副詞の照応用法における後方照応は、この言語・思考・認識活動の内容を表す用法において、A・C類のコ系に見られる用法である。

(30) 野々宮君は思ふ物を探し宛てなかつたと見えて、元の通りの手を出してぶらりと下げた。さうして、(こう／こういう風に)云つた。「今日は少し装置が狂つたので晩の実験は已めだ。是から本郷の方を散歩して帰らうと思ふが、君どうです一所にあるきませんか」三四郎は快く応じた。
　　　　　　　　　　　　（夏目漱石、三四郎、p.304、原文は「カウ」）

2.3　程度・量の大きさを表すコ・ソ・ア

　現代語において程度・量の大きさを表す用法をもつのは、A類「コウ・ソウ・アア」および、D類「コンナニ・ソンナニ・アンナニ」「コレホド・ソレホド・アレホド」「コレダケ・ソレダケ・アレダケ」等である。なお、D類の指示副詞は程度を表すシステムの違いから、さらに2分類すること

ができる。

(31) 　D–1類「コンナニ・ソンナニ・アンナニ」
　　　D–2類「コレホド・ソレホド・アレホド」
　　　　　　「コレダケ・ソレダケ・アレダケ」
　　　　　　「コレクライ・ソレクライ・アレクライ」
　　　　　　「コノクライ・ソノクライ・アノクライ」

　まず、D–2類の「コレホド・ソレホド・アレホド」「コレダケ・ソレダケ・アレダケ」「コレクライ・ソレクライ・アレクライ」「コノクライ・ソノクライ・アノクライ」については、丹羽(1992)等で指摘される「副助詞による程度用法」により程度が表されていると考えられる[7]。
　また、歴史的にはD–1類よりも、D–2類の方が古くから用いられており、もちろん副助詞自体の歴史的変化とも深く関わっている。
　そこで、議論を単純化するため、指示副詞のみで程度・量の大きさを表す、A類「コウ・ソウ・アア」とD–1類「コンナニ・ソンナニ・アンナニ」のみを、ここでは議論の対象とする。なおD–2類については、歴史的変化も含め、第6章で詳細に考察する。

　では、現代語において程度・量の大きさを表す用法をもつ、A類「コウ・ソウ・アア」D–1類「コンナニ・ソンナニ・アンナニ」について考察をおこなっていく。
　まず、A類とD–1類は形容詞(形容動詞)に係り、それが表す性質・状態の程度が大きいことや、連用修飾語に係りそれが表す様態の程度・量が大きいことを表す。

(32) 　「何だこれは」
　　　「講義を筆記するのが厭になったから、いたずらを書いていた」
　　　「そう不勉強ではいかん。」　　　　　　(夏目漱石、三四郎、p.132)

(33) ほら御覧なさい、大仏さまは、あんなに大きいよ。
(金水・木村・田窪 1989: p.65)

　さらに A 類と D–1 類は、金田一(1950)の第一種の状態動詞「(英語の会話が)できる・(このナイフはよく)切れる」等や、第四種の動詞「すぐれる・ずばぬける・似る」等、また工藤(1995)で内的情態動詞とする「いらいらする・心配する」等に係る場合にも、それが表す状態や性質の程度が大きいことを表す。
　なお、先の(29)「そう期待されても困るよ」で示した、言語思考活動動詞「期待する」はこの内的情態動詞であり、これらの動詞は工藤(1995)で指摘するように、形容詞(形容動詞)と同様、典型的なアスペクト対立が実現しない語である。

(34) 親父が(こう／こんなに)話せるとは、思わなかったよ。
(35) 田中君と親父さんに会ったよ。これまで(ああ／あんなに)似ている親子は見たことがないね。
(36) ねえ、昨日どうして洋子はあんなにいらいらしてたの？

　このように状態性をもつ語に係ると A 類と D–1 類は程度を表すが、さらに以下のように「広がる」等の動詞に係る場合にも程度を表すことがある。

(37) (国連会議で)
ゲリラの占領地域が(こう／こんなに)広がると、暫くは撤退するしかないと思われます。

　上記の被修飾動詞である「広がる」は、佐野(1998)の指摘する進展性[8]を伴う主体変化動詞であり、A 類・D–1 類はこれらの動詞に係る場合には、「非常に」等の程度副詞と同様に、変化前と変化後の状態の差である変化の度合いや、漸次的に累加される結果状態の程度の大きさを表すことができ

る。
　また、A類・D-1類は次の「寝る」のように、その動作に量(時間量)がある動詞に係ると、その動作の量(時間量)の大きさを表す。

(38)　いくら休みでも(こう／こんなに)寝ると、頭が痛くなる。

　そして、さらにA類・D-1類は、以下のように動作に回数読みができる動詞(句)の場合にも、その動作の量(回数)の大きさも表すことができる。

(39)　学校の方はどうかこうか無事に勤まりそうだが、(こう／こんなに)骨董責に逢ってはとても長く続きそうにない。
　　　　　　　　　　　(夏目漱石、坊ちゃん、p.27、原文は「こう」)

　ただし、ここまではA類とD-1類は同一の働きだが、上記の(38)のような被修飾動詞が「寝る」の場合に、例えば以下のように場面を変えると、A類については違った振る舞いを見せるようになる。

(40)　(キャンプで、父親が子供に)
　　　ほら、岩場でも(こう／*こんなに)寝ると、うまく寝られるよ。

　つまり、動詞に係るA類は先の(18)の使用場面(この場合は、寝方を実演しながら説明する場面)を与えると、上記のように動作・作用の様態を表すようになる。
　また、同様に(37)「広がる」等の動詞も、(18)の場面を与えると程度の大きさではなく、以下のように結果の状態そのものを指し示すようになる。

(41)　(会議で、地図をポインターで指しながら)
　　　現在、ゲリラの占領地域はこう広がっているので、この地点に駐留するのが妥当でしょう。

以上のように、程度・量の大きさしか表さない D-1 類に対し、A 類は係る述語や使用される場面によりその表す意味が変わる。

以上、ここまで指示副詞の程度・量の大きさを表す用法について考察をおこなってきたが、A 類「コウ・ソウ・アア」には、「ソウ」のみに以下の問題がある(本書では、このソ系「ソウ(～ナイ)」の程度用法を否定対極表現と呼ぶ。この否定対極表現の場合、「ソウ」と「サホド・ソンナニ・ソレホド」は、ほぼ同じ働きをする)。

まず、以下(42)「ソウ」は「民子の強情をはる様子」を、(43)「それ(ほど)」は、「太郎は車を軽く持ち上げる(こと)」をそれぞれ指示しているのに対し、(44)「ソウ」は、現場にも先行文脈の中にも指示する対象がない。

(42) 程度・量の大きさを表すソ系：直示用法
それで家のお母さんが民子に幾度意見をしても泣いてばかり承知しないから、とどのつまり、お前が<u>そう</u>剛情はるのも政夫の処へきたい考えからだろうけれど、それは此母が不承知でならないよ
(伊藤左千夫、野菊の墓、p.91)

(43) 程度・量の大きさを表すソ系：照応用法
太郎は車を軽く持ち上げる。私は<u>それほど</u>力が強くはないが、自転車ぐらいなら持ちあげられる。　　　　　　　　(服部 1994: p.14)

(44) 否定対極表現のソ系：照応でも直示用法でもない
この会社に就職するのは(<u>そう／そんなに／それほど／さほど</u>)難しいことではない。
(金水・木村・田窪 1989: p.91、原文は「それほど」のみ)

これについて金水(1999: p.84)で「照応すべき言語的文脈を持たない」、また服部(1994: pp.9–10)では「否定対極表現を含むサホド～ナイでは、そもそも対応する肯定の事態が文としてなりたたない点で通常の否定文とは異なる(後略)」と指摘するように、否定対極表現のソには(現場に指示対象はもち

ろんなく)先行する言語文脈に先行詞がない、つまり照応用法として機能していない。

　なお、構文上は否定形と呼応する以下のような例でも、現場に指示する対象が存在する場合には、「大して〜ない」という否定対極表現の意味を表さない(つまり、直示用法としての指示対象が存在してしまうと、否定対極表現としての意味はなさなくなる。なお、「サホド」に関しては、もはや指示詞としての機能を失っており、そもそも直示・照応用法はもたない)。

(45)　(相手のスーツケースを見て)
　　　これ(＝自分のスーツケース)は、それ(＝相手のスーツケース)ほど重くはないよ。持ってみて。

　このように程度・量の大きさを表す用法の場合のソ系は、直示用法もしくは照応用法として機能し、それぞれの指示対象をもっているが、否定対極表現の場合には、直示用法としても照応用法としても機能していないことが指摘できる。

　以上のように、他の程度・量の大きさを表す用法と、程度を表すシステムが相違すると考えられる否定対極表現の「ソウ〜ナイ」については、第7章で詳しく考察をおこなっていく。

2.4　静的状態の様子を表すコ・ソ・ア

　指示副詞が形容詞(形容動詞)、または金田一(1950)の第一種の状態動詞「ある・切れる・話せる」等や、第四種の動詞「すぐれる・ずばぬける・ありふれる」等に係った場合に、それらの表す静的状態の様子を表す用法である。なお、これらの被修飾動詞については、工藤(1995)の静態動詞と重なるところが多い。

　この静的状態の様子を表す用法は、C類がもつ。なお、A類は2.3で示したように、これらの述語に係ると程度・量の大きさを表す。

(46) 本当にそこらにいるおばさんなんだけど、(中略)今どき(あんなふうに／ああ)普通っぽいのは有難いと思うね。
(林真理子、不機嫌な果実、p.118、原文「あんなふうに」、この場合「ああ」は程度を表す)

なお、存在を表す「いる」の場合には、以下のようにB-2類「コウシテ・ソウシテ・アアシテ」を用いることができる(A類は当用法をもたず(47)に示すように、係ることはできない[9])。ただし(46)'に示すように、その他の場合には用いることはできない。

(47) あなたといつまでも、ここで(こうして／*こう)いたい。
(46)' *本当にそこらにいるおばさんなんだけど、(中略)今どきああして普通っぽいのは有難いと思うね。

なお、古代語の「カク」には、この静的状態の様子を表す用法がある。これについては、歴史的な考察で詳しく扱う。

2.5 まとめ

これまでに個々の指示副詞の各用法における研究は、いくらかあったものの、概説的なもの(金水・木村・田窪1989)を除き、全体として指示副詞にはどのような意味・用法があり、またお互いにどのように相違するのかという総合的な考察はなされてこなかった。

そこで本節では、現代語の指示副詞のもつ副詞的用法の全体像を明らかにするとともに、それらの用法における各指示副詞の働きについても明らかにしてきた。

ところで、B・C・D類については、B類は動作の様態(コ・ソ・ア＋動詞「スル(シテ)・ヤル(ヤッテ)」)を、また、C類は状態(コ・ソ・ア＋「風」(風＝様子))を、そして、D類は程度(コ・ソ・ア＋程度を表す副助詞「ホド・クライ・バカリ」)を、それぞれが表すであろうことくらいは、その語の構成

要素から予想がつく。

　それに比べA類「コウ・ソウ・アア」は、語の構成を見ているだけでは、その用法はまったくわからない。そもそもA類「コウ・ソウ・アア」は、何かを指すという機能のみで、語自体には語彙的な意味がない指示副詞である。

　上記のような、語の構成要素による指示対象の明示化が、古くは「カク」「サ」のみの指示の世界から、「カク・サ」+「ヤウ(様)」(中古)へ、そして「カク・サ」+動詞「シ(テ)」等というように、歴史的な流れの中で起こり、それにより指示副詞の語が広がっていったものと予想される。これについては、さらなる調査・考察が必要であると考えられ、今後の課題としておきたい。

注

1　ソ系に後方照応の用法を認めるか否かについては、田中(1981)正保(1981)他で議論の分かれるところであるが、ソ系「ソウ」に関しては、後方照応の用法はないと考える。

2　中距離のソが「それ」「そのN(名詞)」のような、ものを指し示す用法に現れにくいということに関して、金(2006)では以下のような例からも、指示対象がものである場合にも距離概念が先に考慮される場合があると指摘する。

　　(1)　(話し手と聞き手が机で向かい合って話している。彼らの右側にドアがある。話し手がそのドアを指しながら)
　　　　火事になったらそのドアから出るんですよ。それ、非常口ですから。
　　　　　　　　　　　　　　　　　　　　　　　　　　　　(金 2006: p.55)

　確かに「そのドア」でも問題はないと考えられるが、筆者には「そこのドア」のほうがより自然に感じられる。また、上記の例を「それ」とすると、

　　(1)'　*火事になったらそれから出るんですよ。

のように、「それ」は不可である(なお、「それ」は以下のように聞き手領域なら問題はない)。

　　(2)　(Aがドアをガタガタと引っ張っている)
　　　　「あ、それ、非常口だよ。普段は、開かないよ」

3 匿名指示・空欄指示・logo 指示については、第 7 章「ソ系(列)・サ系列の感動詞・曖昧指示表現・否定対極表現について」で説明をおこなう。
4 これは金水(1999)で「曖昧指示表現の一種とも見られる」(p.84)と指摘される。ソ系の指示副詞「そう」「そんなに」「それほど」(慣用表現としてサ系列「さほど」)の否定対極表現として、最終的に否定されるような程度・量を表す場合に現れるものである(服部 1994)。これについても、上記注 3 と同じく第 7 章で考察をおこなう。
5 この仮説は、金水・木村・田窪(1989: p.57)「こう／そう／ああは、眼前の動作を直接指し示しながらその様態そのものの説明・分析を行うときだけに用いる」という指摘が基礎となっている。
6 第Ⅰ類の動詞(句)とは藤田(2000)で「引用句『～ト』に示される発話・思考と述部の表す行為とが事実レベルで等しい関係で結びつく構造」であり、また第Ⅱ類は「引用句に示される発話・思考と述語の表す行為とが、同一場面共存の関係で結びつく構造」とするものである。以下に例をあげておく。
　　第Ⅰ類　(1)誠は、おはようと言った。
　　第Ⅱ類　(2)誠は、おはようと入ってきた。
7 丹羽(1992)の副助詞による程度用法とは「X だけ／ほど／くらい Y」で、Y の程度量を X がもつ量によって測るというものである。
8 進展性とは佐野(1998)において、動詞の表す変化が進展的・漸次的に進むことを指す。これらの動詞は、「だんだん(次第に)～してくる／～していく／～しつつある」等の形式をとれるものである。
9 動詞「ある」については、A 類「コウ」は係ることができる。ただし、「男はこうあれ」のように命令形に用いることができることから、他の状態動詞と、この「ある」を同分類の動詞とすることはできないであろう。また、これについては「かくあるべき・かくあれ」等の慣用表現の影響とも考えられる。
　　（1）　何か大きな力が働き、自分がこうありたいと思う場所に、風のように攫っていってくれないだろうか　　（林真理子、不機嫌な果実、p.263）

第3章　語彙から見た指示副詞の
　　　　歴史的変化について

　本章では指示副詞を中心に、古代(上代)から現代までの語彙的な流れについて述べていく。
　現代日本語では表1に示すように、指示代名詞と指示副詞は整然とした3系に分類することができる。

表1　現代語の指示詞

系	指示代名詞	指示副詞
コ	コノ・コレ・ココ	コウ・コノヨウニ・コウシテ・コウヤッテ・コンナ風ニ・コウイウ風ニ・コンナニ・コレホド等
ソ	ソノ・ソレ・ソコ	ソウ・ソノヨウニ・ソウシテ・ソウヤッテ・ソンナ風ニ・ソウイウ風ニ・ソンナニ・ソレホド等
ア	アノ・アレ・アソコ	アア・アノヨウニ・アアシテ・アアヤッテ・アンナ風ニ・アアイウ風ニ・アンナニ・アレホド等

　それに対し、上代では表2のように指示代名詞は3系列を有するが、指示副詞には2系列しかない。

表2　上代の指示詞

系列	指示代名詞	系列	指示副詞
コ	コ・コノ・コレ・ココ・コチ	カク	カク等
ソ	ソ・ソノ・ソレ・ソコ・○	サ	シカ等
カ	カ・カノ・カレ・○・○		

それでは、古代（上代）から現代への歴史的な流れの中で、指示副詞はいつ2系列から現代語のような3系へ変化したのであろうか。さらにまた、どのように指示副詞はコ・ソ・ア体系へと変化していったのであろうか（第1章4節［歴史的な疑問点］③）。

これについて、本書の調査から（指示代名詞まで含んだ）指示体系の歴史的な転換期は、中世から近世前期であったと推定される。そこで、本章では室町末期成立の天草版平家物語と原拠本[3]の対照を中心に、指示副詞の変化の様相を描き出していく。

次に、古代語においては語のバリエーションの少なかった指示副詞の各語は、いつ頃から見られるのであろうか（第1章4節［歴史的な疑問点］④）。

そこで本章では、特に現代語に見られる「コンナ風ニ・ソンナ風ニ・アンナ風ニ」「コウイウ風ニ・ソウイウ風ニ・アアイウ風ニ」「コウヤッテ・ソウヤッテ・アアヤッテ」に焦点をあて、調査した結果を示していく。

では、指示副詞の歴史的な転換期についての論述をおこなう前に、指示体系全体（指示代名詞・指示副詞）における、上代から現代までの語彙的な流れについてまとめておく。

1. 上代・中古

上代・中古の指示詞について、代表的な先行研究に橋本（1966、1982）がある[1]。まず上代においては、橋本（1966、1982）で指摘されるように、カ系列は使用頻度も極めて少なく、また語も「カ・カノ・カレ」のみで未発達であったと考えられる（コ・ソ系列は多く見られる。例は第4章1.1参照）。

なお、指示代名詞カ系列の発生について橋本（1966、1982）は、カは元来独立したものではなく近称コから分化したものであるとし、また指示副詞「カク」についても同様に、コの母音交替により発生した指示副詞「カ」に副詞語尾「ク」の連接したものであるとする。

次にサ系列については、中古以降サ系列の中心となる「サ」は、未だ上代

では確例は見いだせず、「シカ」のみである。

上代のカク・サ系列について

　上代のカク系列「カク」サ系列「シカ」については、「カク」「シカ」のみで用いられるものと、「カク」「シカ」に様々な係助詞・副助詞(「ゾ・バカリ・ダニ・ノミ」等)がついた例が見られる。

　そして、上代から中古には、連体修飾をする「カク＋サマ(様)」「カク＋ユエ(故)」「カク＋ノ＋ゴト」)が見られるが、中古の「カク(カウ)＋ヤウ(様)」[2]を最後に、連体修飾するものは見られなくなる。

カク系列

「カク」のみ
（１）　泊瀬風　かく吹く夕は［如是吹三更者］何時までか　衣片敷き　我が
　　　ひとり寝む　　　　　　　　　　　　　　　（万葉集、巻10、2261）

「カク」＋係助詞・副助詞
（２）a.　「カク」＋「ゾ」
　　　　我がやどの　萩の下葉は　秋風も　いまだ吹かねば　かくそもみてる［加此曽毛美照］　　　　　　　　（万葉集、巻8、1628）
　　　　(秋風もまだ吹かないのに、こんなにも色づいている)

　　　b.　「カク」＋「バカリ」
　　　　かくばかり［如是許］雨の降らくに　ほととぎす　卯の花山に　なほか鳴くらむ　　　　　　　　　　　（万葉集、巻10、1963）
　　　　(これほど雨が降るのに)

　　　c.　「カク」＋「ダニ」
　　　　馬来田の　嶺ろに隠り居　かくだにも［可久太尓毛］国の遠かば　汝が目欲りせむ　　　　　　　　　　（万葉集、巻14、3383）
　　　　(こんなにも故郷が遠くては、おまえに逢いたくなるだろう)

　　　d.　「カク」＋「ノミ」
　　　　相見ずは　恋ひざらましを　妹を見て　もとなかくのみ［本名如此

耳］恋ひばいかにせむ　　　　　　　　　　（万葉集、巻4、586)
(あなたを見てこんなに恋しいのは）

連体修飾の「カク」
（3）a.　「カク」＋「サマ」
父母を　見れば貴く　妻子見れば　かなしくめぐし　うつせみの世の理と　かくさまに［可久佐末尓］言ひけるものを(後略)
　　　　　　　　　　　　　　　　　　　　　　（万葉集、巻18、4106)
(「妻子を見ればせつなく愛しい。世間の道理だ」と、このように言ってきたのに）

　　b.　「カク」＋「ユエ」
かくゆゑに［如是故尓］見じと言ふものを　楽浪の　旧き都を　見せつつもとな　　　　　　　　　　（万葉集、巻3、305)
(こういう訳で見たくないと言うのに）

　　c.　「カク」＋「ノ」＋「ゴト」
山吹の　花の盛りに　かくのごと［可久乃其等］君を見まくは　千年にもがも　　　　　　　　　　　　（万葉集、巻20、4304)

サ系列

「シカ」のみ
（4）　相見ては　千年や去ぬる　いなをかも　我や然(しか)思ふ［安礼也思加毛布］君待ちがてに　　　　　　　　　（万葉集、巻14、3470)
(逢ってから千年も経ったのか、いや違うかな。私がそう思うのか。君を待ちかねて）

「シカ」＋係助詞・副助詞
（5）a.　「シカ」＋「ゾ」
風吹けば　白波騒き　潮干れば　玉藻刈りつつ　神代より　然(しか)そ貴き［然曽尊吉］玉津島山　　　　（万葉集、巻6、917)
(神代以来こうも貴い沖の玉津島は）

　　b.　「シカ」＋「モ」

三輪山を 然(しか)も隠すか［然毛隠賀］雲だにも 心あらなも 隠さふべしや　　　　　　　　　　　　　　　　（万葉集、巻1、18）
(三輪山をそうも隠すことか、せめて雲だけでも思いやりがあってほしい)

c. 「シカ」+「ノミ」
庭に降る 雪は千重敷く 然(しか)のみに［思加乃未尓］思ひて君を 我が待たなくに　　　　　　　　　　　　（万葉集、巻17、3960）
(庭に降る雪は千重に積もるが、その程度に思ってあなたを私は待ったのではないよ)

また、上代ではコ・ソ系列にも以下のような副詞的に働く語(「ココダ・ココダク・ココバ」「ソコバ・ソコラク・ソキダク」等)が見られるが中古以降これらの語は衰退する(これらの語については、第6章「程度・量の大きさを表す指示副詞について」で詳しく考察する)。

(6) コ系列「ココダ」
海山も 隔たらなくに なにしかも 目言をだにも ここだ乏しき［幾許乏寸］　　　　　　　　　　　　　　（万葉集、巻4、689）
(海山も隔たっている訳ではないのに、何でまたお逢いすることだけでも、こんなに少ないのでしょうか)

(7) ソ系列「ソコバ」
咲ける盛りに 秋の葉の にほへる時に 出で立ちて 振り放け見れば 神からや そこば貴き［曽許婆多敷刀伎］山からや 見が欲しからむ 皇神の(後略)　　　　　（万葉集、巻17、3985）
((二上山は)ああも貴い)

中古のカク・サ系列について

中古においても、指示代名詞3系列(コ・ソ・カ)、指示副詞2系列(カク・サ)という体系は変わらない。この時期の変化としては、1)カ系列が飛

躍的に増加したこと、2)用例はあまり多くはないが、ア系列の指示代名詞「アノ・アレ・アシコ」等が見いだせるようになったこと、3)サ系列「シカ」が中古和文では衰えて訓点特有語となり(築島1963)、かわりに「サ」が多く用いられるようになったことがあげられる。

表3　中古語の指示詞

系列	指示代名詞
コ	コノ・コレ・ココ・コチ・コナタ
ソ	ソノ・ソレ・ソコ・ソナタ
カ(ア)	カノ・カレ・カシコ・カナタ(アノ・アレ・アシコ・アナタ)

系列	指示副詞
カク	カク(カウ)・カヤウニ・カバカリ等
サ	サ(シカ)・サヤウニ・サバカリ等

中古のカク系列「カク」(サ系列「サ」)においても、上代と同じく「カク」(「サ」)のみのものと、「カク」(「サ」)に様々な係助詞・副助詞(「ゾ・バカリ・ダニ・ノミ」等)がついたものが多く見られる。また、「カク」「サ」+「ヤウ(様)」である「カヤウ・サヤウ」は、この期から見いだせる。

カク系列
「カク」のみ
(8)　「さぶらひつれど仰せ言もなし、暁に御迎へに参るべきよし申してなん、まかではべりぬる」と聞こゆ。このかう申す者は、滝口なりければ　　　　　　　　　　　　　　　　　　　　(源氏物語、夕顔1巻、p.165)
　　(このこんな風に言う者は、滝口の武士であったので)

「カヤウ」
(9)　その後、物など多く受け取りてなん急ぎ造りける。かやうに思ひよるらんとも知りたまはで　　　　　　　　(源氏物語、松風2巻、p.400)
　　(入道が、このように考えていようとは、ご存じなくて)

「カバカリ」

(10) 恥づかしく推しはかられたまふに、ただかばかり思ひつめたる片はし聞こえ知らせて、　　　　　　　　（源氏物語、若菜下 4 巻、p.225）

（ただこんなに思いつめた心の一端でも申し上げ）

「カク」＋係助詞・副助詞

(11) 「カク」＋「ノミ」

からうじて、今日は日のけしきもなほれり。かくのみ篭りさぶらひたまふも、大殿の御心いとほしければ、まかでたまへり。

（源氏物語、帚木 1 巻、p.91）

（これほど宮中に閉じこもって）

サ系列

「サ」のみ

(12) 袴着のことなども人知れぬさまならずしなさんとなむ思ふ」と、まめやかに語らひたまふ。さ思すらんと思ひわたることなれば、いとど胸つぶれぬ。　　　　　　　　（源氏物語、薄雲 2 巻、p.427）

（たぶんそういうご意向なのだろうと、かねがね思っていたことなので）

「サヤウ」

(13) 対の上、こなたに渡りて、対面したまふついでに、「姫宮にも、中の戸開けて聞こえむ。かねてよりもさやうに思ひしかど、ついでなきにはつつましきを、　　　　　　　（源氏物語、若菜上 4 巻、p.87）

「サバカリ」

(14) 玉の枝も返しつ。竹取の翁、さばかり語らひつるが、さすがに覚えて眠りをり。　　　　　　　　　　　　　　（竹取物語、p.40）

（あんなにまで語り合っていたのに）

「サ」＋係助詞・副助詞

(15)　「サ」＋「コソ」

　　　まづ一夜まいる。菊のこくうすき八(つ)ばかりに、こき掻練をうへに着たり。<u>さこそ</u>物語にのみ心を入れて、それを見るよりほかに行き通ふるい、親族などだにことになく　　　（更級日記、p.511）

　　　（あれほど物語ばかりに熱中して）

2.　中世、そして近代へ

中世のカク・サ系列、コ・ソ・ア系列について

　中世には、指示体系が変化し始める。この期は指示体系全体が、古代語から現代語へと大きく転換する過渡期であり、特に指示副詞に関しては、中世後期から近世前期がその時期にあたると考えられる。

　まず、以下に示すように、指示副詞にもコ・ソ・ア系列「コノヤウニ・ソノヤウニ・アノヤウニ」等が現れ始め、カク・サの２系列とコ・ソ・アの３系列という、入り交じった状態となる。

(16) a.　やれ〳〵見事な材木じやな、<u>此やうに</u>そろうたはまれな事じや

　　　　　　　　　　　　　　　　　　（虎明本狂言、三本の柱、p.100）

　　 b.　［上京の女］　<u>そのやうに</u>おしやつたらは、おもどりやるまひ程に、まづだうなり共、あのおしやるやうにめされひ　［下京の女］しても<u>あのやうに</u>、けんがくな事をいはします

　　　　　　　　　　　　　　　　　　（虎明本狂言、どん太郎、p.262）

(17) a.　<u>かやうに</u>亡目となる事、そなたのねがひであつた程に、

　　　　　　　　　　　　　　　　　　（虎明本狂言、かはかみ、p.191）

　　 b.　いやさ<u>やうに</u>もな仰られそ、　（虎明本狂言、ひげやぐら、p.274）

表4　中世語の指示詞

系列	指示代名詞	指示副詞
コ	コノ・コレ・ココ・コチ・コナタ等	コノヤウニ・コノゴトク・コレホド等
ソ	ソノ・ソレ・ソコ・ソチ・ソナタ等	ソノヤウニ・ソノゴトク・ソレホド等
ア（カ）	アノ・アレ・アソコ・アチ・アナタ等（カノ・カレ・カシコ・カナタ）	アノヤウニ・アノゴトク・アレホド等

系列	指示副詞
カク	カク(カウ)・カヤウニ・カバカリ等
サ	サ(サウ)・サヤウニ・サバカリ等

　なお中世では池上(1972)によると、「カシコ・カナタ」に比べて「アシコ・アナタ」の方が遙かに多く用いられていたこと、また「アソコ・アチ」のようにカ系列には対応する語がないものも用いられていた等と、この時期にはア系列が圧倒的に優勢となると指摘する。

　これについては李(2002: p.221)も「中世前期から中世後期にかけて指示体系における「カ系」指示詞と「ア系」指示詞(注：本書ではカ系列とア系列)の交替が行われていたことを示している」と述べている。

　このことから、指示詞のコ・ソ・ア体系への(語彙的な)推移は、指示副詞よりも指示代名詞の方が幾分早かったことが指摘できる(これについては、指示用法の変化からも指摘できることであり、第4章で詳しく考察する)。

近世のカク・サ系列、コ・ソ・ア系について

　次に近世には、以前にカク系列「カク→カウ」・サ系列「サ→サウ」と変化していたものが、オ長音の開合の別の混乱により「コウ」「ソウ」となり、コ・ソ系へと吸収され、他のカク・サ系列の語は文語化していく。

　なお、ア系「アア」については近世に見いだせるようになる。この「アア」に関しては、湯澤(1936)で指摘する近世前期の例が最も早い例と思わ

れるが、湯澤(1936)の指摘する例は、以下の「アアイフ」「アアシテ」のみであり、現在の調査では「アア」のみの例は近世前期にはなく、近世後期の江戸語の資料に見いだせるようになる。

(18)　「アアイフ」「アアシテ」：近世前期上方語
　　　あいふ筈がある。　　　　　　　　　　　　　　　　　（上、五八）
　　　ああして置くが氣遣ひさに（難波丸金鶏、天神お旅）
　　　　　　　　　　　　　　　（湯澤 1936: p.237、上は「百夜小町」）
(19)　「アア」：近世後期江戸語
　　　なにさ口ぢやアあゝ云ふが、正はといへば邪魔になるのさ
　　　　　　　　　　　　　　　　　　　　　　　（浮世風呂、p.182）

表5　近世後期の指示詞

系	指示代名詞	指示副詞
コ	コノ・コレ・ココ等	コウ・コノヤウニ・コンナ・コレホド等
ソ	ソノ・ソレ・ソコ等	ソウ・ソノヤウニ・ソンナ・ソレホド等
ア	アノ・アレ・アソコ等	アア・アノヤウニ・アンナ・アレホド等

注：池上(1972)によると、近世には「コチ・コナタ」は人称代名詞にほぼ転じてしまい、「ソチ・ソナタ」と新しく加わる「ソッチ」も、むしろ二人称としての用例が多いとする。

　そして近代には、指示副詞「コンナ風ニ・ソンナ風ニ・アンナ風ニ」「コウイウ風ニ・ソウイウ風ニ・アアイウ風ニ」「コウヤッテ・ソウヤッテ・アアヤッテ」が見いだせるようになる（これについては、第3章5節「近代以降の指示副詞のバリエーションについて」で、調査結果を記述していく）。これで、ほぼ現代語と同じとなる。

(20) a. あたし大丈夫よ、ただこうやって騒いでるだけよ、だから安心して寝てもいいわ。　　　　　　　（谷崎潤一郎、痴人の愛、p.290）
　　b. そうやって黙っている中に君はたまらない程淋しくなって来る。
　　　　　　　　　　　　　　　　　　（有島武郎、生れ出づる悩み、p.184）
　　c. 先生は何故ああやって、宅で考えたり勉強したりなさるだけで、世の中へ出て仕事をなさらないんでしょう。
　　　　　　　　　　　　　　　　　　　　　　　（夏目漱石、こころ、p.54）
(21) a. 兄弟はまだ父の死なない前から、父の死んだ後に就いて、こんな風に語り合った。　　　　　　　　（夏目漱石、こころ、p.254）
　　b. おぼっちゃん、そんなふうにおっしゃるんじゃありませんよ。
　　　　　　　　　　　　　　　　　　　　　　（山本有三、路傍の石、p.307）
　　c. 面白かったわ、又あんな風にさして見たいわ
　　　　　　　　　　　　　　　　　　　　（谷崎潤一郎、痴人の愛、p.599）

表6　近代語の指示詞

系	指示代名詞	指示副詞
コ	コノ・コレ・ココ等	コウ・コンナ風ニ・コウヤッテ・コレホド等
ソ	ソノ・ソレ・ソコ等	ソウ・ソンナ風ニ・ソウヤッテ・ソレホド等
ア	アノ・アレ・アソコ等	アア・アンナ風ニ・アアヤッテ・アレホド等

　以上、古代語の指示代名詞コ・ソ・カ（ア）系列、指示副詞カク・サ系列から、現代語の指示代名詞・指示副詞コ・ソ・ア系への流れを大まかに述べてきた。上記に示すように、指示副詞に関しては古代語においてカク・サの2系列であったものが、中世にカク・サ系列およびコ・ソ・ア系列が入り交じる形になり、その後コ・ソ・ア3体系に次第に形を整えていったものと考えられる。
　そこで次節では、転換期である中世後期から近世前期を中心に、指示副詞の推移について論じていく。

3. 指示体系のコ・ソ・アへの推移について
　　—天草版平家物語を中心に—

　前節で述べたように、中世から近世前期は指示体系の転換期であると考えられる。

　そこで本節では天草版平家物語と原拠本の対照を中心に、狂言および近世前期の浄瑠璃を調査・考察することにより、指示体系が中世から近世前期において、コ・ソ・ア体系へと整備されていく様相を示していく。

　ではまず、なぜ天草版平家物語を中心に考察をおこなうのかについて確認しておく。天草版平家物語は、平家物語を当時(1593年)の口頭語に訳した資料であり、また、天草版平家物語と原拠本とされる平家物語の対応する箇所の語を対照することにより、考察対象とする語の歴史的変化を、鮮やかに描き出したものとして金水(2006)松本(2004)の研究がある。そして、本書の調査においても、同様に指示副詞を対照させた結果、両氏の研究と同じく明らかな歴史的変化が観察された。

　以上により、古代語から近代語への流れの中で、指示副詞の体系が歴史的に転換していく様相を示すには、天草版平家物語は好資料であると考え、指示副詞の調査結果を記述し、さらに分析をおこなっていく。

　また、同じく口語資料とされる虎明本狂言、近世前期の近松浄瑠璃をあわせ調査・記述することにより、中世から近世前期の上方における指示副詞および指示体系の推移について考察をおこなっていく。

3.1　原拠本から天草版平家物語への変化について

　本書で天草版平家物語の原拠本とするのは、清瀬良一『天草版平家物語の基礎的研究』によるものであり、これ以降、用例においては天草版平家物語を(天)、覚一本平家物語を(覚)、百二十句本平家物語を(百)、竹柏園本平家物語を(竹)と示す(なお、天草版平家物語の例は、江口正弘『天草版平家物語対照本文及び総索引』の漢字仮名交じりの翻訳本文をあげる。また用例に記した頁数は天草版平家物語の本文による)。

また便宜上中世以降においては、以下の表に示すように、カク・サ系列を旧系列、コ・ソ・ア系列（近世以降は、コ・ソ・ア系）を新系列と呼ぶ。

表 7-1　指示副詞の新系列

コ系(列)	(コウ)・コノヤウ・コノゴトク等
ソ系(列)	(ソウ)・ソノヤウ・ソノゴトク等
ア系(列)	(アア)・アノヤウ・アノゴトク等

表 7-2　指示副詞の旧系列

カク系列	カク(カウ)・カヤウ・カカリ等
サ系列	サ(サウ)・サヤウ・サリ等

注：「カク」「サ」は旧系列であるが「カウ」「サウ」については、中世では旧系列とはできない。これについては、本節で詳しく観察していく。なお「コウ・ソウ・アア」となるのは、近世以降である。

　天草版平家物語に見られる指示副詞と、原拠本の対応する箇所を対照させると、両者の関係は以下の【交替】【新】【旧】にまとめることができる。

【交替】　カク系列・サ系列からコ系列・ソ系列へ交替しているもの。

(22)a.　（天）　そのやうな遊び者わ人の召しに従うてこそくるものなれ

（巻第2第1、p.95）

　　b.　（覚）　さやうのあそびものは人のめしにしたがふてこそ参れ

（巻1祇王、p.96）

【新】　右馬の允・喜一検校の会話部分等といった、原拠本に対応箇所がなく[4]、天草版平家物語で新系列が用いられているもの（なお、原拠本「カウ・サウ」→天草版平家物語「カウ・サウ」があり、これについても【新】に分類する）。

(23) (天) 喜. こなたさえくたびれさせられずわ、私わなんぼうなりとも語りまらしょう.
右馬. いいや、このやうなことをば身どもらわ七日七夜聞いてもあかぬぞよ.
(巻第1第1、p.10)

【旧】 天草版平家物語で、原拠本の対応する箇所と同じく旧系列が用いられているもの。また対応箇所が原拠本にはなく、天草版平家物語で旧系列が用いられているもの(表では【旧】(無)と示す)。

(24) a. (天) いまわ礼儀を存じ知ってこそ振舞わうずるに、かやうに尾籠を現じて
(巻第1第2、p.17)
b. (覚) 今は礼儀を存知してこそふるまうべきに、か様に尾籠を現じて
(巻1殿下乗合、p.120)

3.2 指示副詞の分類

本書の調査から、指示副詞を構文的機能および意味、また歴史的変化の時期から総合的に分類すると、以下となる。

A類…「カク・サ」から「コウ・ソウ」へ

古代語の「カク・サ」現代語の「コウ・ソウ」は、主に動詞・形容詞等の述語に係り、動作・状態の様態を表す指示副詞である。これらの語は歴史的に「カク→カウ→コウ」「サ→サウ→ソウ」と変化した語であり、「カク」は上代、「サ」は中古から見られる。「カク」は中古に「カウ」へ、「サ」は中世に「サウ」へと変化する。そして近世前期にオ段長音の開合の別が消滅した結果「コウ」「ソウ」となり、近世後期に「アア」が発生し、現代語に見られる「コウ・ソウ・アア」が整ったと考えられる。

B類…「カヤウ・サヤウ」等から「コノヤウ・ソノヤウ」等へ

「カヤウ・サヤウ」は「〜ニ」(用)と「〜ノ・ナル」(体)、「コノヤウ・ソノ

ヤウ」は「〜ニ」(用)と「〜ナ」(体)の形で、それぞれ連用修飾(用)・連体修飾(体)する指示副詞である[5]。「カヤウ・サヤウ」については中古から見られ、また「コノヤウ・ソノヤウ(・アノヤウ)」は、中世前期には僅かにしか見られず、中世後期にまとまって見いだせるようになる。

そこで、本節においてB類とする指示副詞を以下にあげておく。
カク系列「カヤウ・カカル(体)」、サ系列「サヤウ・サル(体)」、コ系(コ系列)「コノヤウ・コノゴトク・コンナ(・コガイ)」・ソ系(ソ系列)「ソノヤウ・ソノゴトク・ソノツレナ・ソンナ(・ソガイ)」・ア系(ア系列)「アノヤウ・アンナ」

C類…「カ(ク)バカリ・サバカリ」等から「コレホド・ソレホド」等へ

古代語の「カ(ク)バカリ・サバカリ」等、現代語の「コレホド・ソレホド」等は動詞・形容詞等に係り、動作に関わる量や状態の程度を表す指示副詞である。このC類については副助詞「バカリ」「ホド」の歴史的変化が大きく関わっていることから、他の指示副詞とは別に考察すべきである(本節では、考察対象外となる)。

そこで、A・B類について天草版平家物語を中心に、指示副詞の歴史的変化を記述していく。

3.3 A類「カク・サ」から「コウ・ソウ」へ

「カク」「コウ」と「サ」「ソウ」については、先にA類としてひとまとめに扱ったが、「カク→カウ→コウ」と「サ→サウ→ソウ」の変化が同時期に起こったわけではない。

まず、「カウ」は中古から多く見いだせるが、「サウ」については現在の調査では、中世の百二十句本平家物語以前には見られない。

(25) 「かう慕ひ歩かば、いかにせさせたまはむ」

(源氏物語、末摘花1巻、p.272)

(26) (百) 憎イ馬ノ長食ヒ哉トテ打ケレハ平山サウナせソ季重明日ハ死ナンソ　　　　　　　　　　　　　　　　　　（巻第9、p.522）

　そこで3.3.1から3.3.5では、中世後期から近世前期の「カク→カウ→コウ」「サ→サウ→ソウ」の変化の過程を記述する。

3.3.1　天草版平家物語の「カク・サ」と「カウ・サウ」

　天草版平家物語における「カク・カウ」と「サ・サウ」の用例数を、表8に示す。

表8　天草版平家物語の「カク・カウ」と「サ・サウ」

カク	カウ	サ	サウ
13(約19%)	55(約81%)	44(約45%)	54(約55%)

　表8から観察できることは、「カク」の例が少なく「カウ」が多用され、また「サ」「サウ」がそれぞれ同等に用いられているということであろう。しかし、原拠本と天草版平家物語を対照すると、「サウ」の勢力拡大・「サ」の引き続きの使用、また「カク」の定型化等の変化の様相が見えてくる。
　では「カウ」と「サウ」、「カク」と「サ」を比較しながら、中世における「カク→カウ」「サ→サウ」の動きをみることにする。

3.3.2　天草版平家物語の「カウ」と「サウ」

　天草版平家物語における「カウ」「サウ」と、原拠本の対応する箇所の語との関係をまとめると表9となる。

表9　天草版平家物語の「カウ・サウ」と原拠本の対応する箇所の語との関係

天草版平家物語	カウ(55例)	サウ(54例)
原拠本	【交替】15　【新】38　不明2	【交替】27　【新】27

注：「カウ」の原拠本2例は「此」に振り仮名・おくり仮名がないため不明。

第 3 章　語彙から見た指示副詞の歴史的変化について　59

(27)【交替】
　　a.（天）　さうあったれば毎月に送られた百石、百貫もとめられて、
　　　　　　　　　　　　　　　　　　　　　　　　（巻第 2 第 1、p.98）
　　b.（覚）　さるほどに、毎月にをくられたりける百石百貫をも、いま
　　　　　はとゞめられて、　　　　　　　　　　　（巻 1 祇王、p.99）
(28)【交替】
　　a.（天）　三位の中将殿かうわ書かれたと聞えた．
　　　　　　　　　　　　　　　　　　　　　　　（巻第 4 第 10、p.289）
　　b.（百）　中将此(カク)ハ書レケル　　　　　　　　（巻第 10、p.570）
(29)【新】
　　（天）　いかに一門の人々の我を憎う思わるるらうと後悔めさるれど
　　　も、甲斐もなかったと申す。さうして後重衡土肥の次郎を召して、
　　　　　　　　　　　　　　　　　　　　　　　（巻第 4 第 11、p.294）

　さらに天草版平家物語の「カウ・サウ」と、原拠本の対応する箇所の語
を、まとめたものを以下の表に示す。

表 10　天草版平家物語の「カウ」と原拠本の対応する箇所の語

天草版平家物語	カウ(55 例)
原拠本	【交替】カク 11　カカル 2　カヤウ 2 【新】(無)6　カウ 32 不明 2

注：原拠本で「此フ」「此ウ」とあるものは、「カウ」とした。また【新】の(無)は、例「(百)義経ハ・クハ落スソ」「(天)義経わかう落すぞ」のように原拠本では指示副詞ではなかったり、対応箇所がないもの。これについては、表 11 も同様である。

表 11　天草版平家物語の「サウ」と原拠本の対応する箇所の語

天草版平家物語	サウ(54 例)
原拠本	【交替】サ 3　サリ 20　サヤウ 1　カク 3 【新】(無)25　サウ 1　カウ 1

表10・表11から天草版平家物語の「カウ」「サウ」について、以下が指摘される。

(30)① 中世前期からの「カウ」の安定した使用[6]、さらなる勢力拡大
② 「サウ」の勢力拡大

「カウ」は(30)①で示したように天草版平家物語55例中、原拠本でも36例「カウ」であり、安定した使用が認められる。さらに原拠本では「カク」であるものが、天草版平家物語では「カウ」に交替している例が11例見いだせることから、「カウ」の勢力拡大も指摘することができる。なお、3.3.3で述べるが、天草版平家物語の「カク」は、ほぼ定型化したものと考えられる。

次に「サウ」について、天草版平家物語54例中、原拠本で「サウ」であったものは1例(百二十句本平家物語の例)であり、中世後期に大きく勢力を伸ばしていることが伺える。ただし、「カウ」(「カク」→「カウ」)と違い、「サ」が「サウ」と交替しているものは3例で、多くは「サリ」との【交替】(20例)、または【新】(25例)である。

以上から「サ」「サウ」の勢力は拮抗しており、「サ」は「カク」のように定型化していなかったことが予測される。これについては3.3.3で検証する。

3.3.3 天草版平家物語の「カク」と「サ」

天草版平家物語の「カク」「サ」と、原拠本の対応する箇所の語との関係についてまとめると表12となる。

表12 天草版平家物語の「カク」「サ」と、原拠本の対応する箇所の語との関係

天草版平家物語	カク(13例)	サ(44例)
原拠本	【旧】11　【旧】(無)2	【旧】40　【旧】(無)4

(31)【旧】
 a.（天）ついにかくそむきはてける世の中を　　（巻第 1 第 8、p.65）
 b.（覚）つゐにかくそむきはてける世間を　　　（巻第 2、p.199）
(32)【旧】
 a.（天）義経もっともさあらうずるとて、許されたれば
              （巻第 4 第 20、p.359）
 b.（百）判官尤モサルヘシトテゾ免サレケル　　（巻第 11、p.706）

さらに詳しく観察するために、天草版平家物語の「カク」「サ」と、原拠本の対応する箇所の語をまとめたものを表 13・表 14 に示す。

表 13　天草版平家物語の「カク」と原拠本の対応する箇所の語

天草版平家物語	カク（13 例）（カク 4　カクヤ 5　カクノゴトク 4）
原拠本	【旧】11 例（カク 4　カクヤ 5　カクノゴトク 2）【旧】（無）2

表 14　天草版平家物語の「サ」と原拠本の対応する箇所の語

天草版平家物語	サ（44 例）
原拠本	【旧】40 例（サ 34　サリ 6）　【旧】（無）4

表 13・表 14 から、天草版平家物語の「カク」「サ」については以下が指摘される。

(33)①　「カク」の定型化
 ②　引き続き「サ」の使用

天草版平家物語の「カク」については用例も少なく（計 13 例）、4 例の「カク」（1 例は和歌、例 31）の他、「これより召さう時、かくの如く参れ」（巻第 1 第 6、p.52、カクノゴトク 4 例）や、慣用的に用いられる「七世の孫に逢う

たもかくやと覚えて」(巻第 4 第 19、p.354、カクヤ 5 例)のみである。
　以上のように、原拠本の対応する箇所において、ほぼ同じ形で用いられていることから、この時期には定型化し、「カウ・コノヤウ」等の新しい指示副詞へと勢力が移行したものと考えられる。
　次に「サ」について、表14 に示したように天草版平家物語 44 例中、原拠本の対応する箇所でも「サ」が 34 例であり、やはり先に指摘したように、中世後期では「サ」は引き続き勢力を保っていたと考えられる[7]。
　ただし、天草版平家物語の「サ」には、「(天)少将さござればこそ」(p.40)、「(覚)少将「さ候へばこそ」」(p.167)のように、原拠本「さ(は)候」→(天)「さござれば」が 19 例見いだせる。このことから「カク」のように勢力を失ったわけではないが、定型化は漸次進んでいたものと考えられる。
　そこで、以上の天草版平家物語における結果から、(34)を仮定する。

(34)　中世後期において、カク系列「カク」は定型化し、口語では「カウ」が用いられていたと考えられる。またサ系列「サ」は定型化へと進んでいるものの、未だ口語で引き続き使用されており、「サウ」に関しては中世後期には、かなり勢力を拡大したものと考えられる。

　次の 3.3.4 ではこの(34)について、虎明本狂言で検証する。

3.3.4　中世後期における「カク・サ」と「カウ・サウ」　—虎明本狂言—
　虎明本狂言に見られる「カク・カウ」「サ・サウ」の用例数を、表15 にまとめる。

第 3 章　語彙から見た指示副詞の歴史的変化について　63

表 15　虎明本狂言の「カク・カウ」「サ・サウ」

	カク	カウ	サ	サウ
虎明本狂言	18(約 25%)	53(約 75%)	164(約 59%)	113(約 41%)
(参考) 天草版平家物語	13(約 19%)	55(約 81%)	44(約 45%)	54(約 55%)

注：囃子詞「げにもさあり、ようがりもさうよの」(すゑひろがり、p.71)等は対象外とした。

　虎明本狂言の「カク」18 例について、(35)のような「カク(すい)」6 例、「カクノゴトク」7 例、「カクヤ」1 例(他「カク」4 例)と、天草版平家物語と同様に定型化していると考えられる。

(35)　みつのうら、千尋のあみをかくすいて、水はくゞりて、魚はとゞまる
　　　　　　　　　　　　　　　　　　　　　　　　　　(かくすい、p.50)

　また、虎明本狂言の「カウ」については、天草版平家物語と同様に多く用いられている。

(36)　あゝ中々、是をかしらにかういたせは、かぶとで御ざる
　　　　　　　　　　　　　　　　　　　　　　　　　　(よろい、p.77)

　次に虎明本狂言の「サ」が 164 例見られるが、多くは「サアラバ」[8](144 例)という形で用いられている。

(37)　それは満足した、さあらはまつ七日だんじきでこもらふ
　　　　　　　　　　　　　　　　　　　　　　　　　　(かはかみ、p.192)

　また上記の「サアラバ」以外については、(38)「サナクハ」8 例、「サアルニ」5 例であり、先の天草版平家物語と同様に、定型化は漸次進んでいるものと考えられる。

(38) 一たびお目にかゝつてくれさしめ、さなくはいちごうたがはれう程に
(ぶあく、p.314)

以上から、先の(34)の修正は、必要ないものと考えられる。

3.3.5 近世における「カク・サ」と「カウ・サウ」 ―近松浄瑠璃―

　近世前期の「カク・サ」「カウ・サウ」について述べていく。資料として近松の世話浄瑠璃を用いる(以降、近松浄瑠璃と呼ぶ)。近松浄瑠璃に見られる「カク・サ」と「カウ・サウ」をまとめると表16となる

表16　近松浄瑠璃の「カク・サ」と「カウ・サウ」

	カク	カウ	サ	サウ
近松浄瑠璃	21(約39%)	33(約61%)	8(約13%)	53(約87%)
(参考) 虎明本狂言 天草版平家物語	18(約25%) 13(約19%)	53(約75%) 55(約81%)	164(約59%) 44(約45%)	113(約41%) 54(約55%)

「サ」については、中世後期に比べあまり見られなくなり(8例)、それに対し「サウ」が多く用いられている。また、「サウ」には(40)のように、「サウシタ＋N(名詞)」で連体修飾する新しい形も見いだせるようになる。

(39) 機嫌をも取らんせといへば。オヽ、さう思うて気がせくが。
(曽根崎心中、p.24)

(40) 逢ふに逢はれぬ其の時は此の世ばかりの約束か。さうした例のないではなし。
(曽根崎心中、p.24)

　このように「サ」と「サウ」に関しては、「サウ」の勢力拡大と「サ」の定型化が中世後期よりもさらに進んだことが伺えるが、「カク」については21例と使用がやや増加しており注意が必要である[9]。

(41) 小判走れば銀が飛ぶ。金色世界も<u>かく</u>やらん。

(博多小女郎波枕、p.325)

(42) 何時山葵としもせねば<u>かく</u>なる蓮でご山椒。　（心中宵庚申、p.459)

　以上、近世前期の「カク・サ」「カウ(コウ)・サウ(ソウ)」についてまとめておく。

(43) 近世前期では主に「カウ(コウ)」「サウ(ソウ)」が用いられ、「カク」「サ」は定型化したものと考えられる(ただし「カク」は中世後期よりやや使用が増えている)。以上から、これまで変化の速度が相違した「カク・カウ」と「サ・サウ」は、定型化した「カク・サ」、口頭語で使用される「カウ(コウ)・サウ(ソウ)」という形で固定したと予測される。

3.4　B類「カヤウ・サヤウ」から「コノヤウ・ソノヤウ」へ
3.4.1　天草版平家物語以前について

　「コノヤウ・ソノヤウ」について、現在の調査において最も早く見いだせるものは、中世前期の(44)「コノヤウニ」1例、また「ソノヤウニ」の例は佐々木(1981)で指摘される院政期書写の資料・中山法華経寺本三教指帰注の例(1例のみ、第4章の例(80)。その他中世前期では、延慶本平家物語に2例。第5章の例(45)(131)に示す)である。

(44) 大殿此事聞召テ「心苦キ御事ニコソアレ。申ナグサメ進セム」トテ、御参内有テ、「<u>此様ニ</u>叡慮ニカヽラセ給ハヾ、何条御事カ候ベキ。」

(延慶本平家物語、第3本、p.575)

　また、中世前期には第三の系列であるア系列も僅かに見いだせるようになる。

(45) うらやむ者共は、「あなめでたの祇王御前の幸や。おなじあそび女とならば、誰もみなあのやうでこそありたけれ。」

(覚一本平家物語、巻1祇王、p.95)

　このように中世前期においてコ・ソ・ア系列の指示副詞は僅かにしか見られず、未だ「カヤウ・サヤウ」等のカク・サ系列の指示副詞が主であったと考えられる。

3.4.2　天草版平家物語の「カヤウ・サヤウ」と「コノヤウ・ソノヤウ」

　天草版平家物語における「カヤウ・サヤウ」「コノヤウ・ソノヤウ」「コノゴトク・ソノゴトク」と、原拠本の対応する箇所の語についてまとめると表17・表18となる。

表17　天草版平家物語の「カヤウ・コノヤウ・コノゴトク」

天草版平家物語	コノヤウ45・コノゴトク［2］ （計47・約63％）	カヤウ28 （計28・約37％）
原拠本	【交替】32［1］　【新】12［1］ ※不明1	【旧】27　【旧】(無)1
（内訳）	【交替】カヤウ13・カカル10・ カク6［1］・カクテ1・サヤウ1・ サレバ1	【旧】カヤウ22・カク3・ カクテ1・（カウシテ）1

注：「コノヤウ・コノゴトク」の※不明は「此ノ如ク」の「此」の読みが確定できないもの。また、1例のみ原拠本で「カウシテ」→天草版平家物語「カヤウ」の例あり。これについては【旧】に分類した。

表18　天草版平家物語の「サヤウ・ソノヤウ・ソノゴトク」

天草版平家物語	ソノヤウ5・ソノゴトク［1］ （計6・約26％）	サヤウ17 （計17・約74％）
原拠本	【交替】1【新】4［1］	【旧】15【旧】(無)2
（内訳）	【交替】サヤウ1	【旧】サヤウ10・サル4・サテ1

　まず、「カヤウ」と「コノヤウ（・コノゴトク）」について、表17に示す

ように、前期には僅かであった「コノヤウ」が、まとまって見られるようになる。ただし、「カヤウ」も多く用いられており、勢力は拮抗していたことが予測される。

(46)【交替】
　　a.（天）関白殿ほどの人が<u>このやうな</u>目にあわせられたことは、聞きも及ばぬことぢゃ　　　　　　　　（巻第 1 第 2、p.17）
　　b.（覚）摂政関白の<u>かゝる</u>御目にあはせ給ふ事、いまだ承及ず。
　　　　　　　　　　　　　　　　　　　　　　　（巻 1 殿下乗合、p.120）

　それに対し、「サヤウ」と「ソノヤウ（・ソノゴトク）」は表 18 に示すように、未だ「サヤウ」の方が多用されていたと考えられる（しかし、中世前期にはほとんど見られなかった「ソノヤウ」が 5 例見いだせることから、着実にその使用は増加している）。

(47)【交替】
　　a.（天）清盛なんぢゃ？<u>そのやうな</u>遊び者わ人の召しに従うてこそくるものなれ　　　　　　　　　　　（巻第 2 第 1、p.95）
　　b.（覚）入道「なんでう、<u>さやうの</u>あそびものは人のめしにしたがふてこそ参れ　　　　　　　　　　　（巻 1 祇王、p.96）

　そこで、B 類について(48)にまとめておく。

(48)　中世前期に僅かにしか見いだせなかった「コノヤウ・ソノヤウ」等の B 類が、中世後期にはある程度まとまって見いだされるようになり、コ・ソ系列の指示副詞は着実に増加している。このことは指示副詞のコ・ソ（・ア）体系への整備が、中世後期にかなり進んでいたことを表すものと考えられる。なお、中世後期では「サヤウ」の方が「ソノヤウ」より多用されており、未だ中世後期のサ系列とソ系列に関して

は、サ系列が中心であったことが推測される。

次節ではこの(48)について、虎明本狂言で検証する。

3.4.3　中世後期における「カヤウ・サヤウ」と「コノヤウ・ソノヤウ」
　　　　―虎明本狂言―

虎明本狂言に見られるB類の指示副詞を表19・表20にまとめる。

表19　虎明本狂言に見られるB類の指示副詞(コ・カク系列)

コノヤウ	コノゴトク		カヤウ	カカル	
62	18	(計80)	163	11	(計174)

表20　虎明本狂言に見られるB類の指示副詞(ソ・サ系列)

ソノヤウ	ソノゴトク	ソノツレナ		サヤウ	サル	
77	26	24	(計127)	356	19	(計375)

(49)　さて〳〵み事な事でござる
　　　このやうな見事なくりはあるまひとおもふが　　　(栗やき、p.102)
(50)　いつも〳〵さゝにえふては、そのやうにおしやつて　(こひ聟、p.369)

さらに、虎明本狂言の「コノヤウ・コノゴトク」と「カヤウ」、「ソノヤウ・ソノゴトク」と「サヤウ」でまとめると表21となる。

表21　虎明本狂言と天草版平家物語のB類の比較

	コノヤウ コノゴトク	カヤウ	ソノヤウ ソノゴトク	サヤウ
虎明本狂言	80(約33%)	163(約67%)	103(約22%)	356(約78%)
(参考) 天草版平家物語	47(約63%)	28(約37%)	6(約26%)	17(約74%)

上記の表に示すように、虎明本狂言においても「コノヤウ・ソノヤウ」はまとまって用いられている。

ただし、「サヤウ」「ソノヤウ（・ソノゴトク）」の用例の比率は、ほぼ天草版平家物語と同じであるが、「カヤウ」と「コノヤウ（・コノゴトク）」に関しては、「カヤウ」が「コノヤウ（・コノゴトク）」よりもかなり多用されている。

なお、第三の系列である「アノヤウ」についても、同様に中世末期にはまとまって見られるようになる。そこで、先の(48)を以下に修正する。

(51) 中世前期に僅かにしか見いだせなかった「コノヤウ・ソノヤウ・アノヤウ」等のＢ類が、中世後期にはある程度まとまって見いだされるようになり、コ・ソ・ア系列の指示副詞は着実に増加している。このことは指示副詞のコ・ソ・ア体系への整備が、中世後期にかなり進んでいたことを表すものと考えられる。なお、中世後期では「カヤウ」「サヤウ」も多く用いられており、カク・サ系列は未だ中世後期においては勢力を維持していたと考えられる[10]。

3.4.4　近世における「カヤウ・サヤウ」と「コノヤウ・ソノヤウ」
　　　　—近松浄瑠璃—

近松浄瑠璃に見られるＢ類の指示副詞を表22・表23にまとめる。

表22　近松浄瑠璃のＢ類(コ系・カク系列)について

コノヤウ	コノゴトク	コンナ	コガイ		カヤウ	カカル	
22	5	12	1	(計40)	11	1	(計12)

表23　近松浄瑠璃のＢ類(ソ系・サ系列)について

ソノヤウ	ソノゴトク	ソンナ	ソガイ		サヤウ	サル	
4	2	1	1	(計8)	4	6	(計10)

さらに、近松浄瑠璃の「コノヤウ・コノゴトク」と「カヤウ」、「ソノヤ

ウ・ソノゴトク」と「サヤウ」でまとめると表24となる。

表24　近松浄瑠璃と虎明本狂言、天草版平家物語のB類の比較

	コノヤウ コノゴトク	カヤウ	ソノヤウ ソノゴトク	サヤウ
近松浄瑠璃	27(約71%)	11(約29%)	6(約60%)	4(約40%)
(参考) 虎明本狂言 天草版平家物語	80(約33%) 47(約63%)	163(約67%) 28(約37%)	103(約22%) 6(約26%)	356(約78%) 17(約74%)

　表22から24に示すように、近世前期にはカク・サ系列「カヤウ・サヤウ」とコ・ソ系「コノヤウ・ソノヤウ」等の勢力が逆転している(「サヤウ」と「ソノヤウ」は同数であるが、中世後期と比べ、ソ系は格段に勢力を伸ばしている)。

(52)　それは流れの身の辛さ。侍の妻には又此のやうな憂きこと有り。

(夕霧阿波鳴渡、p.199)

(53)　早う殺してもらひたい其のやうに仰しゃれて。

(丹波與作待夜の小室節、p.117)

　さらに、近松浄瑠璃には「コンナ・ソンナ」と「アンナ」(例「あんな男持たうより牛に突かれたがまし」大経師昔暦、p.220)も見いだせるようになることから、この時期の指示副詞はコ・ソ・ア体系へと、ほぼ整備されていたのではないかと予測される。

(54)　こんなことをせうよりも盗をせい徳兵衛　　　(曽根崎心中、p.26)
(55)　そんなこと気遣せず早う町を退けましたい。(博多小女郎波枕、p.344)

　そこで、以上の結果を(56)にまとめておく。

(56) 近世前期においてカク・サ系列「カヤウ・サヤウ」とコ・ソ系「コノヤウ・ソノヤウ」の勢力が交替する。これにより指示副詞も、かなりコ・ソ・ア体系へ整備されたものと考えられる[11]。

3.5 構文的機能からみる B 類の変化について

最後に、B 類の構文的機能からみる歴史的変化の問題について触れておく。「カヤウ・サヤウ」は、連体修飾として「〜ナル」「〜ノ」の 2 形態、連用修飾の場合には「〜ニ」という形をとる。また、「コノヤウ・ソノヤウ」は中世から連体修飾「〜ナ」、連用修飾「〜ニ」の形が見いだせる。

(57) 御袖もいたく濡れにけり。「まだかやうなることをならはざりつるを」
　　　　　　　　　　　　　　　　　　　（源氏物語、夕顔 1 巻、p.159）
(58) このごろはさやうの御ふるまひさらにつつみたまふめり。
　　　　　　　　　　　　　　　　　　　（源氏物語、明石 2 巻、p.276）
(59) とうかんなひは、このやうな時じや　　（虎明本狂言、鶏聟、p.334）

そこで、本節で扱った資料(参考のため、中古の源氏物語も加えた)におけるB類を調査した結果を以下の表にまとめる。

「カヤウ・サヤウ」については、表 25 に示すように「〜ナル」「〜ノ」の 2 形態が中古から見られ、中世には「〜ナル」の形が衰退し、「〜ノ」の形が中心となったと考えられる。

表 25　構文的機能からみる B 類について

	カヤウ				サヤウ					コノヤウ		ソノヤウ	
	ナル	ノ	ニ	無	ナル	ノ	ニ	デ	無	ナ	ニ	ナ	ニ
源氏	33	79	88		37	51	58						
覚一		43	52			14	6						
天草		9	19			9	8			24	21	3	2
虎明	1	65	95	1		90	190	74	2	42	20	50	27
近松	(ナ)1	6	4		(ナ)1	1			2	10	12	1	3

注：「無」は「左様いはしめ」（虎明本狂言、八幡の前、p.383）のように語尾のないもの。用例のないところには、斜線を引いた。近松の（ナ）とは「かやうな文は手にも取らぬ」（堀川波鼓、p.51）を指す。また虎明本狂言（なべやつばち、p.127）「かやうな」に「に」の傍書あり。これについては表には入れていない。

　B 類の歴史的変化の本質を捉えるには、上記のような構文的な機能からの考察も必要であると考えるが、ここでは問題の指摘のみとしておきたい。

3.6　カク系・サ系列からコ・ソ・ア系へ　—指示体系の歴史的変化—

　これまで指示詞の歴史的変化については、橋本（1982）山口（1990）迫野（2002）李（2002）等の考察がなされている。ただし、橋本（1982）は指示副詞について若干触れているものの、上代・中古における指示代名詞の変化について論じたものであり、山口（1990）もまた橋本（1982）と同様に指示代名詞に焦点をあて考察されたものである。

　そして、迫野（2002）李（2002）は指示副詞を含む指示体系の歴史的変化を展開させたものであり、特に迫野（2002）は指示副詞の中でも方言に見られる「コガイ・コナイ（ニ）」「ソガイ・ソナイ（ニ）」、また不定語である「ドウ」の成立時期から「コソアドの体系化は、これ（注「コガイ」「コナイ」等）まで含めて考えるとき、長い時間をかけてゆっくりとそのかたちを整えていったということになるであろう」（p.11）という、指示体系の歴史的変化に対する指摘をおこなっている。

また、李(2002)は上代から近世まで通じた変化を、多くのデータをもとに論じるといった労作であるが、近世前期の資料および考察に用いた指示副詞の語種の少なさの問題、さらに第1章1節で述べたように、その論じるところに疑念が残る。また李(2002)では、「アア」の成立から以下のように、指示体系の体系化について結論づけている。少し長いが以下に引用する。

　　（前略）、「ああ」の成立時期もほぼ近世前期の後半、宝暦から安永にかけての数十年の間と見てよさそうであろう。
　　そして、「ああ」の成立がもっと遅いということは、それまでの指示体系において、指示副詞の系列が「こう」と「そう」による二者対立を成していたということに他ならない。もし上代以前の指示体系が「こ・そ」の対立としてあったとすることができれば、その指示体系の名残は指示副詞の領域において近世前期と後期の交わる頃にまで続いていたということになる。つまり、この時期に、指示副詞の系列が「コ系」、「ソ系」、「ア系」の語形が出揃ったということは、そのまま指示体系の体系化がついに指示副詞の領域にまで及んだことを意味すると考えられる。
　　　　　　　　　　　　　　　　　　　　　　　　　　　　(p.277)

　「アア」の成立時期に関しては、現在の本書の調査でも近世後期の江戸語の資料から見いだせるようになることから、李(2002)の指摘には首肯できる。

(60)　花嫁の内が花さ。おつつけ子小児でも出來てみな。あゝはいかねへ
　　　　　　　　　　　　　　　　　　　　　　　　　（浮世風呂、p.215）

　しかし、「アア」の成立をもって指示副詞が体系化し、さらにそれまでは上代以前の名残が近世まで指示副詞の領域に続いていたということに関しては、以下のように相違する意見を述べたい。
　本書では指示副詞は、中世後期にはほぼコ・ソ・ア体系を確立していたものと考える[12]。このように仮定する理由を、これまで議論してきたことか

ら、再度まとめなおす。

(61) a. 中世後期のコ・ソ系列「コノヤウ・ソノヤウ」の指示副詞の成長、近世前期のカク・サ系列「カヤウ・サヤウ」とコ・ソ系「コノヤウ・ソノヤウ」の勢力交替。
b. 中世後期から既にまとまって見いだせるア系列「アノヤウ」等の指示副詞の存在。
例：「あのやうに仰付らるゝに依て、奉公がいたしよひ」
(虎明本狂言、目近籠骨、p.90)
c. 近世前期に現れるコ・ソ系「コンナ・ソンナ」と同時期に、ア系「アンナ」が見いだせる。
例：「あんな男持たうより牛に突かれたがまし。」
(近松浄瑠璃、大経師昔暦、p.220)
d. (第6章「程度・量の大きさを表す指示副詞について」で論じる)中世から見いだせる程度を表す「コレホド・ソレホド・アレホド」。

そして、この流れとは別に「カク・サ」から「コウ・ソウ・アア」への変化があり、これらの語は「カウ→コウ」「サウ→ソウ」と近世に転じたことによりコ・ソ・アへと組み込まれ、その後コ・ソ・ア体系への類推の結果、「アア」が生じたものと考える。以下にまとめると、

(62) 「カウ・サウ」は中世後期までは「カク・サ」と同じく、語頭音が「カ―」「サ―」のカク・サ系列の指示副詞として意識されていた。近世にオ段長音の開合の別が混乱し消滅することにより「コウ・ソウ」へと変化した結果、コ・ソ系の指示副詞であると意識されるに至った。そして、「コウ・ソウ」がコ・ソ・ア体系へと組み込まれることにより、体系への類推から「アア」が発生した。

以上から本書では、「コウ・ソウ・アア」の3系の成立をもって指示体系

の体系化とはしない。むしろ、先に述べたように、中世には指示副詞のコ・ソ・アへの体系化は進み、中世後期にはほぼコ・ソ・ア体系を確立し、そして近世後期に「コウ・ソウ・アア」の3系が揃うことにより、現代語に見られるような指示詞のパラダイムにより近づいたと考えたい。

4. 近代以降の指示副詞のバリエーションについて

　先に述べたように、現代語に見られる「コウヤッテ・ソウヤッテ・アアヤッテ」「コウイウ風ニ・ソウイウ風ニ・アアイウ風ニ」「コンナ風ニ・ソンナ風ニ・アンナ風ニ」は、現在の調査において近代まで見いだせない。

　そこで「コウヤッテ・ソウヤッテ・アアヤッテ」「コウイウ風ニ・ソウイウ風ニ・アアイウ風ニ」「コンナ風ニ・ソンナ風ニ・アンナ風ニ」について、明治期から昭和期の小説を調査した結果を記述していく。そして、さらに「〜風ニ」形に焦点をあて、これらの指示副詞の発生過程について仮説を示していく。

　明治期から昭和期までの調査資料については、新潮文庫100冊CD-ROMを使用し、表にそれぞれの作品に見いだせる指示副詞の数を示した。なお表については、資料の出版年順ではなく作者の生年順(生年が早い順)によって上から並べた。

　なお、近世の江戸で出版された作品(調査資料は、岩波古典文学大系の近世の資料、および浮世風呂・夢酔独言・牛店雑談安愚楽鍋。詳しくは末の主要資料一覧に示す)についても調査したところ、上方資料と同じく、当該指示副詞は見いだせなかった(先に述べたように、上方資料にも見いだせない)。

4.1　明治期から昭和期

　明治(森鴎外・伊藤左千夫は江戸末期)に生まれた作者による小説を、調査した結果を表26にまとめる。表に示すように近世には見られなかった「コウヤッテ・ソウヤッテ・アアヤッテ」「コウイウ風ニ・ソウイウ風ニ・アア

イウ風ニ」「コンナ風ニ・ソンナ風ニ・アンナ風ニ」が、明治の早い時期に生まれた作者の作品からある程度見いだせる(以下に、それぞれの指示副詞において、生年が最も早い作者の作品に見られる例をあげておく)。

(63) a. 僕はこう云う風に、飾磨屋と云う男の事を考えると同時に、どうもこの男に附いている女の事を考えずにはいられなかった。

(森鴎外、百物語、p.136)

b. 実は自分もそういう風に危うかった出来事を感じたかった。

(志賀直哉、城の崎にて、p.40)[13]

c. 先生がああ云う風になった源因に就いてですか

(夏目漱石、こころ、p.93)

(64) a. それとは違って、夜寝られない時、こんな風に舞台で勤めながら生涯を終るのかと思うことがある。　　(森鴎外、妄想、p.73)

b. そんな風に、人の改良しようとしている、あらゆる方面に向って、自分は本の杢阿弥説を唱えた。　　(森鴎外、妄想、p.90)

c. うん、この頃己は、時々あんな風にヒステリーを起すんだよ。

(谷崎潤一郎、痴人の愛、p.598)

表26 明治期生まれの作家の作品に見られる指示副詞

著者名	コウイウ風ニ・ソウイウ風ニ・アアイウ風ニ				コンナ風ニ・ソンナ風ニ・アンナ風ニ				コウヤッテ・ソウヤッテ・アアヤッテ			
	コ	ソ	ア	計	コ	ソ	ア	計	コ	ソ	ア	計
森 鷗外	1			1	4	1		5				
伊藤左千夫					3			3				
夏目漱石	1		1	2	6	2		8			1	1
樋口一葉					1			1				
島崎藤村	6		2	8	1			1				
泉 鏡花									7	4		11
柳田国男												
有島武郎						1		1		1		1
志賀直哉	1	1		2	4	2		6	1			
武者小路実篤						1		1				
谷崎潤一郎	4		2	6	2	10	2	14	2	1	1	4
石川啄木												
山本有三	1	2		3	8	7		15				
芥川龍之介	1			1								
宮沢賢治	1	2		3								
三木 清												
井伏鱒二					3			3				
川端康成					2	1	2	5	2			
石川 淳												
壷井 栄					4	2		6				
梶井基次郎		4		4	3	2	2	7		1		1
小林秀雄		4		4	3	7		10				
竹山道雄	1	1		2	7	1		8	1	1	1	3
林芙美子						2		2				
山本周五郎		1		1	7	8	1	16	1	2		3
堀 辰雄					8	13		21	13	9		22
石川達三		2		2	2			2		1		1
井上 靖					5			5				
中島 敦												
太宰 治												
大岡昇平					1			1	3	1		4
松本清張					3		1	4				
新田次郎	3	2	1	6	4	4	1	9	1	1		2
明治期計	20	19	6	45	73	73	11	157	31	22	3	56

以上から、明治期以降にこれらの語が発生したのではなく、近世末期には既に用いられていた可能性があると考えられる。ただし、これについては近世と明治期以降の資料の性質を考慮に入れた上で、さらに幅広く調査をおこなう必要があろう。

次に、大正・昭和期に生まれた作者による小説を調査した結果を、表27・表28にまとめる。

表27　大正期生まれの作家の作品に見られる指示副詞

著者名	コウイウ風ニ・ソウイウ風ニ・アアイウ風ニ コ	ソ	ア	計	コンナ風ニ・ソンナ風ニ・アンナ風ニ コ	ソ	ア	計	コウヤッテ・ソウヤッテ・アアヤッテ コ	ソ	ア	計
福永武彦	1	3		4		1		1	6	3		9
水上 勉					1	2		3				
阿川弘之	2	2		4	2	1	1	4			1	1
三浦綾子					2	6	1	9		1		1
司馬遼太郎						2		2				
遠藤周作						1		1		1	1	2
池波正太郎												
安部公房					5	8	2	15		1		1
吉行淳之介	1	1		2	2		1	3	1			1
三島由紀夫	2	7		9	6	3		9		1		1
星 新一						1		1	1			1
立原正秋		1		1	4	6	1	11	1	4		5
大正期計	6	14	0	20	24	29	6	59	9	11	2	22

表27・表28に示すように、大正・昭和期においても明治期と同じく、作者による使用の偏りが見られるものの、多くの例が見いだせる(なお、大正期は明治・昭和期に比べ資料が少ないため、例数も少なくなる)。

そこで、表26・表27・表28の結果を、分かりやすいように(65)にまとめ直す。

表28 昭和期生まれの作家の作品に見られる指示副詞

著者名	コウイウ風ニ・ソウイウ風ニ・アアイウ風ニ				コンナ風ニ・ソンナ風ニ・アンナ風ニ				コウヤッテ・ソウヤッテ・アアヤッテ			
	コ	ソ	ア	計	コ	ソ	ア	計	コ	ソ	ア	計
北 杜夫	2	1	1	4	23	15	4	42	8	20	1	29
吉村 昭												
田辺聖子	2			2	9	3	2	14	15	2		17
開高 健						1		1	1	6		7
野坂昭如	1			1	1			1	1			1
三浦哲郎					1	3	1	5	1	1		2
有吉佐和子										1		1
曽野綾子	2	5	2	9	2	6		8	5	1		6
五木寛之					1	6		7				
渡辺淳一					1	7		8				
井上ひさし					1			1	1			1
筒井康隆												
大江健三郎												
倉橋由美子					12	5	1	18	2			2
塩野七生												
藤原正彦										1		1
椎名 誠		3		3	8	7	1	16	2	3	2	7
沢木耕太郎					2	1		3	1	3	1	5
宮本 輝		1		1		5	1	6	2	11	1	14
赤川次郎					1	2		3	1			1
高野悦子						1		1				
村上春樹	1	6		7	6	11		17				
昭和期計	8	16	3	27	58	73	10	151	40	49	5	94
総 計	34	49	9	92	165	172	27	367	80	82	10	172

(65)　　　　　　　　　　　　　　　明治期　・　大正期　・　昭和期

　　（コウイウ・ソウイウ・アアイウ）風ニ　　45例　・　20例　・　27例

　　（コンナ・ソンナ・アンナ）風ニ　　　　157例　・　59例　・　151例

　　（コウ・ソウ・アア）ヤッテ　　　　　　56例　・　22例　・　94例

以上のように、近世末期の作品まで見いだせない指示副詞が、上記に示す

ように明治期には昭和期と同程度に既にまとまって見いだせることが指摘できる。

4.2 発生過程について

次に、近代から新しく見いだせるようになる「〜風ニ」という形の指示副詞の発生過程について考えてみたい。この「コウイウ風ニ・ソウイウ風ニ・アアイウ風ニ」と「コンナ風ニ・ソンナ風ニ・アンナ風ニ」は、現在の調査において近世の資料には見いだせないものの、明治の早い時期に生まれた作者の作品に、ある程度見いだせることから、明治期以降にこれらの語が発生したのではなく、近世末期には既に用いられていた可能性があることが予測される。

そこで昔夢会筆記と旧事諮問録の調査結果と、近世(江戸語)に僅かに見られる(現代語では用いられない)「コウイウヨウニ・ソウイウヨウニ・アアイウヨウニ」から、「コウイウ風ニ・ソウイウ風ニ・アアイウ風ニ」と「コンナ風ニ・ソンナ風ニ・アンナ風ニ」の発生時期・過程について述べておきたい。

昔夢会筆記は晩年の徳川慶喜を囲んだ座談録であり、また旧事諮問録は旧幕勤士の古老たちを招きおこなった質疑の記録である。これらは、当時流行した速記で記録されており(昔夢会筆記は第5回から第13回が速記)、近世末期の言葉を知る手がかりとなる資料である[14]。

まず、昔夢会筆記では、徳川慶喜(1837–1913)と編纂員の江間政發(桑名藩士 1852–1916)が「ソウイウ風ニ・アアイウ風ニ」を用いている[15]。

(66) 公　それは後見職の名義から言えば、そういうふうに相違ないが、しかしその節の後見職はそういうわけでないので、いろいろそこに事情がある。

　　　　(昔夢会筆記、第7回、明治42年12月、公は徳川慶喜、p.92)

(67) 江間　それはなるほどありましたでございましょう。現に薩州の高崎猪太郎、あれなども藩の命令で参ったのですが、長州の状態を詳しく調べました。芸州からそう言ってよこしました書面がございます。さすがによく調べておりますな、<u>ああいうふうに</u>諸藩からもはいっておりましたから、会津などは別してやったことと思います。
（第7回、明治42年12月、江間政發、p.105、ただし第7回「江間正發」とある）

　また旧事諮問録でも、幕府に使えた大目付や御庭番の言葉に「コウイウ風ニ・ソウイウ風ニ」が見いだせる。

(68) あのとき捕まえて、全くこうこうで、<u>こういう風に</u>斬ったと申して爪印までした。
（旧幕大目付や江戸町奉行等、山口泉処、第3編第5回、明治24年5月、p.295）

(69) あの地の探索が届くので、なかなか手先と申しても、こちらがかえって手先位の加減です。ただ<u>そういうふうに</u>育ちますから、とかく金を遣いすぎたり、人間が柔弱にできたりということもございますが
（旧幕御庭番、川村帰元、第7編第10回、明治25年2月、p.231）

　なお昔夢会筆記・旧事諮問録には「コンナ風ニ・ソンナ風ニ・アンナ風ニ」は見いだせない。
　ところで、例は僅かではあるが近世(江戸語)の春色梅児誉美や、上記の昔夢会筆記・旧事諮問録には、現代語では用いられない「コウイウヨウ(ニ)・ソウイウヨウニ・アアイウヨウニ」[16]が見られる。

(70) それだけれど、御内室の在世の時さへあのとふりの理屈だものを、どうして<u>そふいふ(よふ)様</u>にいきますものか。
（春色梅児誉美、米八の台詞、初編巻之一、p.50）

(71) 公　<u>そういうように</u>思うが、よく考えてみると、どっちであったかということがしっかり覚えぬ。

(昔夢会筆記、第5回、明治42年7月、p.43)

(72) 公　(前略)そこでまず違勅として起り立ったんだね。それで掃部頭は<u>ああいうように</u>なって見ると、外の者が首を持ち上げて来た。

(昔夢会筆記、第13回、明治44年6月、p.265)

　本書では、この「コウイウヨウニ・ソウイウヨウニ・アアイウヨウニ」と、近世以前から用いられていた「コノヨウ(ヤウ)ニ・ソノヨウ(ヤウ)ニ・アノヨウ(ヤウ)ニ」(以後「ヤウ」は省略)、そして近代以降に多く見られる「コウイウ風ニ・ソウイウ風ニ・アアイウ風ニ」「コンナ風ニ・ソンナ風ニ・アンナ風ニ」の関係について、以下のように推測する。

　近世以前からある「コノヨウニ・ソノヨウニ・アノヨウニ」の「コノ・ソノ・アノ」と、近世には多く用いられるようになる形容詞相当の「コウイウ・ソウイウ・アアイウ」が交替して「コウイウヨウニ・ソウイウヨウニ・アアイウヨウニ」が、遅くとも江戸後期には発生する。

　そして、複合辞「〜ヨウニ」と「〜風ニ」が交替することにより「コウイウ風ニ・ソウイウ風ニ・アアイウ風ニ」が発生し、さらに「コウイウ・ソウイウ・アアイウ」と、近世に発生した形容詞相当の「コンナ・ソンナ・アンナ」が交替することにより「コンナ風ニ・ソンナ風ニ・アンナ風ニ」が現れるようになる。

第 3 章　語彙から見た指示副詞の歴史的変化について　83

	近世前期	～近世後期	～近代初期

```
「コノヨウニ・ソノヨウニ・アノヨウニ」→「コノヨウニ・ソノヨウニ・アノヨウニ」→「コノヨウニ・ソノヨウニ・アノヨウニ」
                                        ↓（「コノ・ソノ・アノ」から「コウイウ・ソウイウ・アアイウ」へ）
                                        ↓
                          「コウイウヨウニ・ソウイウヨウニ・アアイウヨウニ」
                                        ↓（「～ヨウニ」→「～風ニ」）
                                        ↓
                          「コウイウフウニ・ソウイウフウニ・アアイウフウニ」
                                        →「コウイウフウニ・ソウイウフウニ・アアイウフウニ」
                                        ↓
                                        ↓（「コウイウ・ソウイウ・アアイウ」→「コンナ・ソンナ・アンナ」）
                                        ↓
                          「コンナフウニ・ソンナフウニ・アンナフウニ」
                                        →「コンナフウニ・ソンナフウニ・アンナフウニ」
```

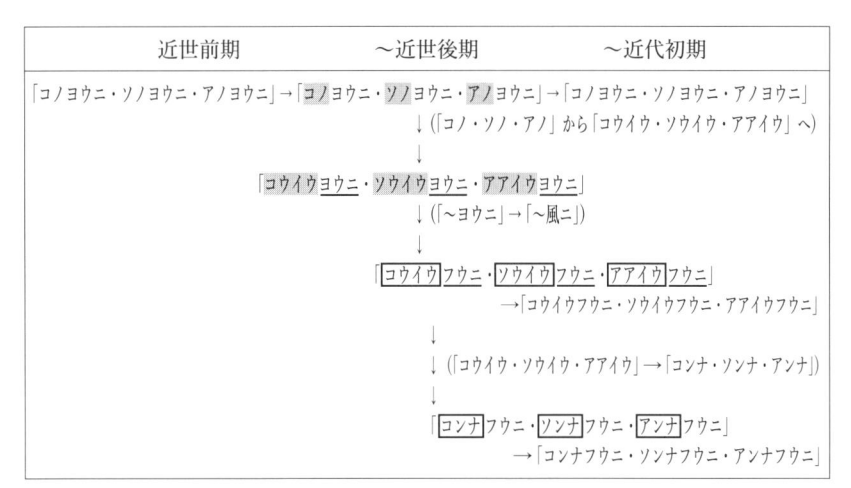

図 1　近世から近代への指示副詞の流れ

なお、「コウイウ風ニ・ソウイウ風ニ・アアイウ風ニ」に関しては昔夢会筆記・旧事諮問録に例が見いだせることから、江戸末期には発生していたことが推測されるが、「コンナ風ニ・ソンナ風ニ・アンナ風ニ」は、現在の調査では明治期以降の例しか見いだせないことから、その発生がいつ頃であるかは予測できない。さらに「コウイウヨウニ・ソウイウヨウニ・アアイウヨウニ」の例も少ないことから、今後はさらに資料の範囲を広げて、上記の仮説を検証する必要がある。

5.　歴史的な資料に見られる方言形について

　本書の調査対象には、現在でも京阪方言で用いられる方言形「コナイ（ニ）・ソナイ（ニ）・アナイ（ニ）」の例が近世から見いだせる。

(73)　コ系
　　　袖は涙に道はくれエゝこないにいふても馬の耳に風ほんにかぜひいたそふな　　　　　　　　　　　　（洒落本、陽台遺編、p.22）

(74) ソ系

[要]マア平さんちよつと二階へ。大角さんしらしましよか [平]いや〳〵 [音｜要]なんでへ [平]大角はもふさつぱりじや [要]とふしてまあそないにいひなはる　　　　　（洒落本、色深狭睡夢、p.313）

(75) ア系

[頭]ハイむかしではなひまへ〳〵はまひもよふまひましたけれといまはまへ〳〵のやうニまひもよふまひませぬ　トふるひ事いふ此たいこもちもへたとみへる　[ケ]よふあないいへるナア　[客]これおれもまふがの　　　　　　　　　　　　　（洒落本、睟のすじ書、p.129）

　指示副詞の方言形については、現代語でもほどんど調査・考察がなされておらず、また歴史的な資料の制限もあり、その研究は進んでいない。現代語の方言調査とともに、本書が対象とする京阪神地域（および江戸）以外の歴史的な資料の調査も必要であり、まだまだ残された課題は多い。

6. 語彙から見た歴史的変化のまとめ

　この章では、古代語（上代）から現代語までの、指示副詞の語彙的な歴史的変化について述べた。指示代名詞については、歴史的に見て3系列（コ・ソ・カ（ア））から3系（コ・ソ・ア）への変化であり、一見すると大きな変化ではない。それに対し、指示副詞については2系列（カク・サ）から3系（コ・ソ・ア）への大きな変化であり、それは中世後期を転換期として、カク・サからコ・ソ・アへと、指示代名詞と同じ体系へと整備されていくという変化でもある。そして、本章ではこの大きな変化の様相を、いくらか示せたのではないかと考える。

　なお、これらの変化は次章以降に論じる用法（指示用法・副詞的用法）の変化と密接な関係があると考えられる。

　そこで、次章以降では、各時代における指示用法・副詞的用法を調査・分析し、それらの歴史的変化についても明らかにしていく。その後、本章で示

した語彙的な変化とあわせ総合的に考察することにより、指示副詞の歴史的変化の構造を、本質的に捉えていきたい。

では、第 4 章指示用法、第 5 章副詞的用法について論じた後、指示副詞全体の歴史的な流れについて、第 5 章の終わりにまとめることにする。

注
1 橋本(1982)では、それぞれの指示詞の指示用法についても触れているが、本章では形態的な変化を中心に述べていくため、指示用法の部分については別章(第 4 章)で扱う。
2 中古のサ系列「サ」にも「サ＋ヤウ」がある。ただし、「カク」のように連体修飾ではなく、「カヤウ」の類推から生じた可能性がある。
3 天草版平家物語は 1593 年にイエズス会によって出版されたもので、その時期に流布していた平家物語(13 世紀中頃)を、当時の中央語の口頭語に訳したものである。現存する平家物語には天草版平家物語と完全に一致するものがないため、清瀬(1982)を参考として現存する諸本をあわせて対照させる。諸本については、覚一本平家物語(岩波古典文学大系)・百二十句本平家物語(斯道文庫古典叢刊)・竹柏園本平家物語(天理図書館善本叢書和書之部)。
4 他に、文が要約・省略されたところに、文と文との結束性のため新系列が用いられたものや、指示副詞が用いられていない箇所に、新系列の指示副詞が用いられたもの等がある。
5 その他に、「サヤウデ(ござる)」のような形で述語をなすものがある。なお、本節では副詞相当語句として働くもののみでなく(第 1 章 3.2)、すべての指示副詞を考察対象とする。
6 参考のために覚一本平家物語の「カク」「カウ」の用例数をあげておく。
「カク」71 例、「カウ」56 例(「カク」の用法とは相違する「カクテ(カウテ)」「トニカク」は除外)。
7 「サ」が先の「カク」のように中世後期に完全に定型化しなかった理由の一つとして、同系列の指示副詞である「シカ」の存在も関係するのではないかと考えられる。そこで、天草版平家物語における「シカ」をまとめておく。シカナリ 1 例、シカノミナラズ 1 例、シカル 3 例、シカルニ 1 例、シカルベシ 25 例、シカルヲ 2 例、シカレドモ 3 例、シカレバ 6 例。
8 虎明本狂言では「サラバ」も多く用いられている。

9 「カク」21例中1例以外は、すべて地文で用いられており、この時期には既に文語として意識されていた可能性もある。また矢島(2004、「言語資料としてみた近松世話浄瑠璃の文体」『江戸文学』30、ただし会話部分のみ)と同様に分類した結果、第二期8例・第四期2例・第五期4例・第六期7例と差異は見られなかった。

10 参考に中華若木詩抄の用例数をあげておく。カク35例(うち34例はカクノゴトク)、カヤウ69例、カウ12例、コノヤウ3例、コノゴトク1例、サ3例、サヤウ38例、サウ3例、ソノヤウ3例、ソノゴトク6例。このように中華若木詩抄においても「カヤウ・サヤウ」は多用されており、未だ中世後期にはこれらの語の勢力はかなり強かったものと考えられる。

11 濱田(1966)では捷解新語の指示詞について、原刊本(1676年)「コウ・ソウ」が原則として改修本(1748年)では「カヤウ・サヤウ・シカラバ等」に置き換えられていることを述べ「それは公式の場、例えば、朝鮮との通交などにおいて、彼我の使臣の間に交わされるにふさわしい性格の言語であったはずである」(p.356)とする。以上から、改修本が出された頃にはカク・サ系列「カヤウ・サヤウ」は、かなり口語から離れたものになっていたと考えられる。

12 後の第4章で詳しく考察していくが、指示用法から見て、まず指示代名詞は、ほぼ現代語と同じ指示体系を中世後期には確立している。また、指示副詞に関しても同様に、中世において着実にコ・ソ・ア体系へと変化していることが指摘できる。

13 なお、調査対象外である夏目漱石・三四郎には、「我々はそういう風にして暮して行くものと思えば差支ない」(p.170)が見られる。

14 ただし、聞き取りは、昔夢会筆記は明治40年前半、旧事諮問録は明治20年半ばにおこなわれている。

15 その他、編纂担当者として質疑に当たった井野辺茂雄(明治維新研究者・後の東京大学資料編纂官)も「ソウイウ風ニ」を用いている。

16 「コウイウヨウ」に関しては、今回の調査では「コウイウヨウニ」は見いだせず「公　こういうようなわけになっている。」(第10回、明治43年7月、p.179)のみ。

第 4 章　指示用法から見た指示副詞の
　　　　　歴史的変化について

　この章では、指示用法(直示・照応・観念用法)の歴史的変化について考察をおこなう。
　さて、指示副詞には指示用法と副詞的用法の二つの側面があり、この両者の歴史的変化については、お互いに影響を与えあっていたであろうことは、容易に予想される。しかし実際、それらの変化を資料で観察すると、指示用法と副詞的用法の関係は双方向に等しいわけではなく、指示用法の変化が副詞的用法に影響を与え、その変化を促したのではないかと考えられる。
　そこで本章で、指示副詞の指示用法の歴史的変化について考察をおこなった後に、次章で副詞的用法の考察に入りたい。

　ところで、指示副詞の指示用法の歴史的考察をおこなう上で、必ずおさえておかなければならないことがある。それは、指示副詞の指示用法の歴史的変化には、同体系にある指示代名詞の変化が、大きく関わっていることが予測されるということである。
　これまでの研究において、特に中古では指示代名詞にコ・ソ・カ(ア)の3系列が存在するのに対し、指示副詞にはカク・サの2系列しか存在しないことから、古代語における指示代名詞と指示副詞は、同体系ではないと見なされることがあった(鈴木 2000)。
　しかし本章では、この古代語における指示代名詞と指示副詞の関係について、指示用法(直示・照応・観念用法)という視点から両者を観察することにより、古代語においても、現代語と同じく指示代名詞と指示副詞が、整然と

した体系をなしていたことを主張する。

　また、指示代名詞と指示副詞の歴史的変化についても、お互いに影響を与えあいながら変化したことが予想されるが、実際のデータを見ると、指示代名詞の方が指示副詞よりも、その変化が先行している。そのことから指示代名詞の変化が、指示副詞の変化に影響を与えていたということが予想される。これついては、指示代名詞と指示副詞の変化を比較しながら、指示体系全体としての指示用法の歴史的変化をまとめ、次章の副詞的用法の考察へとつなげていきたい。

1. 指示代名詞

　古代語の指示代名詞の用法について、金水・岡﨑・曹（2002）および本書で調査した結果をまとめると、以下の［Ⅰ］［Ⅱ］［Ⅲ］となる。

指示代名詞の指示用法の歴史的な流れについて

［Ⅰ］　上代ではカ行の系列（本書ではコ系列、以後コ系列と呼ぶ）は、今、目に見える・直接知覚できる〈もの・こと〉を指示し、サ行の系列（本書ではソ系列、以後ソ系列と呼ぶ）は、今、目に見えない・直接知覚できない〈もの・こと〉を指示するという形で対立していた。また、カ系列の使用頻度は極めて低い。

［Ⅱ］　中古でもソ系列における一部の二人称相当の用法を除いて、コ系列とソ系列の対立はほとんど変化しない。カ系列は中古において多く見いだされ、ア系列は未だ少ない。

［Ⅲ］　13世紀にはカ系列は文語化し、ア系列に交替する。ソ系列の直示用法は中古から僅かに見られ、ほぼ今日と同じ直示用法を獲得するのは天草版平家物語（1593年）頃である。

　そこで、［Ⅰ］上代の指示代名詞については1.1 上代で、次に［Ⅱ］中古の指示代名詞は1.2 中古で、そして［Ⅲ］中世以降の指示代名詞は1.3 中世

以降で詳しく見ていくことにする。

1.1 上代

上代の指示の場は、可視的・感覚可能な対象の指示をおこなうコ系列と、不可視的・感覚不可能な対象を指示するソ系列、というコ対ソで構成されていた。また、カ系列の指示代名詞は僅かに見られるのみで、さらにア系列は上代では例がまったく見いだせない。

上代のコ系列

まず上代のコ系列は、直示・照応用法と思われる例が見いだせる。ただし、照応用法の例は、(1)のように直示用法とも解釈ができ、どちらか判断がつきにくい。これは金水・岡﨑・曹(2002)で指摘されるように、上代においては、コ系列の照応と直示の間が極めて近い状態であったためといえよう。

（1）　針袋　これは賜りぬ［己礼波多婆利奴］すり袋　今は得てしか　翁さびせむ　　　　　　　　　　　　　　　（万葉集、巻18、4133）
　　　（針袋、これは頂きました）

また、直示用法に関しては、金水・岡﨑・曹(2002)で(2)のような眼前の対象を指し示していると見られるものが、コ系列の典型であると指摘されている。なお、この用法は指示詞の中で、ソ系列(ソ系)の照応用法とあわせ、歴史を通じて最も安定した用法である。

（2）　コ系列：直示用法(話し手から近い領域の対象)
　　　我が行きは　七日は過ぎじ　竜田彦　ゆめこの花を［勤此花乎］風にな散らし　　　　　　　　　　　　　　（万葉集、巻9、1748）
　　　（我が旅は七日は越すまい。竜田の神よ、決してこの花を風で散らさないで下さい）

上代のソ系列

　上代のソ系列については、直示用法の確例は見いだせず、照応用法とさらに現代語のソ系列にはない観念用法が見られる。また本書において観念用法の一部と考える曖昧指示表現の例も見いだせる（第7章参照）。
　以下に照応・観念・曖昧指示表現の例をあげておく。

（3）　ソ系列：照応用法
　　　しきたへの　枕は人に　言問へや　その枕には［其枕］苔生しにたり
　　　　　　　　　　　　　　　　　　　　　　　（万葉集、巻11、2516）
　　（枕は人に物を言いましょうか。その枕には苔が生えていますよ）
（4）　ソ系列：観念用法
　　　かくばかり　恋ひむものそと　知らませば　その夜はゆたに［其夜者由多尓］あらましものを　　　　　　（万葉集、巻12、2867）
　　（あの夜はゆっくりとしていたらよかったのに）
（5）　ソ系列：曖昧指示用法
　　　逢はむ日を　その日と知らず［其日等之良受］常闇に　いづれの日まで　我恋ひ居らむ　　　　　　　　　（万葉集、巻15、3742）
　　（あなたと会える日を「この日がそうだ」と知らずに）

　なお、上代には(6)のような「シ」が、ある程度見いだせる。

（6）　鵜川立ち　取らさむ鮎の　しが鰭は［之我波多波］我にかき向け　思ひし思はば　　　　　　　　　　　（万葉集、巻19、4191）
　　（鵜川として捕らえた鮎のその鰭を私に送ってください）

　この「シ」に関して森重(1955: p.20)は「「し」はつねに「しが」といふ形においてのみ上代の文献にあらはれる」ものであり、「ソレ」の一類として敬意を欠く代用的人称代名詞として用いられたと指摘する。また、金水・岡﨑・曹(2002)でも「ソの異形態である」とされ、両論ともに「ソ」と「シ」

は、本質的に違いのない指示代名詞としている。

なお、森重(1955: p.27)では、この「シ」と指示副詞「シカ」について、「(本書注:「シカ」は)上代において、平安朝以後のやうに「さ(然)」と併ぶことなく、ひとり活勢を見せたこの語の含む「し」は、おそらくここに問題の代名詞「し」と単に用法を異にする同語である」と指摘する[1]。

このように「シ」(さらにソ)と指示副詞「シカ」の関連性が考えられるが、「シ」の例が少なく、また上代では資料にも限界があるため、現在のところ、これ以上は明らかにできない。

上代のカ系列

カ系列について、上代では使用頻度が非常に低い。これについて山田(1954)は、上代において遠称カ系はまだ成立して間もない時期であるとし、近称「こち」を重ねたものが、中古のコとカの組み合わせに対応する指示を果たしているとする。

(7) なまよみの　甲斐の国　うち寄する　駿河の国と　こちごち [已知其智] の国のみ中ゆ　出で立てる(後略)　　　(万葉集、巻3、319)
(甲斐の国と駿河の国と、両方の国の真ん中からそびえたつ)

しかし、このカ系列の未発達説に対し、江富(1988)では上代にカ系列の用例が乏しいのは、カ系列の発達の遅れではなく、上代語の中心資料が歌集の万葉集であるという資料の限界によるものと指摘する。これについて本書では(8)①②の点から、上代のカ・ア系列は未発達であったいう立場をとる。

(8) ① もしカ系列(ア系列)が上代において既に発達していたのなら、観念用法におけるカ系列が、ソ系列のように見いだせてもよいはずである(カ系が発達した中古では、観念用法の例が多く見いだせる)。しかし実際は、ほとんど見られない(確例1例、以下の例10)。なお、上記の江富(1988)の説は、カ系列(ア系列)の直示用法については説明がつくが、観念用法が見いだせないことの説明にはなりにくい。

② 中古においても次節で述べるように、ア系列の用例はまだまだ少ない。このことからも上代におけるア系列の未発達が伺える。

なお、上代のカ系列は、以下のように僅かではあるが、直示・観念用法の例が見られる。

(9) カ系列：直示用法
   沖辺より　満ち来る潮の　いや増しに　我が思ふ君が　み舟かも<u>かれ</u>
   ［弥不根可母加礼］　　　　　　　　　　（万葉集、巻18、4045）
   （私が思うあなたのお船でしょうか、あれは）

(10) カ系列：観念用法
   <u>かの</u>児ろと［可能古呂等］寝ずやなりなむ　はだすすき　浦野の山に月片寄るも　　　　　　　　　　　（万葉集、巻14、3565）
   （あの娘と寝ずに終わるのか）

1.2　中古

中古においても、上代と同じくコ対ソという基本的な指示の場は変化していない。なお、この期の目立った変化としては、カ系列の指示代名詞が多く用いられるようになったこと、またア系列の指示代名詞が、僅かではあるが見いだせるようになることがあげられる。

中古のコ系列

中古になるとコ系列の照応用法の例が多く見いだせるようになる。ただ

し、このコ系列の照応用法は、上代に見られた直示用法と似た性質をもつものであり、この性質は現代語まで変化しないものと考えられる。

(11) コ系列：照応用法
　　　竹の中に家鳩といふ鳥のふつつかに鳴くを聞きたまひて、かのありし院にこの鳥の鳴きしをいと恐ろしと思ひたりしさまの面影にうたく思ほし出でらるれば　　　　　（源氏物語、夕顔1巻、p.187）
　　　（家鳩という鳥がのぶとい声で鳴くのをお聞きになって、あのいつぞやの院でこの鳥が鳴いていたのを、女君がひどく恐がっていた様子がありありと目に浮かび）

　なお、直示用法に関しては、上代以降ほとんど変化はなく、この状態は現代語まで続く。

(12) コ系列：直示用法
　　　女をば草むらのなかにをきて、逃げにけり。道来る人、「この野はぬす人あなり」とて、火つけむとす　　　（伊勢物語、12段、p.119）
　　　（この野には盗人がいるらしい）

中古のソ系列

　中古になると僅かではあるが、直示用法が見られるようになる。その例の多くは金水・岡﨑・曺(2002)で指摘されたように「ソコ」等の二人称相当の例である。

(13) ソ系列：直示用法(聞き手に近い領域の対象)
　　　奥の人はいと静かにのどめて、「待ちたまへや。そこは持にこそあらめ、このわたりの劫をこそ」など言へど
　　　　　　　　　　　　　　　　　　　（源氏物語、空蝉1巻、p.121）
　　　（お待ちなさいな。そこはせきでしょうに。）

(14)　ソ系列：直示用法（二人称指示）
　　　夢に見るやう、清水の礼堂にゐたれば、別當とおぼしき人いで来て、「そこは前の生に、この御寺の僧にてなむありし。(後略)」
　　　　　　　　　　　　　　　　　　　　　　　　　　（更級日記、p.512）
　　（あなたは前世で、この寺の僧侶だった）

　このように、この期におけるソ系列は、現代語と同じ直示用法を獲得したとは、まだ言いがたく、また、いわゆる中距離の対象を指示するソ系列も、かなり後の中世末期にしか確例を見いだすことができない。
　さらに後で述べるが、このソ系列の直示用法が未発達であったと考えられる中古、および中世前期においては、カ系列に聞き手に近い領域の対象を指示する例（現代語ではソ系の指示範囲）が、かなりまとまって見られる。これもまた、ソ系列に直示用法が確立していなかったことを裏付ける事実であろう（なお、これについては、中古および中世のカ・ア系列のところで考察をおこなう）。
　また、ソ系列には上代と同じく観念用法（および曖昧指示表現）が見られる。

(15)　ソ系列：観念用法
　　　（源氏の歌に対し朧月夜）心いる方ならませばゆみはりのつきなき空に迷はましやはといふ声、ただそれなり。（源氏物語、花宴1巻、p.366）
　　　（声は紛れもなく、あの人（朧月夜）だ）
(16)　ソ系列：曖昧指示用法
　　　僧召して、御加持などせさせたまふ。そこ所ともなくいみじく苦しくしたまひて、胸は時々おこりつつわづらひたまふさま、たへがたく苦しげなり。　　　　　　　　　　　　（源氏物語、若菜下4巻、p.213）
　　　（上は、どこがどうということなく、ひどくお苦しみになり）

　なお、先にも述べたが、ソ系列の中心的用法は、上代から現代まで照応用

法であり、指示詞(指示代名詞・指示副詞)の中で、コ系列の直示用法とあわせ、歴史を通して最も安定した用法といえる。

(17) ソ系列：照応用法
「わが名はうかんるり」と言ひて、ふと山の中に入りぬ。その山見るに、さらに登るべきやうなし。その山のそばひらを巡れば、世中になき花の木どもたてり。　　　　　　　　　　　　　　(竹取物語、p.38)
(「私の名はうかんるり」と言って、たちまち山の中に入った。その山を見ると、まったく登る方法がない。その山の傍らを巡ると)

中古のカ・ア系列
　中古になるとカ系列の直示・観念用法の例が多く見られるようになる。なお、中古と次の中世前期においては、カ系列は現代語のソ系の直示用法における指示領域も指示している[2]。

(18) カ系列：直示用法(話し手から遠い領域の対象)
祭の日の暁に詣でたまひて、帰さには、物御覧ずべき御桟敷におはします。御方々の女房、おのおの車ひきつづきて、御前、所しめたるほどいかめしう、かれはそれと、遠目よりおどろおどろしき御勢ひなり。　　　　　　　　　　　(源氏物語、藤裏葉3巻、p.446)
(あれがあの六条院の対の上(紫の上)だと、遠目にもわかる御威勢)

(19) カ系列：直示用法(聞き手に近い領域の対象、現代語ではソ系の指示領域)
御几帳のもとに落ちたりけり。これはいかなる物どもぞと御心おどろかれて、「かれは誰がぞ。けしき異なる物のさまかな。たまへ。(後略)」　　　　　　　　　　(源氏物語、賢木2巻、p.145)
(それは誰のです。見慣れぬ変なものだが。)

　次に観念用法の例を示しておく。

(20) カ系列：観念用法

なげきなきわび空に乱るるわが魂を結びとどめよしたがひのつまとのたまふ声、けはひ、その人にもあらず変りたまへり。いとあやしと思しめぐらすに、ただかの御息所なりけり。（源氏物語、葵2巻、p.40）
((物の怪は)まさにあの御息所ではないか)

またア系列に関して、その例はまだ少なく、この期のア系列の特徴について金水・岡﨑・曹(2002)では、「可視・不可視を問わず、特定の視点から遠方の対象を指し示す」と指摘されている。以下はア系列の不可視の例である。

(21) 昔、惟高の親王と申すみこおはしましけり。山﨑のあなたに、水無瀬といふ所に、宮ありけり。

（伊勢物語、82段、金水・岡﨑・曹 2002: p.231）
(山﨑の向こう側に)

なお、中古のア系列には、観念用法の確例があまりなく[3]、その用法は直示用法により近かったものと思われる。以下の(22)例は観念用法の例とも、直示用法(隔たりはあるものの、向こうの部屋にいる空蝉を直接に指す例)とも、どちらにも判断できる[4]。

(22) （源氏が忍び込んだところ、あちらの部屋に逃げて行った空蝉に対し）わがためには事にもあらねど、あのつらき人のあながちに名をつつむも、さすがにいとほしければ　　（源氏物語、空蝉1巻、p.125）
(あの(あちらに逃げて行った)薄情な人が、むやみと世間の評判を気にするのも、気の毒)

また、ア系列にも先のカ系列と同じく、聞き手に近い領域の対象を指示する例が以下のように見いだせる。

(23)　ア系列：直示用法(聞き手に近い領域の対象)
　　　小君近う臥したるを起こしたまへば、うしろめたう思ひつつ寝ければ
　　　ふとおどろきぬ。戸をやをら押し開くるに、老いたる御達の声にて、
　　　「あれは誰そ」とおどろおどろしく問ふ。わづらはしくて、「まろぞ」
　　　と答ふ。　　　　　　　　　　　　　（源氏物語、空蝉1巻、p.127）
　　　（「そこにいるのは誰です」と大げさに尋ねる。小君は面倒なと思い
　　　「私です」と答える）

1.3　中世以降

　中世は、中古の用法がある程度は残っている中世前期と、ほぼ現代語と同じ用法に近づく中世後期に大きく分けることができる。なお、コ系列については、用法にほとんど変化はない。

中世のソ系列

　特に大きな変化としては、ソ系列の観念用法が中世前期に見られなくなり、それとほぼ同時に中古にはあまり見いだせなかった直示用法の例が中世前期に、いくらかまとまって見いだせるようになることである[5]。
　ただし、藤本(2008)のデータでも示されるように、平家物語の同場面では、以下のように覚一本は「ソレ」(24)、延慶本は「アレ」(25)が用いられている。このように中世前期においては、聞き手に近い領域の対象を指示する場合、ア系列とソ系列の両方が、この用法をもっていたことが予想される（これについては、再びア系列のところで述べる）。

(24)　ソ系列：直示用法(聞き手に近い領域の対象)
　　　木曽箸と(ッ)て食す。猫間殿は、合子のいぶせさにめさざりければ、
　　　「それは義仲が精進合子ぞ」。中納言めさでもさすがあしかるべければ、箸と(ッ)てめすよししけり。　（平家物語、巻8猫間、p.140）
　　　（猫間殿が、椀の汚さに召し上がらないのを見て、「それは義仲の仏事の椀だ」）

(25) ア系列：直示用法（聞き手に近い領域の対象）
　　　木曽箸ヲ食テヲビタヽシキ様ニ食ケレドモ、中納言ハ青醒テオワシケ
　　　レバ、「何ニメサヌゾ。合子ヲ嫌ヒ給フカ。アレハ義仲ガ観音講ニ一
　　　月ニ一度スウル精進合子ニテ候ゾ。　（延慶本平家物語、第4、p.146）

　そして、中世末期になると、これまで見られなかった、いわゆる中距離を示す「ソコ」の例が見られるようになる。これでソ系列は、現代語のソ系とほぼ同様の用法になったと考えられる。

(26) ソ系列：直示用法（いわゆる中距離の「ソコ」）
　　　例えば、Socouo touoruua taso?（そこを通るはたそ。）通る人は誰かといふ意　　　（ロドリゲス日本大文典［動詞状名詞に就いて］、p.105）

中世のカ・ア系列
　中世以降は、次第にカ系列は文語化し、ア系列の例が多く見られるようになる。ア系列の指示用法は直示・観念用法と変化はしない。

(27) ア系列：直示用法（聞き手から遠い対象）
　　　湖のはたに打出て、遙に奥なる嶋をみわたし、供に具せられたる藤兵衞有教をめして、「あれをばいづくといふぞ」ととはれければ、「あれこそ聞え候竹生嶋にて候へ」と申。（平家物語、巻7竹生嶋詣、p.64）
　　　（「あれは何と言うところだ」「あれが有名な竹生嶋でございます」）
(28) ア系列：観念用法
　　　中にも、鬼界の嶋の流人共めしかへされたらむほどの功徳善根、爭か候べき」と申されければ、小松殿父の禅門の御まへにおはして、「あの丹波少將が事を、宰相のあながちに歎申候が不便候。
　　　　　　　　　　　　　　　　　　　（平家物語、巻3赦文、p.211）

　またア系列は、中世前期においてはまだ中古と同じく、現代語のソ系の指

示領域の対象を指す例が見いだされるが、中世後期にはそのような例は、ほぼ見られなくなる。

(29) ア系列：直示用法(聞き手に近い領域の対象)
　　　ふところよりしろいぬのにつゝむだる髑髏をひとつとりいだす。兵衛佐「あれはいかに」との給へば、「これこそわどのゝ父、故左馬頭殿のかうべよ。」　　　（平家物語、巻5 福原院宣、p.364）
　　　（それは何だ）

　上記の例は、中世末期の天草版平家物語の同場面では、以下のようにソ系列「ソレ」で指示されている。

(30) 直示用法(聞き手に近い領域の対象)
　　　白いぬので包んだ髑髏を一つ取り出いたれば、頼朝それわ何ぞと問わるるに、これこそをん身の父左馬頭殿の頭でござれ．
　　　　　　　　　　　　　　（天草版平家物語、巻2第9、p.145）

　このように聞き手に近い領域の対象の指示は、中世の間にア系列からソ系列へと交替したことが上記の例から伺える。

　以上、中世後期にはア系列は話し手から遠い領域の対象のみを、またソ系列は聞き手に近い領域の対象と中距離の対象を指し示すこととなる。まとめると中世後期にはア・ソ系列は、現代語のア・ソ系とほぼ同じとなり（コ系（列）は、そもそも古代語より、あまり性質の変化はない)、指示代名詞の指示用法は現代語のコ・ソ・アとほぼ同じとなる。

1.4　ソ系列の直示用法の発生過程について

　最後に、ソ系列の直示用法の発生過程について、筆者が考えるところを述べておきたい。まず、現代語のコ・ソ・アの指示領域について確認してお

く。

(31)　コ　近称：話し手から近いところ
　　　　ソ　中称：話し手からやや離れたまたは、聞き手に近いところ
　　　　ア　遠称：話し手から遠いところ

　(31)に示すように「コ：近称」と「ア：遠称」は、"話し手"から近いか遠いかであるのに対し、ソでは「"話し手"からやや離れた」と、"聞き手"に近い」という"話し手"だけではない、"聞き手"という概念も加わる。
　そして、このソにおいて"話し手"からやや離れた対象の指示(中距離指示)は、ソコ・ソノ辺等の場所表現に偏るのに対して、"聞き手"に近いところにある対象を指示する場合は、ソノ・ソレ・ソコ等が広く用いられる。
　つまり現代語の「ソ：中称」においては、"聞き手"は重要な要素であるといえる。

　次に、ソ系列の直示用法の発生を論じる前に、古代語の直示用法の指示領域が、上記に示した現代語と同じであったかどうかについても確認しておく。
　先に述べたように中古から中世前期において、話し手から近い・遠いところにある対象は、現代語とほぼ同様に、それぞれコ・カ(ア)系列で指示されていた。また、ソ系列の直示が未だ確立していない中古においては、現代語ではソで指示する領域の対象を、主にカ(ア)列で指示していた(ソ系列の直示の例もいくらかは見られる)。ここで、まず次のような疑問がおこる。

(32)　古代語の中称の領域に関する疑問
　　　　古代語のカ(ア)系列と現代語のソ系列の直示用法における中称の領域は同じか。もし、違うのならどのように違うのか。

　これについて、まず橋本(1982: p.247)では「(アは)対象を聞き手として言

語場へ引き入れる以前の段階における指示」とする。この指示を「聞き手以前の指示」と名づけておこう。

　その他の論考においても、この指摘と大きく相違することはなく、古代語のカ(ア)は現代語のア：遠称(話し手から遠い)にあたる指示と、「聞き手以前の指示」をあわせたものとされてきた。

　これに対し藤本(2006)の調査では、中古でいくらか見られるようになる直示用法に近いソ系列と、中称と見られるカ(ア)系列を検討した結果、ソは聞き手に結びつく用法であり、カ(ア)は聞き手とはまったく無関係な、情報の不確定な対象であり、コ系列に対しての"コではない"指示であるとする。つまり、古代語(中古〜中世前期)で中称とされるカ(ア)系列とソ系列の指示領域は重ならない。

　以上のように、現代語でも重要な要素である「聞き手」に関わる指示が、中古のソ系列の指示領域であり、ソ系列の直示用法はこの聞き手に結び付く指示から発生したことが予測されるが、では、この聞き手に結び付くソ系列の直示用法はいつ、どのように発生し、また確立したのであろうか。

　まず、直示用法の確立の時期に関しては、先の1.3に示したように中世後期であると考えられる。問題は、言語的な対象しか指示しないソ系列から、いつ、どのように直示用法が発生したのかということであろう。

　そこで発生については、(33)のようなソコが関わっているのではないかと考える。以下の万葉集の(33)は(34)に対する返歌であり、(33)のソコは照応であり直示ではないものの、相手の居る場所を指し示している。

(33)　我が岡の　龗(おかみ)に言ひて　降らしめし　雪の摧けし　<u>そこに</u>散りけむ［彼所尔塵家武］　　　　　　　　(万葉集、巻2、104)
　　　(わが岡の龍神に頼んで降らせた雪のかけらがそこに散ったのでしょう)

(34)　我が里に　大雪降れり　大原の　古りにし里に　降らまくは後

(万葉集、巻2、103)

(わが里に大雪が降った。大原の古ぼけた里に降るのは後だ)

　なお、万葉集のソコについては、ほぼ(35)のような「その点では」という意味で用いられている。

(35)　(前略)秋山の　木の葉を見ては　黄葉をば　取りてそしのふ　青きをば　置きてそ嘆く　そこし恨めし［曽許之恨之］秋山そ我は

(万葉集、巻1、16)

(青いのはそのままにして惜しむ。その点だけが残念だ)

　そして中古前期(905年)に成立した古今和歌集にも「あなたの所」(36)というソコが見られ、また(37)に示すように、遠くではあるが可視の相手の場所を指す、直示に近い例が見いだせるようになる。

(36)　冬の池にすむにほどりのつれもなくそこにかよふと人にしらすな

(古今集、662)

(私はそしらぬふりをして、あなたの所へ通っていると決して他人に知らせてくれるな)

(37)　うちわたすをちかた人にもの申すわれそのそこにしろくさけるはなにの花ぞも

(古今集、1007)

(遠くに見える人に私はお尋ねします。そのあなたの近くに白く咲いている花は何の花ですか)

　そして、中古中期の資料である枕草子・源氏物語・更級日記等において、直示(二人称)のソコが見いだせるようになる。

(38) 夢に見るやう、清水の礼堂にゐたれば、別當とおぼしき人いで来て、「そこは前の生に、この御寺の僧にてなむありし。(後略)」

(更級日記、p.512)

(あなたは前世で、この寺の僧侶だった)

　ここまで述べた(33)、(36)から(38)の「ソコ」は、すべて相手(聞き手)に強く関わっており、上代の「聞き手のいる場所(不可視)」から、中古の「聞き手の場所・二人称(可視)」への広がりが、ソ系列の直示用法の発生に関わっているのではないかと予測される。

　ただし、発生の時期については中古であることは、ほぼ確実であると考えられるが、中古にはソノ等にも直示用法ではないかと解釈される例が、いくらかは見いだせることから、ソ系列の直示用法の発生が、ソコからであったとは断言しにくい。

　さらにまた、ソ系列が話し手からやや離れた領域の対象(中距離)を、いつ、どのようにして指すようになったのかという疑問も残る。これについて、ソ系列が中距離にある対象を指示する例は、管見の限り、ほとんど見いだせておらず、さらに広範囲な資料の調査が必要であると考えられる。今後の課題としておきたい。

1.5　指示代名詞のまとめ

　以上、指示代名詞の歴史的変化について系列ごとに見てきたが、ここで全体としてまとめておく。

　上代・中古には可視的・感覚可能な世界のコ、不可視的・非感覚的な世界のソという対立であった。

　まず、可視的・感覚可能な世界においては、遠近の対立(カ(ア)系列対コ系列)が中古に、そして遠近の中間である聞き手または中距離領域指示が中世末期(ソ系列)に確立する。これで直示用法において、現代語とほぼ同じコ・ソ・ア体系となる。

　また、不可視的・非感覚的な世界においては、上代にはソ系列がその領域

（照応・観念用法）を主として指示していた。そして中古には、上代から僅かに見られたカ系列と、中古から見いだされるようになるア系列が観念用法を獲得する。そして、ソ系列は中世には観念用法を失い、現代語と同じ照応用法と直示用法となる。

このように、指示代名詞については中世末期頃には、ほぼ現代語と同じ指示用法となったと考えられる。

2. 指示副詞

古代語の指示副詞の歴史的変化について考察していく。

ここで結論を先取りする形になるが、本書で調査した指示副詞の歴史的変化をまとめると、以下の［Ⅳ］［Ⅴ］［Ⅵ］となる（論を分かりやすくするために、指示用法だけではなく、語彙的な変化もあわせて記す）。

指示副詞の指示用法の歴史的な流れについて

［Ⅳ］　カク系列は上代では多くの直示用法の例と、照応用法と思われる例が僅かに見られる。ただし、照応用法については、指示代名詞と同じく直示用法に非常に近い用法である。サ系列については、上代において「シカ」のみで「サ」の例はない。そして「シカ」は、照応用法をもち、また直示用法と疑われる例も僅かに見られるが確例はない。なお中古の「サ」にある観念用法が、上代の「シカ」にはない。

［Ⅴ］　カク系列について、中古になると照応用法の例が増加するが、上代と同様に性質は直示用法に近い用法である。サ系列は中古の和文では「サ」に交替し、用法は照応・観念用法をもつ。なお、直示用法については、僅かにしかその例は見られない。以上のことから中古までは、カク系列は今、目に見える、直接知覚・感覚できるすべての〈さま〉の指示、またサ系列は今、目に見えない、直接知覚・感覚できないすべての〈さま〉の指示という形で対立していたと考え

られる。なお、この上代・中古では指示代名詞は3系列あるのに対し、指示副詞はこのカク・サの2系列しか存在しない。

[VI] 中世以降、「コノヤウニ・ソノヤウニ・アノヤウニ」等のコ・ソ・ア系列の指示副詞が見られるようになる。そして近世以降には、カク・サ系列の語は、次第に文語化し始める（なお、「カウ」「サウ」は近世以降、「コウ」「ソウ」となり、カク・サ系列からコ・ソ系へと吸収されていく）。指示用法については、カク系列は中古以降変化せず、サ系列は中世を最後に観念用法が見いだされなくなり、近世以降に直示用法が確立すると考えられる。これでほぼ、現代語と同じ指示体系となる。

では、[IV]の上代の指示副詞については2.1上代で、次に[V]の中古の指示副詞については2.2中古で、そして[VI]の中世以降の指示副詞については、2.3中世以降で詳しく考察する。

2.1 上代

上代においては、「カク」を中心としたカク系列と、「シカ」を中心としたサ系列の2系列の指示副詞がある。なお、サ系列の指示副詞「サ」については、上代では見いだすことができない。

上代のカク系列

上代におけるカク系列については「カク」および「カク」に副助詞「ノミ・バカリ」等がついたものが中心となる。

ただし、橋本(1961)では、以下(39)例の「香縁相者」は「かより合う」とし、「カ」が単独で用いられている例（万葉集中1例）であり、また「カ」は「カク」と同じ機能をもつと指摘する。

(39)　秋田之　穂田乃苅婆加　香縁相者　彼所毛加人之　吾乎事将成　草嬢
　　　　　　　　　　　　　　　　　　　　　　　（万葉集、巻4、512)
　　（秋の田の稲を刈っているこの持場の中で、こんな風に近寄ってしまいましたら、それを見て人が私たちのことをとやかく言い立てはしませんでしょうか）

　この上記の「カ」を含めた上代のカク系列は、照応・直示用法の用例が見られるが、照応用法については、その例は僅かで、さらにまた(40)のように直示用法とも解釈できる例である（直示用法か照応用法かの判断がつきにくい）。これについては、指示代名詞であるコ系列と非常に性質が似ている。

(40)　照応用法（直示用法とも）
　　　古りにし　里にしあれば　国見れど　人も通はず　里見れば　家も荒れたり　はしけやし　かくありけるか［如此在家留可］三諸つく　鹿背山のまに　咲く花の（後略）　　　　　（万葉集、巻6、1059)
　　（里を見ると家も荒れている。ああ、こういうものなのか。）

　上記のような例を除き、上代の「カク」は今、目に見える、直接知覚・感覚できるすべての〈さま〉を指示する直示用法である。

(41)　直示用法
　　　沫雪の　このころ継ぎて　かく降らば［如此落者］梅の初花　散りか過ぎなむ　　　　　　　　　　　　　　（万葉集、巻8、1651)
　　（ずっとこうして降ったら、梅の初花は散ってしまうのではないだろうか）

上代のサ系列「シカ」について

　サ系列「シカ」については築島(1963)で、「シカ」は奈良時代に相当に盛

んに用いられた語で、平安時代になると「シカ」の形は衰えてかわりに「サ」が多く用いられるようになり、「シカ」は訓読特有語になったと指摘される。確かに上代においては、「シカ」のみで「サ」の確例は見られない。

また築島(1963)では、「シカ」と「サ」の関係について述べていないが、本書では両者の中心的用法が照応用法であり、そして、語頭が同じサ行であることから同系列の指示詞であると考える。しかし、上代の「シカ」には中古の「サ」がもつ観念用法がないことを考えると、「シカ」(上代)から「サ」(中古)への変化は同一線では結べないと思われる。

なお、上代の「シカ」について、「志賀」「思加」「斯可」等の仮名書例を「シカ」の確例とすると、直示用法は見いだせない。以下に照応用法と否定対極表現の例を示す。

(42) 照応用法
相見ては 千年や去ぬる いなをかも 我や然思ふ［安礼也思加毛布］君待ちがてに　　　　　　　　　（万葉集、巻14、3470）
(逢ってから千年たったかな、いや違うかな。私がそう思うのか。)

(43) 否定対極表現
(前略)しはぶかひ 鼻びしびしに 然とあらぬ［志可登阿良農］ひげ掻き撫でて 我を除きて 人はあらじと 誇ろへど(後略)
　　　　　　　　　　　　　　　　（万葉集、巻5、892）
(そう生えていない髭を掻き撫でては)

しかし、「然」を「シカ」として扱うと、あまり多くはないが以下のように直示用法の例が見いだせる[6]。

(44) 直示用法
この岡に 草刈る童 な然刈りそね［勿然苅］ありつつも 君が来まさむ み馬草にせむ　　　　　　　（万葉集、巻7、1291）
(この岡に草刈る童子よ。そう刈らないでおくれ)

この「然」については、以下の万葉集631歌の「然許」は、

(45) 宇波弊無　物可聞人者　然許　遠家路乎　令還念者

(万葉集、巻4、631)

うはへなき　ものかも人は　かくばかり　遠き家道を　帰さく思へば
(この訓は『万葉集』日本古典文学全集より)(愛想のないものだなあ。他人のあなたは、これほどに(あれほどに)遠い家路をむなしく帰すなどとは)

のように「カクバカリ」(上記他、『万葉集』おうふう)、「シカバカリ」(『万葉集』岩波古典文学大系他)のように訓が分かれており問題がある。

また、この「シカ」については森重(1955)で、

(代名詞シについて)記紀宣命などに筆録せられたほどの相当に古い時期の口頭語の遺存であることを推定せしめるが、他方また、位相的方言的には平安朝前期までは実は生きていた口頭語であつたらしいことをも想像せしめる　　　　　　　　　　　　　　　　　(p.27)

とするように、「サ」に比べ相当に古い時代のサ系列の残存、または位相的・方言的に相違するサ系列であったという可能性も指摘されているが、これについての確証はない。

そして、上代の「シカ」は、中古には和文において完全に「サ」に交替する等、「シカ」から「サ」への直線的な歴史的変化を論じるには、やはりかなり問題がある。さらに上代の調査には資料の質的・量的な問題もあり、サ系列の歴史を通じた論考は、中古の「サ」から始めるのが現在のところ妥当であると考える。

2.2　中古

次に中古においては、「カク」を中心としたカク系列と、「シカ」にかわり「サ」を中心としたサ系列の2系列の指示副詞がある。さらに、中古にはカク系列「カヤウ」・サ系列「サヤウ」等も現れ始める。

中古のカク系列

　中古のカク系列には、上代からの「カク」「カクサマニ(カウサマニ・カウザマニ)」[7]と、新しく「カヤウニ」が見いだされるようになる。指示用法については、直示用法の例が多く、また照応用法の例も増加している(48)。なお、カク系列の照応用法は、中古以降、指示代名詞のコ系列(コ系)の照応用法と同様に、直示用法の性質を残したまま現代語まで、その用法は安定する。

(46)　直示用法
　　　かの御若盛り思ひやらるる、かうざまにぞおはしけんかし、など、思ひ出できこえたまひて　　　　　　　　　　(源氏物語、竹河5巻、p.70)
　　　((薫を見て)故院のお若い盛りの頃が思いやられる。こんなふうでいらっしゃったにちがいない)

(47)　直示用法
　　　やむごとなき方に、いとど心ざし添ひたまふべきことも出で来にたれば、ひとつ方に思ししづまりたまひなむを、かやうに待ちきこえつつあらむも心のみ尽きぬべきこと　　　(源氏物語、葵2巻、p.34)
　　　((自分が)こうして君のお越しをお待ちしているというのも、ただ心も尽きる苦しみを味わうことになろう)

(48)　照応用法
　　　「しかじかの所をなむ思ひ出でたる」と聞こえさせける。人にまじらはむことを苦しげにのみものするは、かく思ふなりけりと心得たまふ。　　　　　　　　　　(源氏物語、松風2巻、p.401)
　　　(人中へ出るのをいつも嫌がっているのは、こう思っていたからなのか)

　次に、カク系列の直示用法について、以下の(49)～(51)に示すように、中古では今、目に見える、直接知覚・感覚できるすべての領域の〈さま〉を指示していたと考えられる。

(49) 直示用法(話し手から近い領域の対象)
里分かぬかげをば見れど行く月のいるさの山を誰かたづぬる「かう慕
ひ歩かば、いかにせさせたまはむ」　　（源氏物語、末摘花1巻、p.272）
（私がこう付け回したら）

(50) 直示用法(聞き手に近い領域の対象)
いづ方にも、若き者ども酔ひすぎたち騒ぎたるほどのことはえしたた
めあへず。おとなおとなしき御前の人々は、「かくな」など言へど、
えとどめあへず。　　　　　　　　　　　（源氏物語、葵2巻、p.22）
（年長の分別のあるお供の人々は「そんな風に(乱暴)するな」などと
言っているけれど）

(51) 直示用法(話し手から遠い領域の対象)
「かの白く咲けるをなむ、夕顔と申しはべる。花の名は人めきて、か
うあやしき垣根になん咲きはべりける」と申す。
（源氏物語、夕顔1巻、p.136）
（あの白く咲いておりますのを夕顔と申します。(中略)ああしたみす
ぼらしい垣根に咲くものです）

このようにカク系列が現代語のコ系よりも、広範囲の領域の対象の指示を
おこなっている背景には、現代語の指示体系とは相違する状況がある。以下
にまとめてみると、

(52) ① 現代語のア系のような、明らかに話し手から遠い領域の対象のみを
示す指示副詞が、未だ中古にはない。
② 現代語のソ系が指示するような、聞き手に近い領域対象の指示につ
いて、中古ではサ系列に僅かに用例を見いだすことができるが、未
だ広く用いられていたとは考えられない。

上記②のサ系列の直示用法については、次の「中古のサ系列」で述べてい
く。

中古のサ系列

　中古になると、和文においてはサ系列「サ」が多く見られるようになる。まず中古の「サ」には、照応・観念用法の例が多く見られる。なお、この時期からサ系列にも「サヤウ」が見いだせる。以下に照応用法(53)、観念用法(54)、曖昧指示表現(55)、さらに「サヤウ」の照応用法(56)の例をあげておく。

(53) 照応用法
　　いとなやましくはべれば、心やすき方にためらひはべる」とあり。御乳母、「さ聞こえさせはべりぬ」とばかり
　　　　　　　　　　　　　　　　　　　（源氏物語、若菜上 4 巻、p.70）
　　（そう申し上げました）

(54) 観念用法
　　あまりに何心もなき御ありさまを見あらはされむも、恥づかしくあぢきなけれど、さのたまはんを心隔てむもあいなしと思すなりけり。
　　　　　　　　　　　　　　　　　　　（源氏物語、若菜上 4 巻、p.88）
　　（上がせっかくああ仰るのを止め立てするのも不都合）

(55) 曖昧指示表現
　　そのほかに尋ねまほしく思さるる人あらば参らせて、重々しくもてなしたまへ」と聞こえたまへど、「しばし。さ思うたまふるやうなむ」など聞こえいなびたまひて　　　　（源氏物語、総角 5 巻、p.315）
　　（暫くお待ちを。私にも思う子細がありまして）

(56) 照応用法
　　「かくなむ御門の仰せ給へる。なをやは仕うまつり給はぬ」と言へば、かぐや姫答へていはく、「もはら、さやうの宮仕へ仕うまつらじと思ふを、（後略）」
　　　　　　　　　　　　　　　　　　　　　　　　（竹取物語、p.55）

　次に、サ系列の指示副詞の直示用法について、先に述べたように、中古には僅かしかその例が見られない。そこで、中古の各資料に見られる指示副詞

の指示用法について、調査した結果を以下に示す[8]。

なお、調査対象とした指示副詞は、「サ」「サダニ」「サコソ」「サゾ」「サノミ」「サハ」「サハレ」「サナム」「サヤウ」「サマデ」「サナリ」「サナガラ」と、「サカシ・サノモノ」等の「サ」が体言相当又は「サ」のみで一文をなすものである[9]。なお、表では「照応用法・観念用法・曖昧指示表現[10]・直示用法」はそれぞれ「照・観・曖・直」と示す。

表1 『竹取物語』におけるサ系列指示副詞の指示用法

サ	照	観	曖	直	計
会話文	1	0	0	0	1
地の文	1	0	0	0	1
計	2	0	0	0	2

サノミ	照	観	曖	直	計
会話文	1	0	0	0	1
地の文	0	0	0	0	0
計	1	0	0	0	1

サハ	照	観	曖	直	計
会話文	1	0	1	0	2
地の文	0	0	0	0	0
計	1	0	1	0	2

サヤウ	照	観	曖	直	計
会話文	1	0	0	0	1
地の文	0	0	0	0	0
計	1	0	0	0	1

表2 『伊勢物語』におけるサ系列指示副詞の指示用法

サコソ	照	観	曖	直	計
会話文	0	0	0	0	0
地の文	1	0	0	0	1
計	1	0	0	0	1

サヤウ	照	観	曖	直	計
会話文	0	0	0	0	0
地の文	1	0	0	0	1
計	1	0	0	0	1

表3 『大和物語』におけるサ系列指示副詞の指示用法

サ	照	観	曖	直	計
会話文	3	0	0	0	3
地の文	3	0	0	0	3
計	6	0	0	0	6

サコソ	照	観	曖	直	計
会話文	1	0	0	0	1
地の文	0	0	0	0	0
計	1	0	0	0	1

注:「サ」1例、「然」であり「サ」か「シカ」か確定できないため、対象外とした。

サノミ	照	観	曖	直	計
会話文	0	0	0	0	0
地の文	1	0	0	0	1
計	1	0	0	0	1

サナム	照	観	曖	直	計
会話文	6	0	0	0	6
地の文	0	0	0	0	0
計	6	0	0	0	6

サハ	照	観	曖	直	計
会話文	0	0	0	0	0
地の文	3	0	0	0	3
計	3	0	0	0	3

サナリ	照	観	曖	直	計
会話文	1	0	0	0	1
地の文	0	1	0	0	1
計	1	1	0	0	2

サヤウ	照	観	曖	直	計
会話文	0	0	0	0	0
地の文	1	0	0	0	1
計	1	0	0	0	1

その他	照	観	曖	直	計
会話文	1	0	0	0	1
地の文	0	0	0	0	0
計	1	0	0	0	1

サナガラ	照	観	曖	直	計
会話文	0	1	0	0	1
地の文	0	0	0	0	0
計	0	1	0	0	1

表4 『源氏物語』におけるサ系列指示副詞の指示用法

サ	照	観	曖	直	計
会話文	17	5	8	0	30
地の文	18	6	11	0	35
計	35	11	19	0	65

サダニ	照	観	曖	直	計
会話文	2	0	0	0	2
地の文	1	0	0	0	1
計	3	0	0	0	3

サコソ	照	観	曖	直	計
会話文	12	4	2	0	18
地の文	6	13	2	0	21
計	18	17	4	0	39

サゾ	照	観	曖	直	計
会話文	3	0	0	0	3
地の文	6	1	0	0	7
計	9	1	0	0	10

サノミ	照	観	曖	直	計
会話文	12	0	2	0	14
地の文	7	0	4	0	11
計	19	0	6	0	25

サハ	照	観	曖	直	計
会話文	28	3	4	0	35
地の文	17	2	12	0	31
計	45	5	16	0	66

サナム	照	観	曖	直	計
会話文	16	0	1	0	17
地の文	6	0	2	0	8
計	22	0	3	0	25

サヤウ	照	観	曖	**直**	計
会話文	66	5	3	**1**	75
地の文	53	8	6	**0**	67
計	119	13	9	**1**	142

サマデ	照	観	曖	直	計
会話文	8	1	0	0	9
地の文	10	0	0	0	10
計	18	1	0	0	19

サハレ	照	観	曖	直	計
会話文	0	0	4	0	4
地の文	0	0	3	0	3
計	0	0	7	0	7

サナリ	照	観	曖	直	計
会話文	2	0	1	0	3
地の文	6	5	1	0	12
計	8	5	2	0	15

その他	照	観	曖	直	計
会話文	10	0	2	0	12
地の文	4	0	1	0	5
計	14	0	3	0	17

サナガラ	照	観	曖	**直**	計
会話文	2	1	0	**1**	4
地の文	8	1	0	**0**	9
計	10	2	0	**1**	13

第 4 章　指示用法から見た指示副詞の歴史的変化について　115

表 5　『更級日記』におけるサ系列指示副詞の指示用法

サ	照	観	曖	直	計
会話文	3	0	0	0	3
地の文	3	0	0	0	3
計	6	0	0	0	6

サコソ	照	観	曖	直	計
会話文	0	0	0	0	0
地の文	0	1	0	0	1
計	0	1	0	0	1

サノミ	照	観	曖	直	計
会話文	1	0	0	0	1
地の文	1	0	0	0	1
計	2	0	0	0	2

サハ	照	観	曖	直	計
会話文	2	0	1	0	3
地の文	2	0	0	0	2
計	4	0	0	0	5

サヤウ	照	観	曖	直	計
会話文	0	0	0	0	0
地の文	0	1	0	0	1
計	0	1	0	0	1

サハレ	照	観	曖	直	計
会話文	0	0	1	0	1
地の文	0	0	0	0	0
計	0	0	1	0	1

サナリ	照	観	曖	直	計
会話文	0	0	0	0	0
地の文	1	0	0	0	1
計	1	0	0	0	1

表 6　『堤中納言日記』におけるサ系列指示副詞の指示用法

サ	照	観	曖	直	計
会話文	3	1	0	0	4
地の文	2	1	0	0	3
計	5	2	0	0	7

サダニ	照	観	曖	直	計
会話文	1	0	0	0	1
地の文	0	0	0	0	0
計	1	0	0	0	1

サノミ	照	観	曖	直	計
会話文	0	0	0	0	0
地の文	1	0	0	0	1
計	1	0	0	0	1

サハ	照	観	曖	直	計
会話文	1	0	0	0	1
地の文	0	0	0	0	0
計	1	0	0	0	1

サマデ	照	観	曖	直	計
会話文	1	0	0	0	1
地の文	0	0	0	0	0
計	1	0	0	0	1

サヤウ	照	観	曖	直	計
会話文	1	0	0	0	1
地の文	0	0	0	0	0
計	1	0	0	0	1

サハレ	照	観	曖	直	計
会話文	0	0	1	0	1
地の文	0	0	0	0	0
計	0	0	1	0	1

　表に示したように、現在の調査において、中古のサ系列には直示用法の例は2例(「サヤウ」「サナガラ」に各1例)しか見いだせない。以下に直示用法の例を示す。

(57)　ほのかなる袖口、裳の裾、汗衫など、物の色いときよらにて、ことさらにやつれたるけはひしるく見ゆる車二つあり。「これは、さらにさやうにさし退けなどすべき御車にもあらず」と、口強くて手触れさせず。　　　　　　　　　　　　　　　　　　　(源氏物語、葵2巻、p.22)
　　　(そんな風に立ち退かせなどできる車ではない)

(58)　思ひしづめて見れば、黄なる生絹の単衣、薄色なる裳着たる人の、扇うち使ひたるなど、用意あらむはや、とふと見えて、「なかなかものあつかひに、いと苦しげなり。たださながら見たまへかし」とて、笑ひたるまみ愛敬づきたり。　　　　　(源氏物語、蜻蛉6巻、p.249)
　　　((氷を割ろうとしているところへ)氷は扱いが面倒で、かえって本当に暑苦しく見えます。ただ、そのままでごらんあそばせ)

　中古では、同じサ行の系列である指示代名詞ソ系列には「ソコ」という特定の語に、ある程度まとまって直示の例が見られ始めるのに対し、指示副詞のサ系列には例が僅かにしか見いだせない。このことから、中古における指

示副詞のサ系列には、未だ聞き手領域指示の直示用法は生じていなかったのではないかと推測される。

　そこで、中古におけるサ系列の直示用法の未発達について、対となる系列であるカク系列の指示用法(直示・照応用法)からも考えてみたい。
　まず、カク系列の直示用法について、中古では眼前の全領域の対象〈さま〉の指示がカク系列によってなされていたということを、先の「中古のカク系列」で指摘した。(→これを、中古のカク系列①とする)
　次に照応用法について、現代語のコ系と古代語のカク系列は照応用法において、直示用法に近いという点からほぼ同様であることを示したが、実は当用法において現代語のコ系と古代語のカク系列には相違する点がある。それは、カク系列は照応用法において、人称制限がなかったのではないかと考えられる点である。
　これについて、現代語では久野(1973)で、話し手は自分で導入した要素をコで指し示すことができるが、相手が導入した要素はコを用いて指すことができないという指摘がある。また金水(1999)は「コ系列の文脈照応における話し手と聞き手の"非対称性"」とし、この非対象性とは、話し手が導入した要素であるが故に、まさに話し手の近傍にあると感じられ、情報の受け手がコを使えないのは、対立的な視点のもとで対象が捉えられているからとする[11]。
　この久野(1973)金水(1999)は指示代名詞に関する指摘であるが、指示副詞も同様であると考えられる(60)。

(59)　A：僕の友人に山田という人がいるんですが、この男はなかなかの理論家で…

　　　B：(その／?? この)人は何歳くらいの人ですか？

（金水 1999: pp.77–78）

(60)　A：今回の、プロジェクトは失敗だったとしか言えない。
　　　　B：(そう／*こう)おっしゃいますけれど、あなたは何か努力したんですか？

　それに対し中古では、以下のように、相手が導入した要素をカク系列で指示している例が見られる。

(61) a.　「いざいと心やすき所にて、のどかに聞こえん」など語らひたまへば、「なほあやしう。かくのたまへど、世づかぬ御もてなしなれば、もの恐ろしくこそあれ」といと若びて言へば
　　　　　　　　　　　　　　　　　　　　　(源氏物語、夕顔1巻、p.154)
　　((源氏)「さあ、気兼ねのいらない所でゆっくりしましょう」(夕顔)「やはり変でございます。そう(??こう)はおっしゃっても普通ではないおもてなしですから、何だか恐ろしうございます」)
　　b.　姫君の顔を見れば、いとむくつけくなりぬ。おびえて父母も倒れ臥しぬ。むすめ、「などかくはの給ふぞ」と言へば、「その御顔はいかになり給ふぞ」とも、え言ひやらず。「あやしく。などかくは言ふぞ」とて鏡を見るまゝに　　　(堤中納言物語、はいずみ、p.425)
　　(「なんだって、そう(??こう)おっしゃるの」と尋ねるので、「そのお顔はどうなさったのです」と、答える言葉も途中でのどにつかえてしまう。「変ねえ、どうしてそう(??こう)言うのかしら」と)

　以上のことから、中古のカク系列は照応用法において、人称制限がなかったのではないかと予測する。(→これを中古のカク系列②とする)
　では、上記に示した中古のカク系列①②について、先に述べた指示代名詞の用法とともに、再度まとめておく。

(62) a. 中古のカク系列①

指示代名詞は上代でコ・カの対立の発生し、中称・遠称領域は未分化であるものの、指示領域（近称対中称・遠称）の区別はある。それに対し、指示副詞にはそのような対立はない（全領域の対象をカク系列が指示している）。

b. 中古のカク系列②

カク系列の照応用法には人称制限がなかった可能性がある。

　さて先に、中古の各資料を調査した結果、サ系列の直示用法の例が非常に僅かしか見られないことから、この時期のサ系列は未だ直示用法をもっていなかったのではないかということを述べた。しかし、例が僅かしか見られないからといって、用法がなかったとは断定できないであろう。

　そこで、上記の(62ab)にまとめたカク系列の用法をもとに、中古におけるサ系列の直示用法の有無について検討してみる。

　ところで、中古におけるサ系列の直示用法について検討に入る前に、現代語におけるソ系（指示代名詞・指示副詞）の直示用法の性質についても、確認しておく必要がある。これまでの研究において、ソ系の指示は、本質的にコ・ア系と異なっているとされ、金水・岡﨑・曺(2002)では現代語の直示用法において、コ・ア系が比較的その指示領域が安定しているのに対し、ソ系は不安定な面をもっていること（距離区分による中距離指示と、人称区分による聞き手領域指示、さらに曖昧指示が存在する）が指摘されている。

　また、中距離指示と聞き手領域指示は金水(1999)で、

(63) a. **中距離指示のソについて**

「"中距離"という領域は近距離、遠距離が確定した後に寄生的に成立する領域で、プリミティブとは言えない」　　　　　　　　(p.86)

b. 聞き手領域指示のソについて
「聞き手があったとしても、空間や要素が話し手と対立的に認識される場合にのみソが使用可能となり(後略)」　　　　　　　　(p.86)

とされる。
　この現代語のソ系の直示について、本書も金水(1999)と同じ考えであり、そして、この現代語におけるソ系の直示の性質から、中古のサ系列について次のことが考えられる。

(64) a. ソ系の中距離指示が、近距離、遠距離が確定した後に寄生的に成立する依存的な領域であるとすると、直示用法においてすべての領域をカク系列が指示している、つまり近・遠の対立がない中古の指示副詞の指示において(62a参照)、サ系列が(現代語のソ系が指し示すような)中距離にある対象を確定できたとは考えにくい。
　　 b. ソ系の聞き手領域指示に関して、話し手と聞き手との間に対立的な認識が必要であるとすると、(62b)に示したように、指示副詞の指示に人称制限がなかった(対立的な視点をもっていなかった)状況では、現代語に見られるような聞き手領域指示は、中古の指示副詞の指示においては成立していない可能性がある。

　以上のことから、本書では中古のサ系列には、未だ直示用法が確立していなかったと考える。

　最後に、中古においては未だコ・ソ・ア系列の指示副詞は見いだせないが、以下の「アレガヤウ」のような、指示代名詞によって対象の〈さま〉が示されている例が、中古で見られる。

(65) うらやましげなるもの　経など習ふとて、いみじうたどたどしくわすれがちに、返す返すおなじ所をよむに、法師はことわり、男も女も、くるくるとやすらかに讀みたるこそ、あれがやうにいつの世にあらんとおぼゆれ　　　　　　　　　　　（枕草子、158 段、p.210）
（普通の男でも女でも、すらすら気楽に読んでいるのを見ると、あの人のように何時になったらなれるのかしらと思うことだ）

　この「指示代名詞コレ・ソレ・アレ（カレ）＋ガ＋ヤウ」については、熊谷(2006)の調査があり[12]、14 例（うち中古 12 例）が確認されている。例としては少ないものの、熊谷(2006)も指摘するように、これらの語が中世以降の指示副詞のコ・ソ・ア体系への推移に対して、何かしらの影響を与えた可能性はあるかもしれない。

2.3　中世
　この期における大きな変化は、コ・ソ・ア系列の指示副詞の出現である。これまでに述べてきたように中古までは、指示副詞はカク・サ系列（「カク(カウ)・カヤウニ」「サ・サヤウニ」等）のみであったが、中世に入るとコ・ソ・ア系列にも「コノヤウニ・ソノヤウニ・アノヤウニ」等の指示副詞が現れ始める。
　ただし、中世前期においては、まだコ・ソ・ア系列の語は少なく、ある程度まとまって見られるようになるのは中世後期である。

中世のア系列
　中世前期には、あまり多くはないがア系列の指示副詞が、以下のように見いだせるようになる。指示用法は中世前期から直示用法、観念用法をもつ。

(66) 直示用法
或時天下に兵乱おこ(ッ)て、烽火をあげたりければ、后これを見給ひて、「あなふしぎ、火もあれ程おほかりけるな」とて、其時初てわらひ給へり。　　　　　　　　　　（平家物語、巻2 烽火之沙汰、p.177）

(67) 観念用法
京中の白拍子ども、祇王がさいはゐのめでたいやうをきいて、うらやむものもあり、そねむ者もありけり。うらやむ者共は、「あなめでたの祇王御前の幸や。おなじあそび女とならば、誰もみなあのやうでこそありたけれ。」　　　　　　　　（平家物語、巻1 祇王、p.95）

ただし、ア系列の指示副詞は、コ・ソ系列の指示副詞と同様に中世前期には例は少なく、後期になってからまとまって見いだせるようになる。なお、「アア」「アンナニ」については、近世にならないと見いだせない。以下に現在の調査において、最も古いア系列の指示副詞の例をあげておく。

(68) 観念用法
又大門ノワキノ河屋ノシドケナキ、モタイナキコト也。籬ノヒシトチリタル、ミグルシキ事也。自然ニ人モ参ジテ、其寺ハコヽチガカヘリテナトイヒテハ、モタイナキ事也。スベテアレテイノ事ハ、タレモミアハセ給ハんニシタガヒテ、サウヂヲモセサセ、ナヲサセ給ベキニテアル也。　　　　　　　　　　　　　（却癈忘記、p.117）

そして、中世後期になると「アノヤウニ・アノゴトク(ニ)」等のア系列の例が、まとまって見られるようになる。これで、指示副詞においてもコ・ソ・アの3系列が確立し、指示代名詞と体系的に揃うこととなる。

(69) 観念用法
何と思ふぞ、たのふだ人のやうに、なん時物を仰付らるれども、<u>あのやうに仰付らるゝ</u>に依て、奉公がいたしよひ

(虎明本狂言、目近籠骨、p.91)

(70) 直示用法
ころぶまひとぞんじて、あのかけじへとり付てござれば、<u>あのことく</u>さけてござる　　　　　　　　　　（虎明本狂言、ぶす、p.271）

(71) 直示用法
《御まへにて、おがみいるをみて》［藤三］なふさて、よひ女かな、左京の内に、<u>あれほどの女</u>はみた事が御ざなひ、あれもさだめて子細が有てまいつた物であらふ　　　　　　（虎明本狂言、うるさし、p.220）

中世のカク・コ系列

　中世前期においてカク系列は、中古と同様に直示・照応用法をもつ。さらに中世にはカク系列に他に、コ系列の指示副詞が現れるようになる。
　ただし、現在の調査においては、中世前期ではコ系列は僅かであり（「コノヤウニ」は以下の1例のみ）、中世後期にまとまって見られるようになる。

(72) サレバ常ニハ詠ガチニテ、夜ノヲトヾニゾ入セ給ケル。大殿此事聞召テ、「心苦キ御事ニコソアレ。申ナグサメ進セム」トテ、御参内有テ、「<u>此様ニ</u>叡慮ニカヽラセ給ハヾ、何条御事カ候ベキ。件女房被召候ベシ(ト)覚候。　　　　（延慶本平家物語、第3本、p.575）

(73) あはれ、人の子をばもつまじかりける物かな。我子の縁にむすぼれざらむには、<u>是ほど</u>心をばくだかじ物を」とて出られけり。

（平家物語、巻2 小将乞請、p.167）
（娘の因縁に束縛されないとなれば、これほど心を砕かないものを）

　そして中世後期においても、カク系列は多く用いられており、文語化の兆しは見え始めているものの、中心的に用いられるのはカク系列である。

(74) 直示用法
　　［茶屋］さては真実おもちやらぬと見えた　［出家］何としてもつたらは
　　かやうに申さうぞ　　　　　　　　　　（虎明本狂言、薩摩のかみ、p.311）

　次に、中世におけるカク系列の直示用法の指示領域について、以下(75)に示すように、中世前期にはまだ、聞き手に近い領域の対象も指示している。

(75) 直示用法(聞き手に近い領域の対象)
　　「に(ッ)くい馬のながぐらゐかな」とて、うちければ、「かうなせそ、
　　其馬の名ごりもこよひばかりぞ」とて
　　　　　　　　　　　　　　　　　　（平家物語、巻9 一二之懸、p.200）
　　((「この馬は食べるのが遅い」と言って馬を打つと)そんな風にするな、その馬と名残を惜しめるのも今夜だけだ)

　そして、中世後期(末期)においては、聞き手に近い領域の対象の指示は、(75)と同じ場面である天草版平家物語の例(76)では「サウ」となっていることから、この範囲の指示はサ系列に変化したと考えられる。

(76) 直示用法(聞き手に近い領域の対象)
　　郎等が馬を飼うとて、憎い馬の長食いかなとて打ったれば、平山さう
　　なしそ：平山明日わ死なうぞ：(天草版平家物語、巻第4第7、p.262)

　以上のように、中世後期(末期)には、カク系列は現代語のコ系と同じ、話し手から近い領域の対象のみを指示するようになったと考えられる。

中世のサ系列・ソ系列
　中世においてサ系列に「サウ」が見られるようになる。そして指示用法は、中古と同様に照応用法が中心であり、観念用法については中世前期を最

後に見られなくなる(曖昧指示用法・否定対極表現は見いだせる。第7章参照)。

(77) 観念用法
　　罪の、ことの外に重ければ、さのたまひけるを、法師は、やすからず思ひける。　　　　　　　　　(宇治拾遺物語、157、p.354)
　　(罪が事の外重かったので、ああおっしゃったのを)

(78) 否定対極表現
　　内々おもひけるは、「此もの、さしもたけき物とは見ず。きつねたぬきな(ン)どにてぞ有らん。是をゐもころし、きりもころしたらんは、無下に念なかるべし。　　　(平家物語、巻6 祇園女御、p.417)
　　(そう強いものとはみえない)

　また中世前期には、ソ系列の指示副詞「ソノヤウニ」[13]「ソレホド」が現れだす。ただし、コ・ア系列と同様に用例は僅かである。

(79) 直示用法(聞き手に近い領域の対象の指示)
　　七日まではおきあがらず、八日といふにおきあが(ッ)て「修行といふはこれ程の大事か」と人にとへば、「それ程ならんには、いかでか命もいくべき」といふあひだ　　(平家物語、巻5 文覚荒行、p.354)
　　(「修行というのはこの程度のものか」と人に問えば「それほど無茶をしたら命が助からない」)

(80) 照応用法
　　マカレルヨモキナレトモアサヲノヲヒマシハンヌレハ不トモ扶一直シ、其ノ様ニアクニンナレトモ吉(キ)共(友)ニマシハンヌレハ善人ト成ル
　　　　　　　　　(佐々木 1981: p.82、一部省略、三教指帰注、十一オ1)
　中世前期のサ系について、聞き手に近い領域の対象を指示していると思われる例(直示用法)がいくらか見いだせる。

(81) 直示用法
　　只今もうへの山より源氏ざ(ッ)とおとし候なば、とる物もとりあへ候はじ。たとひ弓をも(ッ)たりとも、矢をはげずはかなひがたし。たとひ矢をはげたりとも、ひかずはなをあしかるべし。ましてさ様にうちとけさせ給ては、なんの用にかたゝせ給ふべき」といさめられて
　　　　　　　　　　　　　　　　　　（平家物語、巻9 老馬、p.196）

そして、中世末期から近世には直示用法の例が、まとまって見られるようになる。これで現代語と同じ直示用法を獲得し、現代語のソ系（近世にサ系列「サウ」はソ系「ソウ(サウ)」へ）とほぼ同じ用法となる。

(82) 直示用法
　　［昆布売］もつまひではござらぬが、手があきまらせぬ　［大名］それ左の手があいたは　［昆布売］是はかたをかゆる時かう致す《とりなおさす》［大名］さうすれば又右があくは　［昆布売］又かういたす
　　　　　　　　　　　　　　　　　　（虎明本狂言、こぶうり、p.285）

2.4　指示副詞のまとめ

これまでに明らかにした指示副詞の指示用法の歴史的変化をまとめておく。

まずカク・サ系列について、カク系列は上代においては直示用法（および、かなり直示用法に近い照応用法）、そして中古から現代に到るまで直示・照応用法であり、用法に変化はない。ただし、上代・中古の直示用法の指示領域に関しては、今、目に見える、直接知覚・感覚できるすべての〈さま〉を指示していたと考えられる。この指示領域に関しては、話し手から遠い領域の対象については中世前期にア系列が、また聞き手に近い領域の対象については、中世後期から近世において、ソ系(サ系列)が指示するようになる。そしてカク系列は、中世後期頃には、話し手から近い領域の対象のみの指示になったと考えられる（なお、近世前期にはカク系列「カウ」は「コウ」

となり、コ系へと吸収されていく)。また、サ系列について、中古では照応・観念用法であったが、中世前期には観念用法を失い、中世後期から近世には、現代語のソ系とほぼ同じ直示用法を獲得したと考えられる。

　次に、指示副詞におけるコ・ソ・ア系列(近世以降はコ・ソ・ア系)について、中世前期にコ・ソ・ア3系列の語が僅かに見られるようになり、中世後期にはある程度まとまって見いだせるようになる。見いだせる例の少ない中世前期については確言できないが、例がまとまって見られる中世後期には、現代語と同じく、コ・ソ系列は直示・照応用法(ソ系列の直示用法については中世末期から近世頃)、ア系列は直示・観念用法で用いられている。

3.　指示用法のまとめ

　指示代名詞と指示副詞の指示用法における歴史的変化を比較してみると、次のことが明らかになる。

[A]　上代・中古では指示代名詞のコ系列も指示副詞のカク系列も、その用法は直示・照応用法であり、その指示対象は今、目に見える、直接知覚・感覚できる〈もの・こと〉(指示代名詞)・〈さま〉(指示副詞)であった。ただし、コ系列とカク系列の直示用法における指示領域は相違する。

[B]　中古では指示代名詞のソ系列も指示副詞のサ系列も、その用法は照応・観念用法であり、その指示対象は今、目に見えない、直接知覚・感覚できない〈もの・こと〉(指示代名詞)・〈さま〉(指示副詞)であった。ただし、中古のソ系列「ソコ」には二人称という偏りのあるものの、直示用法の例が、ある程度まとまって見られるようになるが、それに対しサ系列には直示用法の例が僅かにしか見られず(2例)、この点で指示副詞は指示代名詞よりも変化が遅れていたと考えられる。

[C] 指示代名詞のソ系列も指示副詞のサ系列も中世で観念用法を失う。ただし、指示代名詞の観念用法は中世前期には見られなくなるのに対し、指示副詞にはまだ用例が見いだせることから、[B]の直示用法と同じく指示副詞の方が指示代名詞よりもその変化はやや遅いといえる。

[D] 指示代名詞のソ系列は中世後期、指示副詞のサ系列(ソ系)はやや遅れて中世末期から近世に現代語とほぼ同じ直示用法を獲得したと考えられる。

[E] 上代・中古の直示用法において、指示代名詞はコ系列対カ系列(ア系列)という対立が存在するが、指示副詞にはカク系列のみで対立する系列はない。そして中世前期には直示用法をもつア系列が現れ、指示副詞にもカク系列対ア系列という対立が確立する。この点でも、指示副詞は指示代名詞より変化が遅れたといえる。

なお先にも述べたように、これまでの研究において、特に中古では指示代名詞はコ・ソ・カ(ア)の3系列、指示副詞はカク・サの2系列であるため、両者は体系をなさないと見なされることがあった。鈴木(2000)では、

> サ・カク・シカは近・中・遠称により区別されているものではないのである。これは〈コトの様相指示〉というものが、〈モノ指示〉にみられるような体系性は必要としないということを意味しているものと思われる。
> (鈴木2000: p.53、この〈モノ指示〉とは指示代名詞による指示、〈コト指示〉とは指示副詞による指示)

として、古代語の指示副詞の非体系性を指摘している。これは、従来の近称・中称・遠称という概念のみで古代語の指示詞を分類しているため、その体系性が見えてこないのである。そこで、[A][B]で指摘した中古の指示用法を、以下の表7にまとめてみる。

表7　中古の指示用法

用法	コ系列 （指示代名詞）	カク系列 （指示副詞）	ソ系列 （指示代名詞）	サ系列 （指示副詞）	カ（ア）系列 （指示代名詞）
照応	●	●	●	●	●
直示	●	●	※	△	●
観念			●	●	●

注：●はその用法の例が多く見いだされ、※は偏り、△は僅かしか見られないことを示す。

　表7から見て取れるように、中古の指示代名詞・指示副詞は、以下の表8で示す現代語の指示代名詞・指示副詞と同じように、整然とした体系にまとめることができる。

表8　現代語の指示用法

用法	コ系		ソ系		ア系	
	指示代名詞	指示副詞	指示代名詞	指示副詞	指示代名詞	指示副詞
照応	●	●	●	●		
直示	●	●	●	●	●	●
観念					●	●

　そして［B］～［E］に示すように、指示副詞の変化は指示代名詞よりやや遅れるものの、両者はお互いに深く関連しあいながら並列的に変化・発展してきたのである。

4.　指示用法から副詞的用法へ

　以上、ここまで指示代名詞と指示副詞の歴史的変化について、直示・照応・観念用法という指示用法から考察をおこなってきた。そして、両者の変化をあわせ考察することにより、指示体系全体の指示用法の歴史的変化を明

らかにした。

　この章で述べた指示副詞の指示用法について、特に中古のサ系列には直示は認められず、照応が中心であったこと、またカク系列がすべての範囲の直示をおこなっていたこと、さらに中世末期から近世にサ系列が直示用法を獲得したこと等は、次章の副詞的用法の変化と深く関係することが予想される。これについては、次章で述べることにする。

注
1　森重(1955)はさらに「記紀宣命などに筆録定着せられたほどの相當に古い時期の口頭語の遺存であることを推定せしめる」(p.27)としている。
2　この用法は清水(1973)で「ア系の特殊用法」と観察されているものである。
3　中古におけるア系列の観念用法は、次のように少ないが見られる。
　　　　（1）「さらに似るべくだにあらず」といへば、「わびしのことや。いかであれがやうに誦ぜん」とのたまふを」　　　　（枕草子、161段、p.218）
4　なお、この後に源氏が二条院に帰り、空蝉を回想する例では、「かの人」とカ系列になる。
　　　　（1）小君、御車のしりにて、二条院におはしましぬ。ありさまのたまひて、「幼かりけり」とあはめたまひて、かの人の心を爪はじきをしつつ、恨みたまふ　　　　（源氏物語、空蝉1巻、p.128）
　　　　（あの女の心を、つまはじきをしてお恨みになる）
5　中世前期には以下の例のような、中古に見られた「ソコ」の二人称指示の例がまだ見いだせる。
　　　　（1）「大かたの世のうらめし(ツ)さにも、身をなげんな(ン)どいふ事はつねのならひ也。されどもおもひたつならば、そこにしらせずしてはあるまじきぞ。夜もふけぬ、いざやね(寝)ん」とのたまへば
　　　　　　　　　　　　　　　　　（平家物語、巻9小宰相身投、p.231）
　　　　（あなたに知らせないで）
6　その他の直示用法の例を記しておく。
　　　　（1）高山と　海とこそば　山ながら　かくも現しく［如此毛現］海ながら然直ならめ［然直有目］人は花ものそ　うつせみ世人
　　　　　　　　　　　　　　　　　　　　　　（万葉集、巻13、3332）
　　　　（山自体でこうもあざやかであり、海自体でああもちゃんとしている

のだろう）

　ただし、上記の例は「カク…、シカ…」という「カク」との対立で用いられている上に、この「シカ」を直示用法の例とするならば、話し手から遠い領域の対象を指しており、後の時代に見られるサ系列（ソ系）の指示範囲とはまったく違う。

7　「カクサマニ（カウサマニ・カウザマニ）」は「カヤウニ」と、ほぼ同じ働きをすると考えられる。ただし、上代から中古に見られる「カウサマニ・カウザマニ」が用いられている場合のその指示対象は、何らか物的対象をもつものや、方向性をもつ表現に限られている。このように「カヤウニ」に比べ使用に制限があり、用例も少ない。これについては、副詞的用法のところでも述べていく。

8　土左日記には対象となるサ系列の例は見いだせない。

9　「サハ」は「サ＋ハ（バ）」および「サ＋ヤ＋ハ」、「サハレ（サバレ）」は「サハアレ」のつまった語であると考えられ、「どうとでもあれ」→「ままよ」と慣用化しているものがある（曖昧に分類した）。また、表の「その他」は「サカシ・サノモノ」等、「サ」が体言相当又は「サ」のみで一文をなすものである。

　なお、「サハ」には副詞的な働きをするものと、以下のような接続詞的な働きをする例が見られる（会話文照応28例中4例、地の文照応17例中7例）。
　　（1）「源氏の大臣の御顔ざまは、別物とも見えたまはぬを、思ひなしのいますこしいつかしう、かたじけなくもめでたきなり。さは、かかるたぐひはおはしがたかりけり。」　　（源氏物語、行幸3巻、p.291）
　　（そうしてみると、この帝ほどのお方は、世に二人とおいであそばすものでなかったのである）

10　表の「曖（曖昧指示）」は、第7章で考察する曖昧指示表現と感動詞、否定対極表現も含む。なお、否定対極表現とはソ系（ソ・サ系列）の指示副詞「ソレホド・サホド」等が否定形式（助動詞「ナイ・ズ」等）と呼応して、あまり大きくない程度を表すものである。なお、金水（1999: p.84）では「曖昧指示表現の一種とも見られる」とする。
　　（1）「わがかくすずろに心弱きにつけても、もし心を得たらむに、さ言ふばかり、もののあはれも知らぬ人にもあらず」
　　　　　　　　　　　　　　　　　（源氏物語、蜻蛉6巻、p.219）
　　（そう言うほど人の心の悲しみに理解のつかない人でもないのだが）

11　これは一種の語用論的な効果であり、情報の受け手が自分自身の主題でもあると捉えることができれば（抱合的な視点）、コの使用は可能である。
　　（1）　A：以上で、ファッション・シティ・プロジェクトの概要の説明を終わります。
　　　　　B：このプロジェクトは、いつから開始するのかね。

(金水 1999: p.78)

12 熊谷(2006)では、これらの語を指示副詞としているが、本書ではこれを指示副詞とはしない。なお、熊谷(2006)の 14 例の調査結果は「コレガヤウ」5 例、「ソレガヤウ」3 例、「アレ(カレ)ガヤウ」アレ 4 例・カレ 2 例である。

13 最も古い「ソノヤウニ」の例は、佐々木(1981)で院政期書写の資料、中山法華経寺本三教指帰注の例(1 例のみ)が指摘されている。佐々木(1981)では、「ソノヤウニ」を含む「〜ヤウ」は、この 1 例を除き院政・以前の文献では、未だその例がないと指摘する。なお、中山法華経寺本三教指帰注については、『中山法華経寺蔵本三教指帰注　索引及び研究』(築島裕博士、小林芳規博士編、昭和 55 年、武蔵野書院)。

第5章　副詞的な機能から見た
　　　　　指示副詞の歴史的変化について

　この章では、古代語における指示副詞の副詞的用法について考察する。
　本章の構成としては、現代語の指示副詞に見られる副詞的用法である「動作・作用の様態を表す用法」「言語・思考・認識活動の内容を表す用法」「程度・量の大きさを表す用法」「静的状態の様子を表す用法」について、各時代(上代〜近世)の用法を、歴史的な流れに沿いながら考察していく。
　ところで、先に述べたように、指示副詞の歴史的変化において、副詞的用法と指示用法は無関係ではないことが予想される。そこで、副詞的用法全体の歴史的変化を、各系列(カク〜コ系、サ〜ソ系、ア系列〜ア系)でまとめ直した後に、前章において指摘した指示用法の歴史的変化と比較する。これにより、歴史的な流れの中で、両者がどのように影響を与えあい(主に指示用法が副詞的用法に影響を与えたと考えられる)、そして変化してきたのかについて明らかにしていきたい。

1. 現代語と古代語の統語論的な相違について

　議論に入る前に、古代語のサ系列「サ(サウ)」と現代語「ソウ」の間に見られる、統語論的な相違について言及しておきたい。
　それは、古代語のサ系列「サ(サウ)」とソ系「ソウ」の副詞的用法の間に見られる用法の違いを、以下に示す統語論的相違により、裏付ける形で補うことができると考えるためである。

さて、古代語のサ系列「サ」と現代語のソ系「ソウ」の間に見られる統語論的相違とは、両者が動詞述語に係り、連用修飾語として働く場合に現れる。なお、この連用修飾語は文法論では一般的に、必須の成分である補充と、任意の成分である修飾に分けることができる。

まず、現代語のソ系「ソウ」については、補充・修飾の両方の働きをもつ（コ系「コウ」ア系「アア」も同様）。

（１）　補充成分
　　　　「人生なんて無意味だ。僕には何もない」
　　　　「本当にそう思ってるの？　あんなに良い奥さんがいるのに」
（２）　修飾成分
　　　　（ゴルフ教室。先生が生徒の手元を指しながら）
　　　　良いですね。グリップのそこをそう持つと、飛距離は伸びると思いますよ。

現代語において、1)補充成分として働く「ソウ(・コウ・アア)」は言語・思考・認識活動の内容を表す用法として、2)修飾成分として働く「ソウ(・コウ・アア)」は動作・作用の様態、程度・量の大きさ、静的状態の様子を表す用法として見られる。

次に上代・中古では、カク系列「カク(カウ)」には補充・修飾成分の両方の働きが見られるのに対し、サ系列「サ」(「サ」は中古から)には修飾成分として働くものは見いだせない[1]。

（３）　カク系列：修飾成分
　　　　a.　（上代）
　　　　　　妹に恋ひ　寝ねぬ朝明に　鴛鴦の　こゆかく渡る［従是此度］妹が使ひか　　　　　　　　　　　　　　　（万葉集、巻11、2491）
　　　　　　（おしどりがここをこんな風に渡る）

b. (中古)

ただ、あさはかなる若人どもは死にかへりゆかしがれど、上のも宮のも片はしをだにえ見ず、いといたう秘めさせたまふ。大臣参りたまひて、かくとりどりに争ひ騒ぐ心ばへどもをかしく思して、「同じくは、御前にてこの勝負定めむ」とのたまひなりぬ。

(源氏物語、絵合 2 巻、p.383)

(このように左右それぞれ争い騒ぐ趣意を興味深くお思いになり)

(4) カク系列：補充成分

a. (上代)

悔しかも　かく知らませば［可久斯良摩世婆］あをによし国内ことごと　見せましものを　　(万葉集、巻 5、797)

(残念だ。こうと知っていたら)

b. (中古)

「かぎりとて別るる道の悲しきにいかまほしきは命なりけり　いとかく思ひたまへましかば」と、息も絶えつつ、聞こえまほしげなることはありげなれど、　(源氏物語、桐壺 1 巻、p.23)

(ほんとに、こう存じておりましたらと)

(5) サ系列：補充成分

(中古)

内裏にも、御気色賜らせたまへりければ、「さらば、このをりの後見なかめるを、添臥にも」ともよほさせたまひければ、さ思したり。

(源氏物語、桐壺 1 巻、p.46)

(「それではこの元服の際の後見もないようだから、添臥にでも」というお促しがあったので、大臣はそう思っておられる)

　井上(1999)鈴木(2000)は、中古の「サ」は修飾する動詞に「言ふ・聞こゆ・思ふ・あり」等が多いと指摘する。それは、代動詞以外の動詞述語に係る中古の「サ」はすべて補充成分であるため、被修飾動詞には「言ふ・思ふ」等の思考活動動詞しか観察されず、その用法は言語・思考・認識活動の

内容を表す用法に限られるのである。

　そして、中古以降も補充成分のサ系列「サ(サウ)」(近世以降はソ系「ソウ」)は、変化なく多く見いだすことができるのに対し、修飾成分として働くサ系列「サ(サウ)」については、近世までその例はあまり見いだすことができない。

（６）　ソ系：補充成分
　　　是非とも方をつけてくんねエさもなくちや帰りやせぬからさう思つて
　　　くんなせエヨ　　　　　　　　　　　　　（穴さがし心の内そと、p.447）

　なお、現在の調査における「サ(サウ)」の修飾成分の初出は古本説話集[2]の「まこと奇しきことなれど、さ飛びて来にければ」(巻下、第65、p.236)であり、古本説話集以降中世においては、平家物語の「那智のお山にさにたりけり」(巻2康頼祝言、p.199)の１例と、虎明本狂言の「さうじぎをあそばさずともおまいれ」(すぎきばうちやう、p.118)の１例が見いだせる。

　そして、近世になると修飾成分のソ系「ソウ(サウ)」がいくらか見いだせるようになる。

（７）　ソ系「ソウ」：修飾成分
　　　［先］ソレ、どこへ行く　［後］爰へ迯る　［源］ア、わるい〳〵。そう
　　　迯ちやアをへねへ
　　　　　　　　　　　　　　　　　　　　　　　　　　　　（浮世風呂、p.92）
　　（そう逃げちゃ、しょうがない）

　そこで、動詞述語に係る「サ(サウ)」「ソウ」を分類しまとめると、以下の表１のようになる。

第5章 副詞的な機能から見た指示副詞の歴史的変化について　137

表1　動詞述語に係る「サ(サウ)」「ソウ」

	大和	落窪	源氏	更級	堤	古本	保平	宇治	平家	曽我	義経	天草	虎明	近松	酒落	穴さ	浮世
補充	5	19	53	4	4	3	1	13	10	3	7	8	43	4	38〈13〉	5	19〈4〉
修飾						1			1				1		5		5

注：土左日記・竹取物語・伊勢物語・方丈記・徒然草・西鶴(『西鶴集上』(岩波古典文学大系))は対象例なし。〈　〉は「ソウイウ・サウイウN」。また表には参考として、江戸の出版ではあるが、浮世風呂の調査結果をのせた(表2も同じ)。なお、表1・2は竹取物語・大和物語・落窪物語・源氏物語・堤中納言物語・古本説話集・保元物語平治物語(保平)・平家物語・徒然草・曽我物語・義経記・天草版平家物語・虎明本狂言・西鶴・近松浄瑠璃(世話浄瑠璃のみ)・酒落本・穴さがし心の内そと・浮世風呂の調査結果を示してある。表中は下線部で示す。

表に示すように、「サ(サウ)」「ソウ」の構文上における機能は、古代語においては補充のみであったが、時代が下ると修飾が加わる。ただし、歴史を通じて補充が中心的機能であることは変わらない。

以上のことから、本章で考察していく指示副詞の副詞的用法において、古代語の「サ(サウ)」には、言語・思考・認識活動の内容を表す用法以外の例は、見いだしにくいことが分かる。ただし、サ系列の中でもこのような特徴が見られるのは「サ(サウ)」のみで、他のサ系列の指示副詞(「サヤウニ」等)には当てはまらない。それについては、後で考察していく。

また、現代語のソ系「ソウ」(コ系「コウ」ア系「アア」も同様)には、「スル」(「ナル」)といった具体的な内容・意味をもたない代動詞[3]に係って、その被修飾動詞である「スル」(「ナル」)自体の具体的な内容・意味を示す場合がある。

(8) 代動詞に係る「ソウ」
　　「この会を辞めたいのですが」
　　「君が<u>そう</u>したいなら、<u>そう</u>すればいい」

　この場合の「ソウ」は、構文上必須の成分であるという点で補充の「ソウ」と働きが重なる。しかし、補充成分の「ソウ」は、代動詞に係る「ソウ」のように被修飾動詞自体の具体的な内容・意味を示すわけではなく、被修飾動詞(思考活動動詞)の表す言語・思考・認識活動の内容を示す働きをしている。この点で、代動詞に係る「ソウ」と、補充成分の「ソウ」は働きが異なると思われる。

　なお、この代動詞に係る「サ(サウ)」は、古代語(中古)から見られ、古代語では「サ」+「アリ」が中心であったが、次第に「サ(サウ)」+「スル(ス)」が増えていく(なお、「サ」+「アリ」については、古代語ではほとんどが一語化した「サリ(サラバ、サリトモ、サルＮ、サルベキＮ等。Ｎは名詞)」で用いられ、「サ」+「アリ」で述語として用いられるものはあまり多くはない)。

(9) 「サ」+「アリ」
　　「をのが身は、此國にむまれて侍らばこそ使ひ給はめ、いといておはしましがたくや侍らん」と奏す。御門、「などか<u>さ</u>あらん。猶いておはしまさん」とて　　　　　　　　　　　　　　　　　　（竹取物語、p.57）

　この「サ」と代動詞の「アリ」から「ス(スル)」への変化については、文と文との接続表現が、古代語では「サラバ・サリトモ」等の「サ」+「アリ」でなされていたのが、中世末以降「サウ(ソウ)」+「スル」による「サウシテ(後にソシテへ)」等に変化していったことからも窺えるであろう。

(10) 「サ」+「ス」
　　「もていまして、深き山にすてたうびてよ」とのみせめければ、せめられわびて、さしてむとおもひなりぬ。
　　　　　　　　　　　　　　　　　　（大和物語、156段、p.327）

　そこで、次ページの表2に、代動詞に係る「サ(サウ)」「ソウ」を分類しまとめる。
　また、この代動詞にかかる「ソウ」(「コウ・アア」も含め)については、第2章2「現代語の副詞的用法―コウ・ソウ・アアを中心に―」で考察したように、使用場面制約がない等、他の述語に係る場合の副詞的用法と、同様には扱うことのできない問題がある。
　なお、本書では、以下の「ソウシテV(Vは動詞)」[4]に関しては指示副詞＋代動詞ではなく、既に一語化した指示副詞と扱い考察対象とするが、代動詞にかかる「コウ・ソウ・アア」の問題については、今後の課題としておきたい。

(11)　ソウシテV(Vは動詞)
　　ヲヽイヤそうして心配しなはつたらアノ慾面の喜介がどふでもしてきてくれるでエナトいゝつゝひなくり見て
　　　　　　　　　　　　　　　　　　（穴さがし心の内そと、p.466）

表2　代動詞に係る「サ(サウ)」「ソウ」

	竹取	大和	落窪	源氏	更級	保平	宇治	平家	徒然	曽我	義経
アリ	1		3	3	1	3	4	12	1	8	11
スル		1		1			1				
ナル							1				

	天草	虎明	西鶴	近松	洒落	穴さ	浮世
アリ	41［*］	161［*］	1				
スル	4【23】	5	1	2【5】〈4〉	13【31】〈3〉	4【1】{1}	8【8】〈1〉{1}
ナル					1		1

注：堤中納言物語・古本説話集はなし。【　】は接続表現の「サウシテ等」、{　}は「ソウシテV」、〈　〉は「ソウシタN」。天草版平家物語・虎明本狂言の［*］は、接続表現で「サラバ」ではなく「サアラバ」が用いられているため用例数が多い。

2.　動作・作用の様態を表す用法について

　古代語における動作・作用の様態を表す用法については、カク系列の指示副詞が主として用いられる。これについては、先に述べたように古代語のサ系列「サ(サウ)」には、修飾成分としての働きがなく、この動作・作用の様態を表す用法では用いられなかったためと考えられる。ただし、それは「サ(サウ)」のみで用いられる場合であり、中古のサ系列「サヤウニ・サテ」等には、この用法がいくらか見いだせる。

　また、現代語に見られる「コウ・ソウ・アア」の使用場面制約については、後で考察していくが、上代・中古の「カク」にはその制約が見られない（中古の「サ」には当用法がない）。そして中世以降、「カウ」は現代語「コウ」に似た性質を、漸次に帯びていくことになる。

　次に中世以降には「コノヤウ・ソノヤウ・アノヤウ」等のコ・ソ・ア系列の指示副詞が出現し、中世後期には当用法に用いられている例が見いだせる

ようになる。そして、近代以降には、現代語で見られるような「コウイウ風ニ・ソウイウ風ニ・アアイウ風ニ」等が現れ始める。

では、各時代における例を詳しく見ていくことにする。

2.1 上代

上代においては、カク系列「カク」を中心に、動作・作用の様態を表す用法が見られる。

(12) 年のはに 春の来らば かくしこそ［可久斯己曽］梅をかざして 楽しく飲まめ　　　　　　　　　　　　　　　　（万葉集、巻5、833）
（春が来たなら、髪に梅をこうさして楽しく飲もう）

(13) かくしつつ［如是為乍］遊び飲みこそ 草木すら 春は生ひつつ 秋は散り行く　　　　　　　　　　　　　　　　　（万葉集、巻6、995）
（こうしながら遊び飲んでいてください）

また、上代の「カク」については、(14)の例（説明・分析の場面ではない）のように、無(非)意志動詞（現代語コ系「コウ」では不可）に係っているものが見られる。このことから、上代のカク系列「カク」には、現代語のコ系「コウ」のような使用場面制約はなかったものと考えられる（第2章2.1の(18)A類「コウ・ソウ・アア」の使用場面の制約仮説）。

(14) 泊瀬風 かく吹く夕は［如是吹三更者］何時までか 衣片敷き 我がひとり寝む　　　　　　　　　　　　　　（万葉集、巻10、2261）
（泊瀬風がこんな風に吹く夜に、いつまで衣を片敷き私はひとりで寝ることだろうか）

また、この動作・作用の様態を表す用法において、カク系列に「カ」「カクサマニ」「カクノゴト」の例が、非常に僅かではあるが見いだせる。ただし、これらの語については以下に示すように偏りが見られる（また、中古で

は「カ」は見られず、「カクサマニ」「カクノゴト」の例も僅かとなる)。

「カ」について

　まず、「カ」については、「カ」のみで用いられる例は万葉集 512 歌の 1 例のみである(例は第 4 章 2.1(39))。そして、その他の「カ」については、橋本(1961)で指摘されるように、

(15)　手束杖　腰にたがねて　か行けば［可由既婆］人にいとはえ　かく行けば［可久由既婆］人に憎まえ　　　　　　　（万葉集、巻 5、804）

のように用いられたり、

(16)　この岡に　雄鹿跡み起こし　うかねらひ　かもかもすらく［可聞可聞為良久］君故にこそ　　　　　　　　　　　（万葉集、巻 8、1576）

(17)　見つつあれば　心は燃えぬ　かにかくに［可尓可久尓］思ひ煩ひ　音のみし泣かゆ　　　　　　　　　　　　　　（万葉集、巻 5、897）

のように、二つの「カ」もしくは「カ」と「カク」という形で、固定的に用いられるもののみである。

　以上から、「カ」がどのような用法をもっていたかについては判断できず、また「カ」は非常に古い時期のカク系列の指示副詞であったという推測もできるが、断言はできない。

「カクサマニ」について

　「カクサマニ」は、万葉集中において以下の例を含み 2 例のみ見いだせる(あと 1 例は「トサマカクサマ(カウサマ・カウザマ)」[5] という形)。

(18) 世の中の　常の理　かくさまに［可久左麻尓］なり来にけらし　すゑ
　　 し種から　　　　　　　　　　　　　（万葉集、巻15、3761）
　　 （世の中の掟で、こんなざま（流罪）になってしまった。みずから蒔い
　　 た種がもとで）
(19) 天皇、皇女の不在ことを疑ひたまひて、恆に闇夜に東西(とさまかうさま)に求覓めし
　　 めたまふ。　（日本書紀、雄略3年4月［卜部兼右本訓］、上、p.466）

この「カクサマニ」については、以下の「カクユヱニ（万葉集中1例）」を考慮に入れると、未だ一語化せず「カクN（Nは名詞）」であった可能性もある。

(20) かくゆゑに［如是故尓］見じと言ふものを　楽浪の　旧き都を　見せ
　　 つつもとな　　　　　　　　　　　　　（万葉集、巻3、305）
　　 （こういう訳で見たくないと言うのに）

しかし、「カクユヱニ」と違い「カクサマニ」は、上記の「トサマカクサマ」の例や、中古にも僅かではあるが例が見られることから、1語のカク系列の指示副詞と見てよいだろう。なお、中古においても「カウザマニ（カウサマニ）」がいくらか見られるが、その指示対象は、何らかの物的対象をもつものや、方向性をもつ表現に限られているという特徴が見られる（例21の場合は「人が放つ香り」、また例22の場合は「人の姿・形」が指示対象である）。

(21) 移り香はげにこそ心ことなれ。晴れまじらひしたまはん女などは、さ
　　 はえしめぬかな。源中納言は、かうざまに好ましうはたき匂はさで、
　　 人柄こそ世になけれ。　　　　　　（源氏物語、紅梅5巻、p.54）
　　 （薫は（匂宮）こういう風に風流がってたき匂わすというのではなく）

(22) かの御若盛り思ひやらるる、かうざまにぞおはしけんかし、
(源氏物語、竹河5巻、p.70、再出)
((薫を見て)故院のお若い盛りの頃が思いやられる。こんなふうでいらっしゃったにちがいない)

そして、「カウザマニ(カウサマニ)」は中古以降見いだせなくなるのであるが、その原因としては「カヤウニ」の存在が関係していることが考えられる。「カヤウニ」は中古に現れ、それ以降、勢力を伸ばしていく(用法的にも、広く用いられている)。この「カヤウニ」に押され、使用に偏りのある「カウザマニ(カウサマニ)」は用いられなくなったのではないかと推測される[6]。

「カクノゴト」について

最後に「カクノゴト」は、万葉集においては以下の4304歌と3793歌を含み4例しか見られない。(この4例の内、後の2例は3791歌に見られるが、「カクノゴト」の係る述語が定訓を見ないため、用法が特定できない)

(23) 山吹の 花の盛りに かくのごと［可久乃其等］君を見まくは 千年にもがも
(万葉集、巻20、4304)
(山吹の花の盛りにこのように君にお逢いするのは千年もあってほしい)

(24) 白髪し 児らも生ひなば かくのごと［如是］若けむ児らに 罵らえかねめや
(万葉集、巻16、3793)
(白髪が皆さんにも生えたら、こんな風に若い人たちに、ばかにされずに済むだろうか)

この語も中古において、僅かしか見いだせないことから、あまり活発に用いられた語ではないと考えられる[7]。以下に中古の例も示しておく。

(25) さはれ、しばしこのこと漏らしはべらじ。内裏にも奏せさせたまふな。<u>かくのごと</u>罪はべりとも、思し棄つまじきを頼みにて、あまえてはべるなるべし。　　　　　　　　　　（源氏物語、賢木2巻、p.149）

　次に、上代のサ系列「シカ」に関しては、以下に示すように、中古のサ系列「サ」とは違い、動作・作用の様態を表す用法の例が僅かであるが見いだせる。

(26) 奥つ城を　ここと定めて　後の世の　聞き継ぐ人も　いや遠に　偲ひにせよと　黄楊小櫛　<u>然</u>刺しけらし［之賀左志家良之］生ひてなびけり　　　　　　　　　　　　　　　　　　（万葉集、巻19、4211）
（黄楊の櫛をそんな風にさしたらしい。生い茂っている）

　このように、上代のサ系列「シカ」には、既に修飾成分として働くものが見いだせることからも（中古の「サ」にはない）、第4章2.1でも述べたように、やはり上代のサ系列「シカ」から中古のサ系列「サ」への歴史的な流れを同一線で結ぶことはできない。

2.2　中古
　中古になるとカク系列「カク（カウ）・カヤウニ（カウヤウニ）・カクテ」等・サ系列「サヤウニ・サテ」等に動作・作用の様態を表す用法が見られる。ただし、サ系列に関してはカク系列に比べ例は少ない。

カク系列
(27) 四日。かぜふけば、えいでたゝず。まさつら、さけ、よきものたてまつれり。この<u>かうやうに</u>ものもてくるひとに、なほしもえあらで、いさゝけわざせさす。　　　　（土左日記、承平5年1月4日、p.32）

(28) 人の思ひよらぬことよと憎む憎む、里分かぬかげをば見れど行く月のいるさの山を誰かたづぬる「かう慕ひ歩かば、いかにせさせたまはむ」と聞こえたまふ。　　　　　　　（源氏物語、末摘花1巻、p.272）
(私がこう付け回したら、いかがなさいますか)

(29) 若君の御事などこまやかに語りたまひつつおはす。ここはかかる所なれど、かやうにたちとまりたまふをりをりあれば、はかなきくだもの、強飯ばかりはきこしめす時もあり。（源氏物語、薄雲2巻、p.441）
(源氏の君がこのようにお泊まりになる折々があるので)

(30) 今は兵部の君といふぞ、添ひて夜逃げ出でて舟に乗りける。大夫監は、肥後に帰り行きて、四月二十日のほどに日取りて来むとするほどに、かくて逃ぐるなりけり。　　　　　　　（源氏物語、玉鬘3巻、p.99）
(大夫監は肥後に帰っていて、4月20日頃に日を選んで迎えにこようというので、（姫君一行は）こうして逃げ出すのであった)

サ系列

(31) 「これは、さらにさやうにさし退けなどすべき御車にもあらず」と、口強くて手触れさせず。　　　　　　　（源氏物語、葵2巻、p.22）
(そんな風に立ち退かせなどできる車ではない)

(32) よき若人、童など、都のやむごとなき所どころより類にふれて尋ねとりて、まばゆくこそもてなすなれ」、「情なき人なりてゆかば、さて心やすくてしもえおきたらじをや」など言ふもあり。
　　　　　　　　　　　　　　　　　（源氏物語、若紫1巻、p.204）
(そんなふうに気楽にはほってはおかないだろうな)

　また、中古のカク系列「カク(カウ)」は、現代語のコ系「コウ」が係ることのできない長期的動作や無(非)意思的動詞にも係る例が多く見られることから、先に述べたように、現代語「コウ」に見られる制約はなく、上代と同様に広く用いられていたものと考えられる。

(33) わが身ひとつにより、親兄弟、片時たち離れがたくほどにつけつつ思ふらむ家を別れて、かくまどひあへると思すに、いみじくて
(源氏物語、須磨2巻、p.199)
（（一緒に）こうして彷徨っていてくれる）
(34) ただ今も渡りたまはなんと待ちきこえたまへど、かく暮れなむに、まさに動きたまひなんや。　　（源氏物語、真木柱3巻、p.373）
（こうして日も暮れようとしているのに）

2.3　中世

　中世になると、動作・作用の様態を表す用法に新しくコ・ソ・ア系列の指示副詞が見いだされるようになる。ただし、中世前期にはその例は僅かで、中世後期にまとまって見られるようになる。
　また、カク系列にも「カクシテ（カウシテ）」といった語が、新しく見いだせるようになるが、ほとんどの例が接続詞的に用いられている（サ系列「サウシテ」に関しては、接続詞的なもののみ）。
　さらに中世後期になるとサ系列「サウ」にも、当用法における例が見られるようになる。

カク・コ系列について

　中世になるとコ系列「コノヤウニ」等が現れるようになるが、中世前期のコ系列に、動作・作用の様態を表す用法の例は、管見の限り、見いだせていない。そして、中世後期にはコ系列「コノヤウニ」「コノゴトク（ニ）」に、動作・作用の様態を表す用法で用いられているものがまとまって見られるようになる。

(35) 是このことくにしておいた程に、しぜん道にて人がとふ共、なまぐさ物でござるといへ　　（虎明本狂言、なまくさ物、p.129）

カク系列については、これまでの「カク(カウ)」「カヤウニ」に加えて、中世前期に「カクシテ(カウシテ)」が現れ、当用法に用いられている。

(36)　《是へつつとよれと云て、あふぎを両の目にあつる》[太郎冠者]是は何となさるゝぞ　[売手]是が目ぢかでおりやる　[太郎冠者]して、是をとる事はなりまらせぬか　[売手]此ことく自然人にださせらるゝか、又進物になさるゝ時に、か様にいたす、目にあつるに依て、めぢかでおりやる　　　　　　　　　　　(虎明本狂言、目近籠骨、p.94)
(37)　父をいさめ申されつる詞にしたがひ、我身に勢のつくかつかぬかの程をもしり、又父子戦をせんとにはあらねども、かうして入道相国の謀反の心をもや、やはらげ給ふとの策也。
　　　　　　　　　　　　　　　　(平家物語、巻2烽火之沙汰、p.178)

　この「カクシテ(カウシテ)」については、前の中古では「カク」+助詞「テ」と表現されていたものと考えられる(中世前期では、未だ「カクテ」の方が多く用いられており、「カクシテ」例は僅かである。以下は覚一本平家物語、および天草版平家物語での同場面。中世前期の覚一本平家物語では「カクテ」、天草版平家物語は「コノヤウニ」が用いられている)。

(38)　既武士共のちかづく由聞えしかば、かくて又はぢがましく、うたてきめをみむもさすがなればとて　　　　(平家物語、巻2小教訓、p.162)
(39)　すでに武士ども近づくと聞こえたれば、このやうにして、また恥ぢがましううたてい目を見ょうも、さすがぢゃと言うて
　　　　　　　　　　　　　　　　(天草版平家物語、巻第1第4、p.33)

　なお、「カクシテ」に関しては、この動作・作用の様態を表す用法よりも、以下のように接続詞的に用いられているものが多い。

(40) おびたゝしうがらめきあひければ、入道相国「人やある、人やある」とめされけれども、おりふし人もまいらず。かくしておほくのどくろどもがひとつにかたまりあひ、つぼのうちにはぢかる程にな(ッ)て、たかさは十四五丈もあるらんとおぼゆる山のごとくになりにけり。

(平家物語、巻5 物怪之沙汰、p.341)

　次に、中世末期のカク系列「カウ」について、現代語のコ系「コウ」と似た使用も見られるが(41)(42)、現代語の「コウ」では指示できない静的状態の様子を、中世末期の「カウ」(43)(44)が示していることから、現代語のコ系「コウ」と同じ性質であるとはいえない。

(41) 鞍置き馬二匹まで落ちたれば、あわや敵が向うわと騒動するところに、義経馬ども主々が乗って、心得て落さうずるにわ損ずまじい：義経わかう落すぞとあって、まっ先に落されたれば

(天草版平家物語、巻第4、第8、p.271)

(42) [太郎冠者]あゝ中々、是をかしらにかういたせは、かぶとで御ざる、又かたにあつれはこて、すねにあてゝはすねあて、又此ことくくる〰とまひて、かういたせば、どうまるで御ざる

(虎明本狂言、よろい、p.77)

(43) ついに隠れあるまじいことなれば、しばらくわ知らすまじいと思う：その故わ都に入ってかう世にないものと申すならば、さだめて様をも変え、形をやつさうずるも不便な

(天草版平家物語、巻第4 第14、p.315)

(44) 敵を目の前に置きながら、なにを期しょうぞ？　弓矢とる法わかうわないものを　　　　(天草版平家物語、巻第4 第8、p.268)

サ・ソ系列について

　中世にはソ系列「ソノヤウニ」等の指示副詞が現れるようになるが、現在の調査では、中世前期において当用法は、以下の例のみである[8]。

(45) 仙宮ヨリ出タル河、仙薬ナルガ故ニ、汲下流者、命必ズ長命也。但シ其河ノ中間ニ隠山鳥、「其流ヲ沐ル時、水忽ニ変ジテ毒トナレリ。<u>其様ニ</u>、法皇ノ明徳ハ仙水タリトイヘドモ、執申者下流ヲ濁シテ、アシザマニ入道殿ニ申テ候ト覚候。

（延慶本平家物語、第2本、p.302）

そして、中世後期には当用法における「ソノヤウニ」「ソノゴトク（ニ）」が、ある程度まとまって見いだせるようになる。

(46) そたたの今さらのやうにおしやる、いつもわらはが申ことく、<u>そのやうに</u>あそばひて、わらは一人して何としてまかなひがならふぞ

（虎明本狂言、みかづき、p.238、「そたた」はママ）

(47) 公事をきひてくれひとおしやれはこそきひたに、<u>そのことくに</u>とりみだひて、なにと公事がならふぞ　　（虎明本狂言、おこさこ、p.206）

また、中世末期には、サ系列に「サウシテ」が見られるようになるが、接続的用法のみである[9]。

(48) 風上から火をかけて、一揉揉うで攻むるならば、なぜに清．を焼き出いて討たいでわあらうぞ？　<u>さうして</u>大衆どもも僉議するに、そのうちに、平家の祈りをした真海とゆう老僧僉義の場え進みいでて申すわ

（天草版平家物語、巻第2第4、p.122）

なお、上記の「サウシテ」に対して、以下のように「サシテ」が見られるが、この「サシテ」に関しては、「サシタル」「サセル」と同様に、「大して」等の意味を表す慣用表現に用いられる語である（なお、この「サシテ」も中古から見いだせる。例50）。

(49) （中世）

若君姫君ノ御返事共モアリ。信俊是ヲ持テ帰上ケルガ、出モヤラレズ。大納言モサシテ宣ベキ事ハ皆尽ニケレドモ、シタハシサノ余ニ、度々是ヲ召返ス。　　　　　　　（延慶本平家物語、第1末、p.169）

（これといって言わなければならないことは）

(50) （中古）

このほどのことくだくだしければ、例のもらしつ。女、さしてその人と尋ね出でたまはねば、我も名のりをしたまはで、

（源氏物語、夕顔1巻、p.151）

（この女を、どこの誰とその素性をおつきとめにもなれないので、君ご自身も名をお明しにはならず）

また、中世後期になると、サ系列「サウ」にも動作・作用の様態を表す用法の例が見いだせるようになる（現代語の「ソウ」へと近づいている）。以下の(51ab)は同じ場面であり、中世後期(51b)には「サウ」が使用されている（これについては、サ系列が直示用法を獲得したことにも関係する。後でまとめる）。また、この時期にも「サヤウニ」(52)は用いられている。

(51)a. 「に(ッ)くい馬のながぐらゐかな」とて、うちければ、「かうなせそ、其馬の名ごりもこよひばかりぞ」とて

（平家物語、巻9一二之懸、p.200）

　b. 郎等が馬を飼うとて、憎い馬の長食いかなとて打ったれば、平山さうなしそ：平山明日わ死なうぞ

（天草版平家物語、巻第4第7、p.262）

(52) さだめてしようこがなくはさやうにもちゐまひ

（虎明本狂言、やくすい、p.107）

ア系列について

中世になるとア系列の指示副詞が現れるが、中世前期では動作・作用の様

態を表す用法として用いられるア系列は、現在の調査では見いだせず、後期になるとあまり多くはないが見られるようになる。

(53) 　[妻]やいわぼうず、人の男を<u>あのやうに</u>してよひか、はらたちの事や
　　　　　　　　　　　　　　　　　　　　　（虎明本狂言、路れん、p.339）
(54) 　あれは私をせびらかす程に、いねといへば、身共をころさうといふて、<u>あのことく</u>いたす　　　　　　（虎明本狂言、どもり、p.186）

2.4　近世から近代へ

　近世に入るとカク系列「カウ→コウ」に、サ系列「サウ→ソウ」になり（そして近世後期にア系「アア」が現れる）、現代語の動作・作用の様態を表す用法により近づいていく。また、さらに他のコ・ソ・ア系の語も増えていく。

コ系・カク系列について

　近世においては、「カウ→コウ」となったもの（他のカク系列の語に関しては、この期において次第に文語化する。なお、他の副詞的用法も同じ）、中世から見いだせる「コノヤウニ」「コウシテ（カウシテ）」、そして近世後期に「コナイ（ニ）」（上方語）、近代になると「コウヤッテ」「コンナ風ニ・コウイウ風ニ」が、新しく当用法に用いられるようになる（なお、「コナイ（ニ）・ソナイ（ニ）・アナイ（ニ）」に関しては、程度・量の大きさを表しているとも考えられ判断がつきにくい）。

「コノヤウニ」「コウシテ（カウシテ）」
(55) 　命の夕には此の紋つけて我が中の。経帷子と観念し。冥途の道を<u>此のやうに</u>手を引かうぞや引かれうと。又取交し泣く涙袖の氷と閉合へり。　　　　　　　　　　　　　　（近松浄瑠璃、冥途の飛脚、p.180）

(56) みなおまへがこのやうにさすのじや　しやくおこしてきげんなをした
　　 ること葉なり　　　　　　　　　　　　　　　（洒落本、言葉の玉、p.119）
(57) ソレ〲又着物にお汁がかゝり升エ々それごろうじませかうしてかぶ
　　 るとお汁もかゝりや致しません　　　　　　（穴さがし心の内そと、p.438）

「コナイ(ニ)」「コウヤッテ」
(58) ナア成ほどそれで分ツたがこの又ぺつちりを止めてこはぜにして爰の
　　 端がこないに出て有のはどふしたものじやへ是かいナ
　　　　　　　　　　　　　　　　　　　　　　　（洒落本、南遊記、p.180）
(59) ま　傍の言うのには、君　いかんやないか　親父　ああいうことさし
　　 といて。殊に　君の　こうやって選挙で皆　運動してるのに、傍にも
　　 えらい　体裁が悪いやないかと　こう言われるねん。
　　　　　　　　　　　　　　　　　　　　　　（落語SP、電話の散財、p.113）
(60) ブリュウル石階の上の料理屋の卓に、丁度こんな風に向き合って据
　　 わっていて、おこったり、中直りをしたりした昔の事を
　　　　　　　　　　　　　　　　　　　　　　　（森鴎外、普請中、p.30）

　また、使用場面制約をもつ現代語の「コウ」との性質の相違ついては、近
世前期では(61)のような例が見られることから、中世後期と同様に、未だ
現代語の「コウ」と同じであるとは言えない。なお、近世後期以降に次第に
現代語に近づいていったものと考えられる(62)(63)。

(61) 文の便も叶はぬやうに成りやした。不思議に今宵は侍衆とて河庄方へ
　　 送らるゝが。かう行く道でももし太兵衛に逢はうかと気遣さ〲。
　　　　　　　　　　　　　　　　　　　　（近松浄瑠璃、心中天の網島、p.358）
(62) ［ほく］はいふきひとつとんとたいいていやコレあれはつくり声じやの
　　 ［きた］さやうサ。それにてきがものいひ〲肩をコウいからしてゐり
　　 をトいらふが妙におかしふこさり升　　　　（洒落本、北華通情、p.208）

(63) 吉兵衛「ああ　俵　着られますか。」
　　　米屋「着られれへんか、着られるやないかい。一番上の縄　切ったら
　　　　　　いかんで。二つ目の縄　両側で<u>こう</u>切って、{フタツ} するよう
　　　　　　に　ずっと　手と頭と　突っ　込んで、で　上から首（を）出し」
　　　　　　　　　　　　　　　　　　　　　　　（落語 SP、日和違い、p.106）
　　　（{フタツ} は聞き取りが困難だったとされるところ）

近世以降のソ系・サ系列について
　近世においては「ソウ」や(「サウ」から変化。そしてサ系列は、カク系列と同様に、この期において次第に文語化する。なお他の副詞的用法も同じ)、また中世から見られる「ソノヤウニ」、さらに近世には「ソウシテ」「ソナイ(ニ)」(関西方言)、そして近代以降には「ソウヤッテ」「ソンナ風ニ・ソウイウ風ニ」が、新しく当用法に用いられるようになる。

(64) さすぞ盃。ならずと一つ参れ。いやとおしゃるに。こちゃも。それ
　　　ぢゃ〜。<u>さう</u>さんせ。それぢゃ〜。
　　　　　　　　　　　　　　　　　　　（近松浄瑠璃、心中宵庚申、p.459）
(65) ナア又九日のばんにも往なさつたげなそれで竜さんの方から文が出て
　　　有たをチト伝手を求めて貰ひコレ愛に持て居ますはヘサアなんにも<u>其
　　　やうに</u>追ふ事はない　　　　　　　　　（洒落本、南遊記、p.174）
(66) わたしが顔を見たて々<u>そなひに</u>にげることもありそむない又つゆさん
　　　の顔でも見にいくのカイ　　　　　　　（洒落本、うかれ草紙、p.61）
(67) どふぞモフ一ぺん心配さしてくれんカ（中略）ヲ﹅イヤ<u>そうして</u>心配し
　　　なはつたらアノ慾面の喜助がどふでもしてきてくれるでエナト
　　　　　　　　　　　　　　　　　　　　　（穴さがし心の内そと、p.466）
(68) <u>そういうふうに</u>ひいた方がみいりが多いから、というのでした。
　　　　　　　　　　　　　（竹山道雄、ビルマの竪琴、「ひく」は「弾く」、p.337）

　そして、現代語の使用場面制約をもつ「ソウ」との性質の相違について

は、先の「コウ」と同様に、近世後期以降に、現代語に近い性質になったものと考えられる[10]。

(69) 大分御機嫌だつけネ　徳　ハイ、王子へ行ました　金　ハヽア、海老屋か扇屋かネ　徳　夫ばかりですめば能のに、田圃通を抜ました　金　例の今口巴屋かネ。ハヽヽヽ。どうも打留は<u>さう</u>来るて。
(浮世風呂、p.63)
(70) それ又<u>そう</u>したらおつけがべゞにかゝり升がナ
(穴さがし心の内そと、p.438)

ア系について
　近世には、ア系に「アア」が見いだせるようになる。ただし、この「アア」に関しては、近世前期には見いだせず、湯澤(1936)で指摘する近世前期の「アアシテ」が最も早い例と思われる。

(71) 「アアシテ」：近世前期上方語
　　<u>ああして</u>置くが氣遣ひさに(難波丸金鶏、天神お旅)
(湯澤 1936：p.237)
(72) 「アア」：近世後期江戸語
　　花嫁の内が花さ。おつつけ子小児でも出來てみな。<u>あゝ</u>はいかねへ
(浮世風呂、p.215)

　またア系には、中世からの「アノヤウニ」(「アノゴトク(ニ)」)に加えて、「アナイ(ニ)」(上方語)が当用法で用いられるようになり、さらに近代になると「アアヤッテ」「アンナ風ニ・アアイウ風ニ」が見いだされるようになる。

(73) （蔭で養子の噂をしている）身が達者なの若いのとてあのように鼻かんでは。どこぞで病も出ませうとよまひ言して入りければ。

(近松浄瑠璃、冥途の飛脚、p.163)

(74) 此の次は段々に巾着切から家尻切。果は首切いかにしても笑止な。あの如くに乱れては主親の勘當も。釈迦達磨の異見でも聖徳太子が直に教化されても。 　　(近松浄瑠璃、冥途の飛脚、p.174)

(75) アイイ、エねつからよふないわいナ其筈じや不養生してじやサカイニそんならおまへあのやうに藤さんが煩ふて居てもやつはりかい（中略）是につけても親の恩を思ひ出すとあないに煩ふて居てもやつはり邪乱〰とばつかりいふてじや 　　(洒落本、南遊記、p.178)

(76) だけどもいずれ、ナオミさんはああ云う風に四方八方飛び廻っているんだから、きっと何処かで打つかりますよ。

(谷崎潤一郎、痴人の愛、p.533)

なお、現代語のア系「アア」に見られる使用場面制約について、現在の調査で見いだせるア系「アア」については、既にその性質が見いだせる。

これについては、コ系「コウ」ソ系「ソウ」がこの近世後期において、現代語とかなり近い性質になっていることから、この時期に現れたア系「アア」は当初から、この性質をもって用いられ始めた可能性がある。

ただし、これについては資料の制約（江戸語の資料にしか「アア」は見られない）の問題もあり、断言はできない。

(77) ソコデト、かう打、あれで取るか、斯う来る、あゝ行く、若引たら尻からぴたりト。 　　(浮世風呂、p.89)

2.5 動作・作用の様態を表す用法のまとめ

以上、各時代において動作・作用の様態を表す用法に用いられる語を、以下の表にまとめておく。

表3　各時代における動作・作用の様態を表す用法

系(列)	上代	中古	中世	近世	近代〜
カク	カク(カ) カクサマニ カクノゴト	カク(カウ) カヤウニ カクテ等	カウ(カク) カヤウニ・カクテ カウシテ等	(文語化へ)	(文語化)
サ	シカ	サテ サヤウニ等	サウ・サヤウニ等	(文語化へ)	(文語化)
コ			コノヤウニ コノゴトク(ニ)等	コウ・ コノヤウニ・ コウシテ等	コウ・ コウヤッテ・ コンナ風ニ・ コウイウ風ニ等
ソ			ソノヤウニ ソノゴトク(ニ)等	ソウ・ ソノヤウニ・ ソウシテ等	ソウ・ ソウヤッテ・ ソンナ風ニ・ ソウイウ風ニ等
ア			アノヤウニ アノゴトク(ニ)等	アア・ アノヤウニ・ アアシテ等	アア・ アアヤッテ・ アンナ風ニ・ アアイウ風ニ等

注：「コナイ(ニ)・ソナイ(ニ)・アナイ(ニ)」(上方語・京阪方言)は表には入れていない。

3.　言語・思考・認識活動の内容を表す用法について

　古代語における言語・思考・認識活動の内容を表す用法については、上代ではカク系列「カク」(「カクサマニ」)とサ系列「シカ」、また中古以降においてはカク系列「カク(カウ)」「カヤウニ」等と、サ系列「サ(サウ)」「サヤウニ」等の指示副詞が主として用いられている。そして、中世以降にはコ・ソ・ア系列の語が見いだせるようになる。

　特にサ系列「サ(サウ)」・ソ系「ソウ」については、この言語・思考・認識活動の内容を表す用法が、歴史を通じて主用法であると考えられる。

　これについては、先に述べたように中古のサ系列「サ(サウ)」は、補充成分として働くものしか見いだせず(つまり、この言語・思考・認識活動の内容を表す用法のみ)、そして中世以降に、修飾成分としての例が見いだせる

ようになった後も、この言語・思考・認識活動の内容を表す用法以外の例は、あまり多くないことが指摘できる。

3.1 上代

上代の言語・思考・認識活動の内容を表す用法について、カク系列「カク」、サ系列「シカ」が用いられている(なお、カク系列には以下のように「カクサマニ」が見られるが、当用法ではこの1例のみである)。

カク系列

(78) 父母を　見れば貴く　妻子見れば　かなしくめぐし　うつせみの　世の理と　<u>かくさまに</u>［可久佐末尓］言ひけるものを(後略)

(万葉集、巻18、4106)

(「妻子を見ればせつなく愛しい世間の道理だ」とこのように言ってきたのに)

(79) 我が背子し　<u>かくし</u>聞こさば［可久志伎許散婆］天地の　神を乞ひ祷み　長くとそ思ふ　　　　(万葉集、巻20、4499)

(あなたが、こうおっしゃってくれるのなら)

サ系列

(80) 相見ては　千年や去ぬる　いなをかも　我れや<u>然思ふ</u>［安礼也思加毛布］君待ちがてに　　　　(万葉集、巻14、3470)

(逢ってから千年も経ったのか、いや違うかな。私がそう思うのか)

3.2 中古

中古になると、新しくカク系列「カヤウニ」(「カク」は上代から引き続き)・サ系列「サ」「サヤウニ」等に、言語・思考・認識活動の内容を表す用法の例が見られるようになる。

カク系列

(81) 「さぶらひつれど仰せ言もなし、暁に御迎へに参るべきよし申してなん、まかではべりぬる」と聞こゆ。このか<u>う</u>申す者は、滝口なれば
 (源氏物語、夕顔1巻、p.165)
 (このこう言う者は、滝口の武士であったので)

(82) その後、物など多く受け取りてなん急ぎ造りける。<u>かやうに</u>思ひよるらんとも知りたまはで (源氏物語、松風2巻、p.400)
 (入道がこう考えていようとも)

サ系列

(83) 対に聞きおきて常にゆかしがるを、しばし見ならはさせて、袴着のことなども人知れぬさまならずしなさんとなむ思ふ」と、まめやかに語らひたまふ。<u>さ</u>思すらんと思ひわたることなれば、いとど胸つぶれぬ。 (源氏物語、薄雲2巻、p.427)
 (たぶんそういうご意向なのだろうと、かねがね思っていたことなので)

(84) 対の上、こなたに渡りて、対面したまふついでに、「姫宮にも、中の戸開けて聞こえむ。かねてよりも<u>さやうに</u>思ひしかど、ついでなきにはつつましきを」 (源氏物語、若菜上4巻、p.87)
 (ご挨拶申し上げましょう。かねてからそう思っておりましたが)

3.3　中世

　中世の言語・思考・認識活動の内容を表す用法について、カク系列とサ系列については、中古とあまり変化はなく「カウ(カク)」「カヤウニ」「サウ(サ)」「サヤウニ」が、主として用いられている。

　また、中世にはコ系列[11]「コノヤウニ」「コノゴトク(ニ)」、ソ系列「ソノヤウニ」「ソノゴトク(ニ)」、ア系列「アノヤウニ」「アノゴトク(ニ)」が現れる(先にも述べたが、これらの語はそもそも中世前期にはその例は僅かであり、中世後期にある程度まとまって見いだせるようになる。当用法におけ

る例も中世後期からまとまって見られる)。

中世前期のカク系

(85) 文覚かさねて申けるは、「天のあたふるをとらざれば、か へ(ッ)て其とがをうく。時いた(ッ)ておこなはざれば、か へ(ッ)て其殃をうくといふ本文あり。<u>かう</u>申せば、御邊の心をみんとて申な(ン)どおもひ給か。」　　　　　　　　　　　　　　　（平家物語、巻5 福原院宣、p.364）

(86) 人の七八は、何事をもいまだおもひわかぬ程ぞかし。それにわれゆへ大事のいできたる事を、かたはらいたくおもひて、<u>かやうに</u>の給ふいとおしさよ。　　　　　　　　　（平家物語、巻4 若宮出家、p.320）

中世後期のカク・コ系列

(87) [武悪]どこからなりとも、きりたからふ所から思ひのまゝにきらしめ [太郎冠者](省略)たとへ此事がきこへて、身共がせいばひにあふ共くるしからぬ、たすけてやらふぞ　[武悪]<u>こういうに</u>まだそのやうな事を云か、物をおもはせず共はやうきれ

　　　　　　　　　　　　　　　　　　（虎明本狂言、ぶあく、p.309）

(88) 女院人の七つやなどではまだ何ごとをも思はぬものぢやが、われゆゑ大事の出きうことを悲しうで<u>このやうに</u>おほせらるゐいとほしさよ：
　　　　　　　　　　　　　　　　　（天草版平家物語、巻第2第8、p.138）

(89) [女]やいこゝなもの、そこのけ[男]あつ[男]是はいかやうなる御かたで御ざるぞ《ねふりているを、おこす時、きもをつぶし、立のきて、<u>このことくいふ</u>》　　　　（虎明本狂言、れんじやく、p.247）

中世前期のサ系列

(90) 「乞食してなく〳〵京へのぼ(ッ)たりし物か。」とぞ申ける。盛嗣かさねて申けるは、「君の御恩にあきみちて、なんの不足にか乞食をなすべき。さいふわ人こそ、伊勢の鈴鹿山にてやまだちして、妻子をもやしなひ、我身もすぐるとはきゝしか」

(平家物語、巻11 嗣信最後、p.313)

中世後期のサ・ソ系列

(91) たれぞ？ をぼつかない、名告れ聞かうと言うたれば、さう言うわ殿わ誰ぞ？　　　　(天草版平家物語、巻第3第4、p.170)

(92) 浮世をすてた、もどりたうおりなひ《又かねをたゝひてねんぶつを申》[上京の女]そのやうにおしやつたらは、おもどりやるまひ程に、まづだうなり共、あのおしやるやうにめされひ

(虎明本狂言、どん太郎、p.262)

(93) れうじをおしやるではなひが、洛中を其ことくにいふてあるいたらは、人が目をぬかうぞ　　　(虎明本狂言、はりだこ、p.80)

中世後期のア系列

(94) やれ〳〵にがつた事をいたひた、京の者がなんのかのと申た時は、それであらふと思ふたが、あのやうにおほせられてから見れば、此やうな物はだい所にいくつもある　(虎明本狂言、するひろがり、p.73)

(95) 私がさう〳〵まいつて、一のたなに付て御ざれは、あそこな女が、わたくしがうしろに参つて、けつく私にたてと申を、たつまひと申せは、あのことくに申程に、有様に仰付られてくだされひ

(虎明本狂言、れんじやく、p.248)

3.4 近世そして近代へ

近世以降の言語・思考・認識活動の内容を表す用法については、中古・中世から用いられている語(カウ)「かういへばつれない水臭いやうなれど」(近

松浄瑠璃、大経師昔暦、p.236)、(サウ)「オ、さう思うて気がせくが」(近松浄瑠璃、曽根崎心中、p.24)、さらに(カウ→コウ)「おれがこうといふたら」(洒落本、北川蜆殻、p.347)、(サウ→ソウ)「そふ思はんせ」(洒落本、南遊記、p.193)、(コノヤウニ)「中〜此やうにいふ野拙が」(洒落本、身体山吹色、p.61)、(ソノヤウニ)「其やうにいふのなら」(洒落本、南遊記、p.174)、(アノヤウニ)「あのやうにいはれてみたい」(洒落本、箱まくら、p.136)に加えて、近世後期には「コナイ(ニ)・ソナイ(ニ)・アナイ(ニ)」(上方語)、近代以降には「コンナ(コウイウ)風ニ・ソンナ(ソウイウ)風ニ・アンナ(アアイウ)風ニ」が加わる。

　なお、ア系「アア」(先にも述べたが「アア」は近世後期から見いだせる)の当用法の例は、近世後期の江戸語の資料から見いだせる。

コ系

(96)　袖は涙に道はくれエゝこないにいふても馬の耳に風ほんにかぜひいたそふな　　　　　　　　　　　　　　　　　(洒落本、陽台遺編、p.22)

(97)　こんな風に言われたから、民子はすっかり自分をあきらめたらしく　　　　　　　　　　　　　　　　　(伊藤左千夫、野菊の墓、p.91)

(98)　こういう風に、過去ったことを思い浮べていると、　　　　　　　　　　　　　　　　　(島崎藤村、破戒、p.348)

ソ系

(99)　[要]マア平さんちよつと二階へ。大角さんしらしましよか　[平]いや〜　[音|要]なんでへ　[平]大角はもふさつぱりじや　[要]とふしてまあそないにいひなはる　　　　(洒落本、色深狭睡夢、p.312)

(100)　野島は自分も杉子にそんな風に思われてはたまらないと思った。　　　　　　　　　　　　　　　　　(武者小路実篤、友情、p.44)

(101)　そういうふうにおっしゃられると、…どうも、じつに、困りましたなあ。　　　　　　　　　　　(山本有三、路傍の石、p.446)

ア系

（102）　かこ そんならお初を呼に遣ればよかつたのう。惜いことをしたばゝ なにさ口ぢやア<u>あゝ</u>云ふが、正はといへば邪魔になるのさ

（浮世風呂、p.182）

（103）　［頭］ハイむかしではなひまへ〳〵はまひもよふまひましたけれといまはまへ〳〵のやうニまひもよふまひませぬ　トふるひ事いふ此たいこもちもへたとみへる　［ケ］<u>よふあない</u>いへるナア［客］これおれもまふがの　　　　　　　　　　　（洒落本、睟のすじ書、p.129）

（104）　島村のふとした言葉も<u>あんな風に</u>聞きちがえねばならぬ女とは到底思えないところに　　　　　　　　　（川端康成、雪国、p.232）

（105）　猪子先生は穢多だから、<u>ああいう風に</u>考えるのも無理は無い。

（島崎藤村、破戒、p.91）

3.5　言語・思考・認識活動の内容を表す用法のまとめ

　以上、各時代において言語・思考・認識活動の内容を表す用法に用いられる語を、以下の表にまとめておく。

表4　各時代における言語・思考・認識活動の内容を表す用法

系(列)	上代	中古	中世	近世	近代〜
カク	カク カクサマニ	カク(カウ) カヤウニ等	カウ(カク) カヤウニ等	(文語化へ)	(文語化)
サ	シカ	サ・サヤウニ等	サウ(サ) サヤウニ等	(文語化へ)	(文語化)
コ			コノヤウニ コノゴトク(ニ)等	コウ コノヤウニ等	コウ・ コノヨウニ・ コンナ風ニ コウイウ風ニ等
ソ			ソノヤウニ ソノゴトク(ニ)等	ソウ ソノヤウニ等	ソウ・ ソノヨウニ・ ソンナ風ニ ソウイウ風ニ等
ア			アノヤウニ アノゴトク(ニ)等	アア アノヤウニ等	アア・ アノヨウニ・ アンナ風ニ アアイウ風ニ等

注：「コナイ(ニ)・ソナイ(ニ)・アナイ(ニ)」(上方語・京阪方言)は表には入れていない。

4. 程度・量の大きさを表す用法について—A類・D-1類—

　第2章2.3で述べたように、現代語の程度・量の大きさを表す用法をもつ指示副詞は、程度を表すシステムの相違から以下に分類することができる。

A類　　「コウ・ソウ・アア」
D類　　D-1類　「コンナニ・ソンナニ・アンナニ」
　　　　　　　（「コナイ(ニ)・ソナイ(ニ)・アナイ(ニ)」京阪方言）
　　　　D-2類　「コレホド・ソレホド・アレホド」
　　　　　　　「コレダケ・ソレダケ・アレダケ」
　　　　　　　「コレクライ・ソレクライ・アレクライ」
　　　　　　　「コノクライ・ソノクライ・アノクライ」

D–2類については、他の指示副詞とはかなり相違した歴史的変化を見せるため別章(第6章「程度・量の大きさを表す指示副詞について」)で考察をおこなうこととし、以下ではA類とD–1類について述べていく。

上代から近世へ、A類について

まずA類の「ソウ」の歴史的変化について、古代語(中古・中世)のサ系列「サ(サウ)」には、第5章1節で指摘したように、修飾成分として働くものがほとんど見いだせないこともあり、以下の1例(中世後期)が程度・量の大きさを表す用法ではないかと考えられる以外には、程度・量の大きさを表す用法の例はまったく見いだせない。

(106) ［甥］いやそれはなりまらすまひ　［伯父］そうじてそなたは、大さかづきがすきじやほどに、<u>さうじぎ</u>をあそばさずともおまいれ
　　　　　　　　　　　　　　(虎明本狂言、すぎばうちやう、p.118)
（そう遠慮をなさらず）

以下に近世における、程度・量の大きさを表す用法の例を示しておく。

(107) エ、もし好助さん［好］エ、マア<u>さう</u>好助〳〵と大きなこへをすなというふのに足ハ大事ないわエヤイ
　　　　　　　　　　　　　　(穴さがし心の内そと、p.450)

次に、A類「アア」は近世から見いだせる語であるが、近世・明治初期において、程度・量の大きさを表す用法の「アア」の例は、現在の調査では見いだせていない。

そしてA類「コウ」に関しては、古代語(上代・中古)のカク系列「カク(カウ)」に、以下のような程度を表していたのではないかと考えられる例が見られる。

(108) 生ける代に　我はいまだ見ず　言絶えて　かく［如是］おもしろく
　　　縫へる袋は　　　　　　　　　　　　　　（万葉集、巻4、746)
　　　（こんなに素敵に縫ってある袋は）
(109) なぞ、かう暑きにこの格子は下ろされたる（源氏、空蝉巻1、p.119)
　　　（どうしてこんなに暑い日に、この格子は下ろされているの）

　この「カク(カウ)」については、先の動作・作用の様態を表す用法で、上代と中古の「カク(カウ)」に使用場面制約がないこと等[12]を考えると、現代語の「コウ」と同様に、「カク」が程度・量の大きさを表していたとは考えにくい。以上から、「カク(カウ・コウ)」についても、上記の「ソウ(サウ)」と同様に近世からと考えたい。

(110) 慰有りける道中とどっと、興にぞ入り給ふ。お傍の衆に囃されて幼心の姫君。かう面白い東とは今までおれは知らなんだ。
　　　　　　　　　　　　　　（近松浄瑠璃、丹波與作待夜の小室節、p.98)

　ただし、古代語(上代・中古)のA類に程度・量の大きさを表す用法が認められないのは「カク・サ」のみで用いられる場合であって、以下のように「カク・サ」に様々な係助詞が付く場合には、古代語(上代・中古)から程度・量の大きさを表していたと考えられる。

上代
(111) 「カク」＋「ゾ」
　　　我がやどの　萩の下葉は　秋風も　いまだ吹かねばかくそもみてる
　　　［加此曽毛美照］　　　　　　　　　　　　（万葉集、巻8、1628)
　　　（秋風もまだ吹かないのに、こんなにも色づいている）

(112) 「シカ[13]」+「ゾ」
　　　風吹けば　白波騒ぎ　潮干れば　玉藻刈りつつ　神代より　然そ貴
　　　き［然曽尊吉］玉津島山　　　　　　　　　　（万葉集、巻6、917）
　　　（神代以来こうも貴い沖の玉津島は）

中古

(113) 「カク」+「ゾ」
　　　からころも君が心のつらければたもとはかくぞそぼちつつのみ
　　　　　　　　　　　　　　　　　　　　（源氏物語、末摘花1巻、p.299）
　　　（私の袂はこんなにも濡れどおしでございます）

(114) 「サ」+「コソ」
　　　まづ一夜まいる。菊のこくうすき八（つ）ばかりに、こき掻練をうへ
　　　に着たり。さこそ物語にのみ心を入れて、それを見るよりほかに行
　　　き通ふるい、親族などだにことになく　　　　（更級日記、p.511）
　　　（あれほど物語ばかりに熱中して）

　上記の指示副詞＋係助詞により程度・量の大きさを表しているものに関しては、D–2類（指示副詞＋副助詞）とともに、他の副詞的用法とは、かなり相違する歴史的変化が観察されるため、別章（第6章でE類として扱う）で詳しく考察をおこなうことにする。

上代から近世へ、D–1類について

　次に、D–1類「コンナニ・ソンナニ・アンナニ」（「コナイ（ニ）・ソナイ（ニ）・アナイ（ニ）」上方語）については、近世にならないと見いだすことができない（語が近世にならないと現れない）。

(115) ［犬］あいつ黒い顔にほうげたと下駄の向鼻緒ばかり赤くしおつて。
　　　嘸臭気甚しかろ　［通］そんなに悪いふな。（洒落本、阿蘭陀鏡、p.93）

(116) ［らん］そんなら色にしてもだんないかへ　［巴］エ、其色を早ふいへ
といふのに　［らん］ヲホ、、、そないおこりないナわたしやいつこ
ううれしいわへ　　　　　　　　　　　（洒落本、粋の曙、p.299）
(117) ハヽンこりや先に爰の手代に己が剛勇をしめしたところからひどく
おそれておると見へるが己も又今おもへバあんなにつよく言なくち
やよかったテノ　　　　　　　　　　（穴さがし心の内そと、p.441）

　以上、A類・D–1類の程度・量の大きさを表す用法の歴史的な流れについて述べてきた。なお、まとめについては、第6章6節の図3に、他の指示副詞もあわせ、歴史的変化を示してある。参照いただきたい。

5. 静的状態の様子を表す用法について

　静的状態の様子を表す用法について、この用法は指示副詞が形容詞(形容動詞)や静態動詞(工藤1995)等に係り、それらの表す静的状態の様子を表すものである(現代語は第2章2.4参照)。現代語の「コウ・ソウ・アア」については、当方法をもたないが、古代語のカク系列「カク(カウ)」サ系列「シカ・サ」については、現代語の「コウ・ソウ」と違い、当用法をもっていたと考えられる。

(118) いける代に　我はいまだ見ず　言絶えて　かく［如是］おもしろく
縫へる袋は　　　　　　　　　　　　　　（万葉集、巻4、746）
　　（こんなに素敵に縫ってある袋は）
(119) 里見れば家も荒れたりはしけやしかくありけるか［如此在家留可］
　　　　　　　　　　　　　　　　　　　（万葉集、巻6、1059)
　　（里を見ると家も荒れている。ああこんなものなのか。）

(120) 我が大君の天の下奏したまへば万代にしかしもあらむと［然之毛将有］（一に云う「かくしもあらむと」）　　　（万葉集、巻2、199）
（わが高市皇子が朝政を総轄されたのでいつまでもそうあるだろう（「こうあるだろう」））

　特に、中古におけるカク系列「カク（カウ）」には、当用法における例がまとまって見いだせる。

(121) うき宿世ある身にて、かく生きとまりて、はてはてはめづらしきことどもを聞き添ふるかなと　　　（源氏物語、関屋2巻、p.364）
（この世にこんな風に生きながらえて）

(122) いづくに這ひ紛れて、かたくなしと思ひみたらむ、かく執念き人はありがたきものを、と思すにしも　（源氏物語、空蝉1巻、p.126）
（このように強情な人）

(123) 「多く立てつる願の力なるべし」「いましばしかくあらば、波に引かれて入りぬべかりけり」　　（源氏物語、須磨2巻、p.218）
（もうしばらく、このままでいたら）

　また中古には他に、静的状態の様子を表すものとしてカク・サ系列「カヤウニ・サヤウニ」「カクテ・サテ」がある。

(124) やむごとなく切に隠したまふべきなどは、かやうにおほざうなる御厨子などにうち置き、散らしたまふべくもあらず
　　　　　　　　　　　　　　（源氏物語、帚木1巻、pp.55-56）
（このようにありふれた御厨子などに）

(125) 方々ものすめれど、さすがに人のすき事言ひ寄らむにつきなしかし。かくてものしたまふは、いかでさやうならむ人の気色の深さ浅さをも見むなど、さうざうしきままに願ひ思ひしを、

(源氏物語、常夏3巻、p.227)

((あなたがここに)こうしていてくださるのだから、是非そのような人たちの気持ちがどれだけ深いか浅いか、その程合いを見たいものだなどと)

(126) また大納言の朝臣の、家司望むなる、さる方にものまめやかなるべきことにはあなれど、さすがにいかにぞや。さやうにおしなべたる際は、なほめざましくなむあるべき。

(源氏物語、若菜上4巻、p.35)

((大納言の朝臣のような)あのようにありふれた身分のものを婿にとる)

(127) いづ方にも、なめげにゆるさぬものに思されたなれば、いとかたはらいたくて。宮たちはさてさぶらひたまふ、この、いとまじらひにくげなるみづからは、かくて心やすくだにながめ過ぐいたまへとてまかでさせたるを　　　(源氏物語、竹河5巻、p.108)

(宮たちは、ああして院のおそばにいらっしゃいますし)

そして中世には、カク系列「カク(カウ)」において、この静的状態の様子を表す用法の例は、僅かに見いだされるだけとなる。また、中世前期には見いだせる(当用法における)「カクテ」も、中世後期以降見られなくなっていく((129ab)は同場面。覚一本平家物語は「カクテ」、天草版平家物語は「カウシテ」)。

(128) 今勅使尋來て宣命を讀けるに、亡魂いかにうれしとおぼしけむ。怨靈は昔もかくおそろしきこと也。　　(平家物語、巻3赦文、p.211)

(怨霊も昔もこのように恐ろしいものであった)

(129) a. 二たびうきめを見つることの心うさよ。かくて此世にあるならば、又うきめをも見むずらん。　　（平家物語、巻1祇王、p.102）

　　 b. 再び憂き目を見たことの心憂さよ：かうしてこの世に居るならば、また憂き目を見ょうず

　　　　　　　　　　　　　　（天草版平家物語、巻第2第1、p.102）

なお、中世においてもカク・サ系列「カヤウニ・サヤウニ」が用いられ、また中世にはコ・ソ・ア系列「コノヤウニ・ソノヤウニ・アノヤウニ」にも当用法の例が見いだされるようになる[14]。

(130) a. 日にそへてよはりゆけば、いまはその態もせず。かやうに日ののどかなる時は　　　　　（平家物語、巻3有王、p.235）
　　　（こんな風に穏やかな日には）

　　 b. 日にそえて弱りゆけば、今わそのやうなわざもせず：このやうに日ののどかな時わ　　　　　（天草版平家物語、巻第1第12、p.87）

(131) 又善悪ハ一具ノ法ナレバ、釈尊ト調達ト同種姓ニウマレテ、善悪ノ二流ヲ施コス。其ノ様ニ清盛モ白河院ノ御子ナリ。

　　　　　　　　　　　　　　（延慶本平家物語、第3本、p.622）

(132) あゝさて、あのやうに心のつよひ女もあるものかな

　　　　　　　　　　　　　　（虎明本狂言、せつぶん、p.40）

近世以降も引き続きコ・ソ・ア系「コノヤウニ・ソノヤウニ・アノヤウニ」が用いられ、また、近代以降にはさらに「コンナ（コウイウ）風ニ・ソンナ（ソウイウ）風ニ・アンナ（アアイウ）風ニ」が見られるようになる。

(133) こんなふうに漁火がきらめく翌日はきっと天気が悪くなるのだと考えていた。　　　　　　　　（新田次郎、孤高の人、p.147）

(134)　はらをうられて見いな。どんなげいこでもこけねばならぬが。<u>その様</u>(やう)<u>に</u>はらのある御客はいまはないによつて。

(洒落本、箱まくら、p.123)

(135)　俺はね、<u>そういう風に</u>ものわかりがいい女が好きだ。

(立原正秋、冬の旅、p.124)

(136)　じっと机の前の壁を見つめながら何事か考えていた。<u>そんなふうに</u>少々不気味なところもあったが

(椎名誠、新橋烏森口青春篇、p.265)

(137)　<u>ああいう風に</u>平素壮健な人は、反って病気なぞに罹ると弱いのかも知れませんよ。　　　　　　（島崎藤村、破戒、p.195）

(138)　みんな<u>あんなふうに</u>五分もすかさない連中かね。

(石川淳、処女懐胎、p.526)

6. 副詞的用法のまとめ

　先に述べたように、指示副詞の副詞的用法と指示用法は、お互いに影響を与えながら、歴史的に変化してきたことが予想される。

　そこで、ここまで述べてきた副詞的用法の歴史的変化を、各系列別（「カク系列とコ系列、そしてコ系へ」「サ系列とソ系列、そしてソ系へ」「ア系列からア系へ」）にまとめ直した後に、先の章で明らかとした指示用法の歴史的変化とあわせ考察することにより、副詞的用法と指示用法の歴史的な影響関係を明らかにしていく。

6.1　カク系列とコ系列、そしてコ系へ

　カク系列について特に重要な点をあげるとすれば、歴史的な大きな流れとして、古代語において多用された「カク(カウ)」が、時代を下るごとに、その用いられる用法が限られたものになっていくことである（用例数も減少していく）。

　まず、上代におけるカク系列は、ほんの僅かに「カクサマニ」「カクノゴ

ト」等が見いだせるのみで、ほとんどの副詞的用法において用いられるのは「カク」であったといえる。以下に、上代において最も例が多い、「カク」が「恋フ」に係る例をあげておく。

(139) かく恋ひむ[如是将恋]ものと知りせば　我妹子に　言問はましを
　　　今し悔しも　　　　　　　　　　　　　（万葉集、巻12、3143)
　　　（このように恋するものと知っていたら）

そして、この状況は中古においてもあまり変化しない。中古には新しく「カク(カウ)」＋「ヤウ」から、「カウヤウニ・カヤウニ」という語が見いだされるようになるが[15]、「カク・カウ」の用例数は「カヤウニ」よりも遥かに多い(以下の例は、現代語の「コウ」では示すことのできない例。このような例は多数見いだせる。以下はすべて源氏物語)。

(140) いかなればかくおはしますらぬ。　　　　（葵2巻、p.70)
　　　（どうして、こんな風に(*こう)いらっしゃるのだろう）
(141) なぞや、かくうき世に罪だに失はむと思せば、　（須磨2巻、p.193)
　　　（このように(*こう)憂き世にせめて前世の罪ほろぼしだけでも）
(142) かく世を離るべき身と思ひたまへらましかば　（須磨2巻、p.195)
　　　（このように(*こう)世間を離れなければいけない身の上）
(143) みづからかく田舎の民となりにてはべり。　（明石2巻、p.245)
　　　（このように(*こう)田舎の者になりはてた）

中世になると、カク系列における語の使用状況は次第に変化していく。
　まず、「カク・カウ」は中古ほど広くは用いられなくなり[16]、「カヤウニ」等の例が、副詞的用法において多く見いだせるようになる。それとともに、新しく中世に現れたコ系列の指示副詞「コノゴトク(ニ)」「コノヤウニ」が、中世後期にはまとまって見いだせるようになり、様々な副詞的用法に用いられるようになる(ただし、中世においては、未だ「カヤウニ」等のカク

系列の使用は多く、カク系列とコ系列の勢力は、程度用法を除き[17]、中世では交替したとはいえない。第3章3節「指示体系のコ・ソ・アへの推移について」参照)。

(144) 扇をうつせは扇がみゆる、かやうに正直なものは有まひ

(虎明本狂言、かゞみおとこ、p.180)

(145) このやうに云た分ではなるまひ程に、

(虎明本狂言、連歌盗人、p.25)

そして近世になると、コ系の勢力がますます強まる。そして、「カウ」については「カウ→コウ」(カク系列からコ系へ)と変化し、その性質は現代語へと近づく[18]。

6.2 サ系列とソ系列、そしてソ系へ

サ系列について、通史的な変化を述べるにあたっては、上代と中古の間に、ある程度の隔たりの存在を意識せざるを得ない。それは、上代の「シカ」と中古の「サ」の用法の間には、類似性も多く見いだせるものの、これまでに述べてきたように相違する点もいくつか見いだせるからである。その相違については、古くから見いだせる「シカ」の方が「サ」よりも、変化の度合いが進んだものであるとも見えるが(もしくは地域による用法の相違)、なぜ上代の「シカ」にそのような用法が既に見られるのか、また、中古以降の「シカ」(訓点資料等)が、どのような用法をもつのか等の問題に対して、筆者はまだ、それに答えるだけの調査・考察をおこなうことが出来ていない。これについては、今後の課題としておきたい。

ところで、現代語のコ系「コウ」とソ系「ソウ」は、副詞的用法においては、ほとんど意味・用法に違いがない(もちろん指示用法(特に指示領域)の違いはある)。それに比べ、古代語(中古)におけるカク系列「カク(カウ)」とサ系列「サ」の副詞的用法における相違は大きい。

それは、中古のサ系列「サ」には、修飾成分として働くものが見いだせ

ず、「サ」が係る動詞は、「有り」と「申す」「思ふ」等の言語的な動詞に限られるからである。

(146) しばしこそ、さのたまひしものをなど情づくれど、
(源氏物語、関屋2巻、p.364)

つまり中古のサ系列「サ」は、ほぼ上記のような言語・思考・認識活動の内容を表す用法(と静的状態を表す用法)であるのに対し、先に述べたようにカク系列「カク(カウ)」は、中古において、動作・作用の様態、静的状態の様子、言語・思考・認識活動の内容を表す用法をもつ。このように「サ」と「カク(カウ)」の用法の違いは大きい。

そして、上記の「カク(カウ)」と「サ」との間の状況は、中古から中世末まであまり変化しないが、近世において「サウ→ソウ」と形態的に変化するとともに、次第に両者の用法の相違は小さくなっていったものと考えられる(近世以降「ソウ(サウ)」には、修飾成分として働くものが、ある程度見いだせるようになり、言語・思考・認識活動の内容を表す用法以外の例も見られるようになる)。

(147) ところてんの鼻緒か。燈心のかいへ帯ではあるまいし。そふこゝろ安う切れるくらいなら。世間に義理といふものはおませんわいな。
(洒落本、北川蜆殻、p.356)

先のカク系列「カク」からコ系「コウ」への歴史的変化は、用法の縮小(用例数の減少)であったといえるが、このサ系列「サ」からソ系「ソウ」への歴史的変化は、カク系列とは逆方向であり、ある程度、用法が広がったといえる(ただし、「サ(サウ)」から「ソウ」へと歴史的に変化する間に、他のサ・ソ系列の語も現れ、それらの用法が広がるので、格段に「ソウ(サウ)」の用例数が増加するというわけではない)。

そして、このサ系列「サ」からソ系「ソウ」への歴史的変化はまた、コ系

「コウ」(「カウ」)の意味・用法への接近であるとも言えるのではないだろうか。近世以降、「コウ」「ソウ」(さらに「アア」)と、形態的に整備されることにより、その変化はさらに進んだと考えられる。

　また、中古において言語・思考・認識活動の内容しか表すことができなかった「サ」に対し、サ系列にも「サ」+「ヤウ」→「サヤウニ」、「サ」+「バカリ」→「サバカリ」等の語が生まれ、それによりサ系列は用法を広げていく。

(148)　いと口惜しき際の田舎人こそ、仮に下りたる人のうちとけ言につきて、さやうに軽らかに語らふわざをもすなれ

　　　　　　　　　　　　　　　　　(源氏物語、明石2巻、p.253)
　　　　(そのように軽はずみな契りを結ぶ(結婚する)ことになろうけれど)
(149)　見たてまつる人も、さばかりいつかしき御身をと

　　　　　　　　　　　　　　　　　(源氏物語、御法4巻、p.511)
　　　　(あれほど尊くてご立派なお方なのに)

　以上、サ系列の「サ」に関しては、近世には「サウ→ソウ」へと形態的に変化することによりソ系へと吸収され、先のコ系「コウ」と同様に、副詞的用法において現代語にかなり近づいていったと考えられる。

6.3　ア系列からア系へ

　ア系列の指示副詞については、中世前期まで見いだすことができない。
　ただし、中世前期には例はまだ僅かで、ある程度まとまって見られるようになるのは、中世も末期になってからである。副詞的用法に関しては、中世からすべての副詞的用法が見られる。

(150)　あのなじうだ人さへあのやうに仰らるれは

　　　　　　　　　　　　　　　　　(虎明本狂言、ぬけがら、p.56)

さらに「アア」に関しては、近世後期の江戸語における資料にしか、現在の調査のところ見いだせていない。なお、近世の「アア」は、ほぼ現代語の「アア」と近い用法であったと考えられる。

(151)　ナニサ、そうでもねへよ。あゝ見えてもやかましいはな

(浮世風呂、p.143)

7. 歴史的変化における指示用法と副詞的用法の影響関係について

　前節において、カク系列「カク(カウ)」からコ系「コウ」への用法の縮小、またサ系列からソ系「ソウ」への用法の拡大について述べた。そこで、次に指示副詞の指示用法(直示・照応・観念用法)の歴史的変化とあわせて考察をおこなう。まず、先の第4章の歴史的な指示用法を、カク系列から再度まとめてみると①となる。

①　カク系列は古くは、直示用法において、広範囲における対象(今、目に見えるものすべて)を指示できた(→第4章2.2)。しかし、直示用法の歴史的変化により、中世末には話し手から近い領域の対象のみの指示となる(現代語と近い指示用法となる)。それは、中世以降には、話し手から遠い領域の対象に対してはア系列、そして聞き手に近い(および、話し手からやや離れた)領域の対象はサ系列(ソ系列)が指示するようになるためである(→第4章2.3)。これにより(用例数にはもちろん反映はされないが)、少なくとも直示用法におけるカク系列の使用は3分の1になったことになる。

　まずカク系列について、上記①の指示用法と、先の6.1「カク系列とコ系列、そしてコ系へ」の副詞的用法から、両者の関係を考察すると、以下②が推測される。

② ①に示したようにカク系列はそもそも、今、目に見える、感覚できる対象をすべて指示することができた。つまりカク系列は、眼前の動作・作用の様態、静的な状態、すべてを指示することができたと考えられる（さらに、現場にあるかのように、先行する言語文脈内の対象も指示することができた）。つまりこれは、カク系列は、程度・量の大きさを表す用法以外のすべての副詞的用法をもっていたということである。さらに、語彙的には、上代ではほぼ「カク」のみで、中古以降も「カク（カウ）」が主である（ただし、新しく中古に「カヤウニ」等が現れ、様々な用法に用いられるようにはなるが、中古では勢力は「カク（カウ）」に勝らない）。このように上代・中古では指示副詞の語のバリエーションも少なかったため、「カク（カウ）」により、（程度用法以外の）すべての副詞的用法がカバーされていたものと考えられる。ところが中世以降には、コ系列の指示副詞が新しく現れ、またカク系列「カヤウニ」が勢力を伸ばし、さらに①に指摘したように、カク系列の指示用法の指示領域が縮小した（3分の1の領域となる）ために、「カク（カウ）」の役割は次第に小さくなっていった。以上により、「カク（カウ）」の用例数は減少し、また用法にも偏りが見られるようになったと考えられる。

以上のようにカク系列「カク（カウ）」（コ系「コウ」へ）に関しては、上記の指示用法の変化と、語彙的要因（他の指示副詞の増加）から、次第に用法的に偏りを見せるようになり、そして用例数が減少していったことが推測できる。
　次に、サ系列・ソ系（列）に関して、第4章の指示用法の歴史的変化を再度まとめると③となる。

③ 上代・中古のサ系列に関しては、今、目に見えない、感覚できない対象、つまり言語的な対象を示すことが、本来的な性質であったと考えられる。そして、中世以降には観念用法を失い、また中世末から近世には、サ系列・ソ系（列）は直示用法を獲得する。これにより、サ系列・ソ

系(列)は、聞き手に近い(および話し手から少し離れた)領域の対象を指示できるようになり、現代語と近い指示用法となる。

そして上記の③指示用法と、先の 6.2「サ系列とソ系列、そしてソ系へ」の副詞的用法から、両者の関係を考察すると、以下④が推測される。

④　③に示したようにサ系列「サ」の指示用法は、言語的な対象(今、目に見えない、感覚できない対象)を示すことが本質であったため、副詞的用法においては、言語・思考・認識活動の内容を表す用法のみであったと考えられる。ただし、中古に「サ」に「ヤウ(様)」がついた指示副詞「サヤウ」が生み出されたことで、(眼前にある対象は指せないが、言語文脈で表された)動作・作用の様態を表す用法をもつようになる。そして中世末から近世には、指示用法においてサ系列・ソ系(列)は直示用法を獲得したため、眼前の動作・作用の様態を表せるようになる。ただし、サ系列については観念用法を中世には失っていること、また、さらにソ系の指示副詞が現れたこと(広く副詞的用法を獲得した)から、「サウ(ソウ)」の副詞的用法は拡大したとしても、用例数においては、目立った増加はしなかったものと考えられる。

なお、サ系列「サ」は既に中古には「カク→カウ」であった「カウ」に引かれて、中世に形態的に「サ→サウ」へ、そして近世に「カウ→コウ」「サウ→ソウ」と変化したことにより、指示代名詞まで含めたコ・ソ・ア体系へと組み込まれる(さらに「アア」も発生する)。この時点で、「コウ」と「ソウ」と「アア」は、用法的に同じ方向へとより歩み寄っていったのではないかと推測される。

8. 近代から新しく見いだせる指示副詞による副詞的用法

　最後に、近代以降に新しく見いだせる「コンナ(コウイウ)風ニ・ソンナ(ソウイウ)風ニ・アンナ(アアイウ)風ニ」の副詞的用法について考察をおこなってみたい。これらの語については、現代語では動作・作用の様態を表す用法、言語・思考・認識活動の内容を表す用法、静的状態の様子を表す用法をもつが、はたして語が見いだせるようになる明治期から、すべての用法が見られるのであろうか。それとも明治期以降に変化したのであろうか。

　そこで、明治から昭和の小説を調査し、分類したものを、以下に示していく。なお、表について、言語・思考・認識活動の内容を表す用法は「思」、動作・作用の様態を表す用法は「動」、また静的状態の様子を表す用法は「静」と示す。また、表の「して」「省」について、「して」は「こういう風に＋して」の形で述語に係るもの(152)、また「省」とは述語の部分が省略されたもの(153)をそれぞれ示している。

(152)　いつもこういう風にして、校長はこの鍾愛の教員から、さまざまの秘密な報告を聞くのである。　　　（島崎藤村、破戒、p.407）
(153)　ところが宮村さんの歌い方は前進の軍歌ではなく嘆きの軍歌なんですね。たとえば、こんなふうに…」（新田次郎、孤高の人、p.1080）

　まず、「コウイウ風ニ・ソウイウ風ニ・アアイウ風ニ」について調査した結果を以下の表5・6・7に示す。

表5 コウイウ風ニ

コウイウ風ニ	思	動	静	して	省
森 鷗外	1				
伊藤左千夫		1			
夏目漱石					
島崎藤村	1	4		1	
志賀直哉	1				
武者小路実篤					
谷崎潤一郎		4			
山本有三				1	
芥川龍之介	1				
宮沢賢治				1	
竹山道雄				1	
新田次郎		2			1
福永武彦		1			
阿川弘之	2				
吉行淳之介					1
三島由紀夫		2			
北 杜夫		2			
田辺聖子		2			
野坂昭如		1			
曽野綾子		2			
村上春樹		1			
計34	6	22	0	4	2

表6 ソウイウ風ニ

ソウイウ風ニ	思	動	静	して	省
志賀直哉			1		
山本有三	1	1			
宮沢賢治	1	1			
梶井基次郎	1	2		1	
小林秀雄	1	3			
竹山道雄		1			
山本周五郎				1	
石川達三		2			
新田次郎	2				
福永武彦		2		1	
阿川弘之		2			
吉行淳之介		1			
三島由紀夫		4		3	
立原正秋			1		
北 杜夫		1			
曽野綾子	1	4			
椎名 誠	1	1	1		
宮本 輝		1			
村上春樹	1	4		1	
計49	9	30	3	7	0

表7 アアイウ風ニ

アアイウ風ニ	思	動	静	して	省
夏目漱石		1			
島崎藤村	1		1		
谷崎潤一郎	1		1		
新田次郎		1			
北 杜夫		1			
曽野綾子		2			
計9	2	5	2	0	0

次に「コンナ風ニ・ソンナ風ニ・アンナ風ニ」について調査した結果を以下の表8・9・10に示す。

表8　コンナ風ニ

コンナ風ニ	思	動	静	して	省
森 鷗外		4			
伊藤左千夫	2	1			
夏目漱石	1	5			
樋口一葉		1			
志賀直哉	4				
谷崎潤一郎	2				
石川啄木					
山本有三	3	5			
井伏鱒二	2	1			
川端康成		2			
壷井 栄	3	1			
梶井基次郎	1	2			
小林秀雄	2	1			
竹山道雄	1	1		5	
山本周五郎		7			
堀 辰雄	1	6	1		
大岡昇平		1			
松本清張	2	1			
新田次郎		1	1	1	1
水上 勉	1				
阿川弘之		2			
三浦綾子		1	1		
遠藤周作		1			
安部公房		4		1	
吉行淳之介	1	1			
三島由紀夫	3	2		1	
星 新一	1				
立原正秋	1	2		1	
北 杜夫	9	13	1		
田辺聖子	1	7		1	
野坂昭如		1			
三浦哲郎				1	
曽野綾子	1			1	
五木寛之	1				
渡辺淳一			1		
井上ひさし				1	
倉橋由美子	6	4		1	1
椎名 誠		3	2	3	
沢木耕太郎		2			
赤川次郎			1		
村上春樹	3	2			1
計 165	52	85	7	18	3

表9　ソンナ風ニ

ソンナ風ニ	思	動	静	して	省
森 鷗外		1			
夏目漱石	1	1			
島崎藤村	1				
有島武郎	1				
志賀直哉		1		1	
武者小路実篤	1				
谷崎潤一郎	8	2			
山本有三	6	1			
川端康成		1			
壷井 栄	2				
梶井基次郎	1	1			
小林秀雄	5	2			
竹山道雄	1				
山本周五郎	8				
堀 辰雄	4	9			
石川達三	1	1			
井上 靖	4	1			
新田次郎	3	1			
福永武彦	1				
水上 勉	2				
阿川弘之	1				
三浦綾子	3	3			
司馬遼太郎	1	1			
安部公房	2	6			
三島由紀夫		3			
立原正秋	6				
北 杜夫	7	6	1	1	
田辺聖子	1	2			
開高 健	1				
三浦哲郎	1			2	
曽野綾子	5	1			
五木寛之	3	2		1	
渡辺淳一	7				
倉橋由美子	3	2			
椎名 誠	4		1	2	
沢木耕太郎	1				
宮本 輝	4	1			
赤川次郎	2				
高野悦子		1			
村上春樹	4	6	1		
計 172	106	56	3	7	0

第5章　副詞的な機能から見た指示副詞の歴史的変化について　183

表10　アンナ風ニ

アンナ風ニ	思	動	静	して	省
谷崎潤一郎		2			
川端康成	1	1			
梶井基次郎		2			
林芙美子		1		1	
山本周五郎		1			
松本清張			1		
新田次郎		1			
阿川弘之		1			
三浦綾子	1				
安部公房		2			
吉行淳之介			1		
立原正秋		1			
北杜夫		3	1		
田辺聖子		1			1
三浦哲郎		1			
倉橋由美子		1			
椎名　誠	1				
宮本　輝		1			
計27	3	19	3	1	1

　ここで、上記の表を分かりやすくまとめたものを、以下の表11・12に示す。

表11　各時代における副詞的用法

| | コウイウ風ニ ||||| ソウイウ風ニ ||||| アアイウ風ニ |||||
	思	動	静	して	省	思	動	静	して	省	思	動	静	して	省
明治期	4	11	0	4	1	6	10	1	2	0	2	2	2	0	0
大正期	2	3	0	0	1	0	9	1	4	0	0	0	0	0	0
昭和期	0	8	0	0	0	3	11	1	1	0	0	3	0	0	0

表12　各時代における副詞的用法

	コンナ風ニ					ソンナ風ニ					アンナ風ニ				
	思	動	静	して	省	思	動	静	して	省	思	動	静	して	省
明治期	24	40	1	7	1	47	22	0	1	0	1	8	1	1	0
大正期	7	13	1	3	0	16	13	0	0	0	1	4	1	0	0
昭和期	21	32	5	8	2	43	21	3	6	0	1	7	1	0	1

　表に示すように、「コンナ(コウイウ)風ニ・ソンナ(ソウイウ)風ニ・アンナ(アアイウ)風ニ」は(「ソンナ風ニ」は「静」が見られないが)、これらの語が見いだされるようになる明治期から、ほぼ現代語と同じ用法をもっていたと考えられる。さらにこの調査から、明治から昭和を通して「コウイウ風ニ・ソウイウ風ニ・アアイウ風ニ」よりも、「コンナ風ニ・ソンナ風ニ・アンナ風ニ」の方が、静的状態の様子を表す用法に用いられていた傾向があることが分かる。これについては、資料の偏りによるものということも考えられる。今後、広範囲な資料の調査が必要である。

注
1　ただし、上代のサ系列「シカ」には修飾成分として働くものが見いだせる。この点においても中古の「サ」とは性質が異なる。
2　この古本説話集(第65)の同文的な同話である宇治拾遺物語(101、p.240)の同場面では、「まことあやしきことなれど、飛てきにければ」と「サ」はない。また虎明本狂言の例の「サウ」は「あそばす」という代動詞に係っており、他の修飾成分として働くサ系列・ソ系と同等に扱うことはできないと思われる。
3　三上(1955)『現代語法新説』(p.81)の「スル」「アル」に対する「代動詞」の呼称を用いた。また便宜上、「ナル」も同様に扱っておく。
4　本書では考察対象外であるが、「ソウシタ(サウシタ)N(Nは名詞)」の形で、「そのような種類のN、そのような属性のN」といった意味を表すものが近世に現れ始める。以下に例を示しておく。

（１）　かういへばどうやら拗ねていふに似たれども。微塵もさうした心もなし。
　　　　　　　　　　　　　　　　　　　　　　　　（近松浄瑠璃、重井筒、p.83）
5　「トサマカクサマ(カウサマ・カウザマ)」の例は中古にも見いだせる。
　　　（１）　「かの中将にも伝ふべけれど、言ふかひなきかごと負ひなん。とざまかうざまにつけて、はぐくまむに咎あるまじきを、そのあらむ乳母などにも異ざまに言ひなしてものせよかし」など語らひたまふ。
　　　　　　　　　　　　　　　　　　　　　　　　（源氏物語、夕顔１巻、p.187）
　　　　　（あれこれの筋からいって、私が育てるのに不都合はあるまい）
6　これについては、「様」の「サマ」と「ヤウ」の意味の違いが関係していることが考えられるが、本書ではこれ以上は扱わない。
7　「カクノゴト」については、「如し」の性質から和文では用いられなくなった可能性もある。これについては訓点資料等の調査が必要である。
8　中世前期においてソ系列「ソノヤウニ」は、延慶本平家物語の２例のみであるが、もう１例は静的状態の様子を表す用法である。
9　サ系列「サウシテ」については、さらに以下のような「サウサウシテ」等の例も見られる。
　　　（１）　QI. ともかうも御意に従へほととぎすと申すことがござる、心得まらした．さうさうして日数が重なれば、やうやう三月も半ば過ぎ、
　　　　　　　　　　　　　　　　　　　　　（天草版平家物語、巻第４第12、p.299）
10　ただし、現代語の「ソウ」とは相違する以下のような例も見られる。この「ソウ」は「食う」という動詞にかかって、程度・量の大きさを表していると考えられる。
　　　（１）　鮭の焼たので又六ぱいとお目にかけた。塩引ぢやア飯がすゝむよ。今も番頭に笑はれたが、さう食から骸が丈夫だ。　（浮世風呂、p.207）
11　中世前期のコ系列は以下の１例のみである。
　　　（１）　サレバ常ニハ詠ガチニテ、夜ノヲトゞニゾ入セ給ヘル。大殿此事聞召テ「心苦キ御事ニコソアレ。申ナグサメ進セム」トテ、御参内有テ、「此様ニ叡慮ニカゝラセ給ハゞ、何条御事カ候ベキ。件女房被召候ベシ（ト）覚候。」　　　　　（延慶本平家物語、第３本、p.575、再出）
12　また現代語の「コウ」には直接「ばかり・ほど」等の副助詞が付くことができない「*コウバカリ・*コウホド」等、古代語の「カク」と「コウ」には、様々な相違が見られる。
13　なお上代の「シカ」には、「シカ」のみで以下のように１例、程度を表しているのではないかと考えられる例がある。

（１）　高山と　海とこそば　山ながら　かくも現しく［如此毛現］海ながら
　　　　　　然直ならめ［然直有目］人は花ものそ　うつせみ世人
　　　　　　　　　　　　　　　　　　　　　　　　　　　（万葉集、巻13、3332）
　　　（山自体でこうもあざやかであり、海自体でああもちゃんとしている
　　　のだろう）

14　中世以降、この静的状態の様子を表す用法における例が少なくなる。これについ
　　ては、以下のように「コノヤウナ」という形で多く表されるようになったためと
　　推測されるが、断言はできない。
　　　（１）　それよ〳〵、此やうなかたじけない事はあるまひほどに
　　　　　　　　　　　　　　　　　　　　　（虎明本狂言、入間川、p.160）

15　中古においては、以下のように「カウヤウニ」がある程度見いだせることから、
　　中古でさえも、先に示したように上代と同じく「カク＋N(ヤウ)」という意識は
　　あったかも知れない。
　　　（１）　御年のほどよりはをかしうもあはすべきかなとただならず。かうやう
　　　　　　に、例に違へるわづらはしさに、かならず心かかる御癖にて、
　　　　　　　　　　　　　　　　　　　　　　（源氏物語、賢木2巻、p.92）
　　　（このように普通とちがって面倒な事情の女には）
　　　本書では、考察対象外とはなるが、上記のように上代・中古においては、「カ
　　ク(カウ)」は現代語の「コウ」とは大きく違い、連体修飾が可能であったと考え
　　る。

16　中世には「カウ」は、代動詞に係るものと、「申す」等の言語・思考・認識活動
　　の内容を表す用法、また動作・作用の様態を表す用法も現代語の「コウ」に近い
　　用法のものに偏っていく。
　　　（１）　それは忝なひ、さらはかうまいる　　　（虎明本狂言、地蔵舞、p.318）
　　　また「カク」については、中世後期には用例数も少なくなり、また使用にも既
　　に文語化の兆しを見せている。（虎明本狂言では、掛詞で見いだせるもの以外は
　　ほとんど見られない）
　　　（２）　（「かくすい」に「斯く漉く・鋤く」を掛ける）
　　　　　　はりまがみ、いかなる人のかくすいて、（中略）河内なる早田を人のか
　　　　　　くすいて　　　　　　　　　　　　　（虎明本狂言、かくすい、p.50）

17　中世後期には、「カバカリ」等のカク系列の程度を表す語はあまり見いだせなく
　　なり、コ系列「コレホド(ニ)」が多く用いられている。このことから、程度用法
　　においては、いち早くカク系列とコ系の勢力交替が起こったものと考えられる。
　　　（１）　一だんよひさけじや、是ほどよからふとはおもはなんだ
　　　　　　　　　　　　　　　　　　　　　（虎明本狂言、河原太郎、p.254）

18　ただし、カク系列の語は依然として用いられている。

第6章 程度・量の大きさを表す指示副詞について

1. はじめに

　現代・古代日本語の指示副詞には、以下に示すように、様々な程度・量の大きさを表す語がある。

（1）　南の島で見る天の川が、(あれほど／これほど)綺麗だとは思わなかったよ。
（2）　お父さん、そんなに何度も、同じ事言わないでよ！
（3）　かくばかり［如是許］雨の降らくに　ほととぎす　卯の花山に　なほか鳴くらむ　　　　　　　　　　　（万葉集、巻10、1963）
　　　（これほど雨が降るのに）

　古代語（上代・中古）と現代語の程度・量の大きさを表す指示副詞をまとめると、表1・2となる。

表1　古代語（上代・中古）の程度を表す指示副詞

カク系列	カ(ク)バカリ・カクノミ・カクモ・カクゾ等
サ系列	サバカリ・サシモ・サコソ・シカノミ等

表 2　現代語の程度を表す指示副詞

コ系	コウ・コンナニ・コレホド・コレダケ・コレクライ・コノクライ等
ソ系	ソウ・ソンナニ・ソレホド・ソレダケ・ソレクライ・ソノクライ等
ア系	アア・アンナニ・アレホド・アレダケ・アレクライ・アノクライ等

　程度を表す指示副詞については、井上(1992、現代語「コンナニ・ソンナニ・アンナニ」)、服部(1994、現代語「サホド・ソレホド」)、島田(2005、近代語「コンナニ」)等の優れた先行研究[2]がある。

　ただし、これらの研究は近現代の個別の指示副詞についての論考であり、程度・量の大きさを表す指示副詞の体系的な考察は未だなされていない。さらに、歴史的な研究については、ほとんど進んでいないのが現状である。

　以上から本章では、まず程度・量の大きさを表す指示副詞の意味・用法について確認をおこない、次に上代から近代までの各時代における、それぞれのタイプ(A類～F類)の意味・用法を分析し、歴史的変化を記述していく。

　そのためには、副助詞の程度用法の歴史的変化も視野に入れる必要がある。なぜならば、程度・量の大きさを表す指示副詞については、これらの語の変化が副助詞の歴史とも大きく関わっていることが予想されるためである。

　そこで最後に、程度・量の大きさを表す指示副詞と、それに関わる副助詞の歴史的変化についてもあわせ考察をおこなっていく。

2.　程度・量の大きさを表す指示副詞のタイプについて

　現代語の程度を表す指示副詞は、程度を表すシステムの違いから、以下の3タイプに分類することができる。

A類　　　「コウ・ソウ・アア」
D–1類　　「コンナニ・ソンナニ・アンナニ」
　　　　　(「コナイ(ニ)・ソナイ(ニ)・アナイ(ニ)」京阪方言)

D–2類　　指示詞＋副助詞のタイプ
　　　　　「コレホド・ソレホド・アレホド」
　　　　　「コレダケ・ソレダケ・アレダケ」
　　　　　「コレ(コノ)クライ・ソレ(ソノ)クライ・アレ(アノ)クライ」

　古代語(上代・中古)では、以下の程度・量の大きさを表す指示副詞が見られる。

E類　　　指示詞＋助詞のタイプ
　　　　　「カクゾ・カクモ」「シカゾ・シカモ」「サコソ」
F類　　　「ココダ・コキダク・ココバク・コキダ」
　　　　　「ソコバ・ソコラク・ソキラク」

　また、古代語ではD–2類(指示詞＋副助詞)として、「カクバカリ・サバカリ」等の語が見いだせる。

A類・D–1類について

　ここで、第2章および第5章で述べた、A類・D–1類に関する指摘を、以下［Ⅰ］［Ⅱ］［Ⅲ］にまとめておく。

［Ⅰ］　A類の「コウ・ソウ」(「アア」は近世から見いだせる)は歴史的に「カク→カウ→コウ」「サ→サウ→ソウ」と変化した語であると考えられるが、古代語(上代・中古)の「カク(カウ)・サ」は程度を表さなかったと考えられる。そして中世末期には、程度を表すものが僅かに見られるようになるが、まとまって見いだされるようになるのは近世以降である。

［Ⅱ］　D–1類「コンナニ・ソンナニ・アンナニ」は近世まで見いだすことはできない。

［Ⅲ］　現代語のA類・D–1類は、以下の(a)～(d)に係る場合に、それらが表す状態や性質の程度・量が大きいことを表す。

(a) 形容詞(形容動詞)や連用修飾語
(b) 金田一(1950)の第一種の状態動詞「(英語の会話が)できる」等や、第四種の動詞「似る」等
(c) 工藤(1995)の内的情態動詞「いらいらする」等
(d) 進展性を伴う主体変化動詞「広がる」等(佐野1998)や、その動作に量(時間量)がある動詞「寝る」等

以上のように本書ではこれまでA類・D–1類の歴史的変化について言及してきたが、D–2類の変化については触れてこなかった。それは、次のような理由がある。

(4)① A類「コウ(カウ)・ソウ(サウ)・アア」・D–1類「コンナニ・ソンナニ・アンナニ」は、その語(指示副詞)としての歴史的変化で考えられるが、D–2類「コレホド・ソレホド・アレホド」等に関しては、指示詞のみの問題ではなく、「クライ・ホド・ダケ」といった副助詞の歴史的変化とも関わっていることが予想される(これについてはE類も同様)。
② D–2類に関しては、程度・量を表していたと考えられるの例は上代から歴史を通じて見られる(E・F類は上代・中古)のに対し、A類・D–1類が近世以降である。

そこで本章では、歴史を通じて見いだせるD–2類(および古代語のE・F類)の変化を記述し、また副助詞の歴史的変化をあわせ考察することにより、古代語における程度・量の大きさを表す指示副詞を明らかにしていく。

なお、副助詞とは関わらないが、古代語(特に上代)において多く見られる「ココダ・ソコバ」等のF類についても考察対象とする。

3. 指示副詞の表す程度・量について

考察に入る前に、指示副詞が表す程度・量について確認しておく。古代・現代語の指示副詞は以下［A］〜［C］のような程度・量の大きさを表すことができる。

［A］状態・性質の程度

形容詞(形容動詞、現代語「大きい・静かだ」等)・連用修飾語(現代語「急に・しっかり」等)・動詞(現代語「似ている・曲がっている」等)の表す状態・性質の程度、また名詞(現代語「美人・料理」等)の表す性質の程度や量。

（5）形容詞・形容動詞の表す状態の程度

 a.　おほろかに　我れし思はば　かくばかり［如是許］難き御門を罷り出めやも　　　　　　　　　　　　（万葉集、巻11、2568）
  （これほど厳しい御門なのに抜け出してこようか）

 b.　お相撲さんって、直に見ると(こんなに／あんなに)大きいんだ。

（6）連用修飾語の表す状態の程度

 a.　ますらをと　思へる我れを　かくばかり［如此許］みつれにみつれ　片思をせむ　　　　　　　　　（万葉集、巻4、719）
  （これほど疲れに疲れて片思いすることか）

 b.　(そう／そんなに)急に用を言いつけられても困るよ。

（7）動詞の表す状態・性質の程度

 この用法における動詞は、金田一(1950)の第一種の状態動詞「(英語の会話が)できる・(このナイフはよく)切れる」等や第四種の動詞「すぐれる・ずばぬける」等、また工藤(1995)の内的情態動詞「いらいらする・心配する」等である。

a. さるは、わが心地にも、いと飽かぬ心地したまへど、猫の綱ゆるしつれば心にもあらずうち嘆かる。ましてさばかり心をしめたる衛門督は、胸ふとふたがりて　　　（源氏物語、若菜上4巻、p.142）
（あれほど宮に心を奪われている衛門督は、胸がいっぱいになって）

b. 昨日、山田君とお父さんに偶然会ったけど(ああ／あれほど)似ている親子は珍しいね。

（8）　名詞の表す性質の程度や量

　　指示副詞「コレダケ／ソレダケ／アレダケ」等＋助詞「ノ」＋名詞（句）で、名詞（句）の指示対象がもつ性質の程度や量を表す。

a. 忍びたれど、さばかりの御勢ひなれば、わたりたまふ儀式など、いと響きことなり。　　　　　　　（源氏物語、若菜上4巻、p.55）
（あれほどの御威勢であるから、ご訪問の儀式などは実にたいそう盛大である）

b. (これくらい／あれくらい)の美人なら、いくらでもいる。

[B] 動作・作用の結果状態の程度

「広がる・(日が)暮れる」等の動詞[3]に係り、その動詞の表す変化の度合い(変化前と変化後の状態差)や漸次的に累加される変化状態の程度を表す。

（9）a. 三笠山　野辺ゆ行く道　こきだくも［己伎太久母］荒れにけるかも久にあらなくに　　　　　　　　　　　　　　　（万葉集、巻2、234）
（三笠山の野辺を行く道は、これほどまでも荒れてしまったのか、時も経たないのに）

b. ゲリラの占領地区が(ああ／あれほど)広がると、もはや国内を移動するのは不可能だね。

[C] 動作・作用の量

動詞「食べる・走る」等や連用修飾語「何度も」等に係り、それらの表す

動作・作用に関わる量を表す。(A 類「コウ・ソウ・アア」は連用修飾語に係り動作・作用の量を表せるが(10c)、金水・木村・田窪(1989)で指摘されるように動詞に係り、動作・作用の量を表すことはできない(10b))

(10) a. 玉の枝も返しつ。竹取の翁、<u>さばかり</u>語らひつるが、さすがに覚えて眠りをり。　　　　　　　　　　　　　　(竹取物語、p.40)
　　　　(あんなに語り合っていたのに)
　　b. <u>(それだけ／そんなに／*そう)</u>食べても、まだ食べ足りないの？
　　c. <u>(あれだけ／あれほど／ああ)</u>何度も注意したのに、彼はまた失敗した。

　さらに指示副詞は以下のように、表す程度の傾向「高程度・大きい量」「同程度・同量」によっても分類することができる。

高程度	A 類	「コウ・ソウ・アア」
(および大きい量)	D–1 類	「コンナニ・ソンナニ・アンナニ」
(および大きい量)	D–2 類	「コレホド・ソレホド・アレホド」
		「コレダケ・ソレダケ・アレダケ」
同程度・同量	D–2 類	「コレクライ・ソレクライ・アレクライ」
		「コノクライ・ソノクライ・アノクライ」

　また、金水・木村・田窪(1989)で指摘するように、文脈によっては「コレダケ・ソレダケ・アレダケ」は「限られた・少ない」等の意味も表す(「コレッポッチ・ソレッポッチ・アレッポッチ」に置き換えることができる)。

(11)　<u>(これだけ／これっぽっち)</u>の収入で一家 6 人を養っていくのは並大抵のことではない。　　　　　　　(金水・木村・田窪 1989: p.93)

　なお、「限られた・少ない」等の意味を表す「コレッポッチ・ソレッポッ

チ・アレッポッチ」[4]、また「コノ程度・ソノ程度・アノ程度」については考察対象外とする。

D–2 類について

次に、古代語から現代語まで通じて見いだせる D–2 類について、これらの語がどのように程度・量を表しているのか、確認しておきたい。

現代語の D–2 類である「コレホド・ソレホド・アレホド」「コレ(コノ)クライ・ソレ(ソノ)クライ・アレ(アノ)クライ」「コレダケ・ソレダケ・アレダケ」は、すべて指示詞「コレ(コノ)・ソレ(ソノ)・アレ(アノ)」＋副助詞[5]という構造をもつ指示副詞である。そして、これら D–2 類の指示副詞は、副助詞「ホド・クライ・ダケ」によって程度を表していると考えられる[6]。では実際に、どのように程度を表しているのであろうか。

これについては、江口(2002)で提出された「副詞の関係節化」[7]に注目したい。江口(2002)は、程度に関する副詞は「程度」という名詞によって関係節化できる場合があると指摘する。

(12) ［太郎が驚いた］程度　←　太郎はひどく驚いた　　(江口 2002: p.14)

江口(2002)では上記に示すような、関係節化された副詞における名詞「程度」はスケールのみを表し、この名詞に修飾部(例 12 ［太郎が驚いた］)が付加されることにより特定の値が求められているとする。

そこで、同様に D–2 類の指示副詞は(13)に示すように、スケールを表す形式名詞「ホド・クライ・ダケ」に、値を指定する要素である修飾部(例 13 ［注文が入る］という事態)が、指示詞「コレ・ソレ・アレ」で示された構造をもつものと考える。

(13) 自分の作品が**これほど**売れているのに、依然として私は貧乏だ。
　　　　　　　　↑
（名詞修飾部を指示詞「コレ・ソレ・アレ」で示す）
　　　[注文が入る] ホド
　　　　　　↑
　　注文が**かなり**入る。

　なお、丹羽(1992)では、現代語「ホド・ダケ」は高低程度を表す場合は、「ホド」が高程度を表し「ダケ」は限定的程度を表すとされる。確かに、D–2類の「コレホド・ソレホド・アレホド」が高程度、「コレダケ・ソレダケ・アレダケ」が文脈によっては限られた程度を表す傾向を見せるのは、この性質に関係するものと考えられる。

(14) 〈高程度〉
　　（これほど／これだけ）の料理はなかなか食べられない。
(15) 〈限定的程度〉
　　（*これほど／これだけ）の給料では、貯金なんてとても無理だ。

4. 程度・量の大きさを表す指示副詞の歴史的変化について

　次に古代語（上代・中古）における指示副詞の程度用法について考察する。

表3　上代における程度・量の大きさを表す指示副詞

系列	D–2類	E類	系列	F類
カ	カクバカリ・カクノミ・カクダニ	カクゾ カクモ	コ	ココダ・ココダク ココバク・コキダ
サ	シカノミ（シカバカリ[8]）	シカゾ シカモ	ソ	ソコバ・ソコラク ソキラク

表4　中古における程度・量の大きさを表す指示副詞

系列	D–2類	E類
カ	カ(ク)バカリ・カクノミ・カクシモ	カウコソ・カクモ
サ	サバカリ・サシモ	サコソ

　表3・表4に示すように古代語（上代・中古）の程度・量の大きさを表す指示副詞は、上代ではD–2類・E類・F類の3類が存在し、そして中古になるとF類が衰退し、D–2類とE類の2類となる。

　また、詳しくは後で述べるが、中世以降にはE類も次第に衰退し、そしてD–2類は現代語へとつながっていく。

　では、各時代における程度・量の大きさを表す指示副詞について考察していく。

4.1　上代

4.1.1　D–2類について

　上代の万葉集においてD–2類は「カクバカリ」24例、「カクノミ」15例、「シカノミ」1例、また「カクダニ」5例が見いだせる。

　なお、本章3節で指摘したように現代語のD–2類を構成する副助詞「ホド・クライ・ダケ」はすべて、スケールを表す形式名詞として機能し、程度を表していると考えられるが（古代語では「バカリ」がこのタイプ。「バカリ」は現代語の「ホド」等と同様に形式名詞相当）、それに対し、古代語（上代・中古）の「カクノミ・サノミ・カクダニ」の「ノミ・ダニ」は限定・極限のとりたてとして働くことにより程度を表していたと考えられる。これについては、以下で考察する。

上代の「カクバカリ」

　まず、D–2類の中で最も多く例が見いだせる「カクバカリ」について述べていく。

　副助詞「バカリ」について小柳（2003）は、上代の「バカリ」は程度と概

数量[9]を表す形式名詞であるとする。

しかし、上代の「バカリ」が現代語「ホド」と近い機能(スケールを表す形式名詞)であったとしても、「バカリ」の修飾部は連用修飾成分「カク」、また「ホド」の修飾部は体言相当の「コレ・ソレ・アレ」であることを考えると、現代語のD-2類と同じ構造は仮定しにくい。

ただし、上代の「カク」には「かくのごと［可久乃其等］」(万葉集、巻20、4304)のように、体言相当として働いているものも見いだせることから、(16)に示すような現代語のD-2類と同様の構造である可能性もある[10]。

(16) かくばかり［如是許］恋ひむものそと　知らませば

(万葉集、巻12、2867)

　　　　↑

　　［他のことが考えられない］バカリ(現代語：ホド)

　　　　　↑

　　他のことがまったく考えられない。

上代の「カクバカリ」は(16)のような内的情態動詞「恋ふ」に係るものが最も多く(24例中13例「恋ふ」、他の内的情態動詞は「思ふ」「心を尽くす」が各1例)、その他は動詞(句)「見えずしある(17c)」1例、「(雨・雪が)降る(17b)」2例、また連用修飾語「みつれにみつれ(6a)」等が2例[11]、形容詞「すべなし(17a)」等が4例である。

(17)a. 〈形容詞〉

(前略)来立ち呼ばひぬ　かくばかり［可久婆可里］すべなきものか世の中の道

(万葉集、巻5、892)

(こんなにも辛いものか世の中の道理というものは)

b. 〈動詞〉

打ち羽振き　鶏は鳴くとも　<u>かくばかり</u>［如此許］降り敷く雪に
君いまさめやも　　　　　　　　　　　　（万葉集、巻19、4233）
（これほど降り敷く雪に）

c. 〈動詞〉

夢にだに　見えばこそあれ　<u>かくばかり</u>［如此許］見えずしあるは
恋ひて死ねとか　　　　　　　　　　　　（万葉集、巻4、749）
（こんなに見えないでいるのは、恋い死ねということですか）

このように上代の「カクバカリ」は、動作や変化を表す動詞に係るものはほとんど見られず、主に状態の程度(特に精神的な状態の程度)を表しているといえる。それに対し、後で述べるがF類「ココバ・コキダ」等は様々な程度・量を表しており、上代において程度・量の大きさを表す指示副詞はF類が中心であったと予測される。

なお、上代の「カクバカリ」は現在の調査では、動詞・形容詞に係り高程度・大きい量を表すもののみである（中古になると同程度・限られた程度を表す例が、見いだせるようになる）。

上代の「カクノミ」「シカノミ」

小柳(2003)では、上代の副助詞「ノミ」は低程度と限定を表し、以下の(18a)「シカノミ」が低程度、(18b)「カクノミ」が唯一の事態を限定する用法であるとする。

(18) a. 庭に降る　雪は千重敷く　<u>然のみに</u>［思加乃未尓］思ひて君を　我
が待たなくに　　　　　　　　　　　　（万葉集、巻17、3960）
（庭に降る雪は千重に積もっている。その程度に浅く思って、あなたのことを私は待つのではないのだよ）

b. 相見ずは　恋ひざらましを　妹を見て　もとな<u>かくのみ</u>［本名如此耳］恋ひばいかにせむ　　　　　　　　（万葉集、巻4、586）
（逢わなかったら恋することもなかっただろうに。あなたを見て、むやみにこんなに恋してばかりいたら、どうしようもなくなる）（以上の現代語訳は、小柳2003より）

　ただし、小柳（2003）で「ノミ」の限定の機能は、集合から或る要素を一つだけとりたてるものであり、また「ノミ」が表す事態は、何らかの意味で複数性が認められる場合が多いとするように、「ノミ」の限定は量性をもつ。
　これについては丹羽（1992）でも、現代語の「バカリ」は複数性をもち、さらに以下では複数に留まらず連続量を表しているとする。

(19)　雨<u>ばかり</u>降っている。　　　　　　　　　　　（丹羽1992: p.96）

　上代の「カクノミ」についても、以下(20)「どうして君（梅）は、こうして見ていてばかりいても飽かないのだろう」という唯一の事態の連続性が、「これほど見ても飽きないのだろうか」として解釈されるものと考える。

(20)　梅の花　み山としみに　ありともや　<u>かくのみ</u>君は［如此乃未君波］
　　　見れど飽かにせむ　　　　　　　　　　　　（万葉集、巻17、3902）

　なお、ここで確認しておくが、上記の「カクノミ」は解釈の結果、程度・量の大きさを表すのであって、「ノミ」の用法はあくまでも「（唯一事態の）限定」である。
　また、上代の「カクノミ」には、上記のような唯一事態の連続性から量を表すものだけではなく、(21)の「ただ〜だけ」のように、単なる限定を表すものも見られる（程度に解釈できるもの15例、単なる限定17例）。

(21) 世の中し　常かくのみと［常如此耳跡］かつ知れど　痛き心は　忍び
　　　かねつも　　　　　　　　　　　　　　　　（万葉集、巻 3、472）
　　　（世の中とは、いつもこれだけのものだと知っているが）

上代の「カクダニ」

　「カクダニ」は、形容詞「(国の)遠かば」(万葉集、巻 14、3383) 1 例、内的状態動詞「(我れは)祈ひなむ」(万葉集、巻 3、379) 等に係るもの 3 例、動詞「(妹を)待ちなむ」(万葉集、巻 11、2820) 1 例、計 5 例見いだせる。

(22)　かくだにも［如是谷裳］我れは恋ひなむ　玉梓の　君が使を　待ちや
　　　かねてむ　　　　　　　　　　　　　　　　（万葉集、巻 11、2548）
　　　（こんなにも私は恋慕っている）

　古代語の「ダニ」について、高山(2003)は「極限」のとりたてであるとしている。「極限」のとりたてとは、菊池(2003: p.87)において「極限的なことである」「普通期待されることを離れている」という意味を表すとされ、「カクダニ」も「カク」で指示する事態が、期待または予想された程度以上であることを表していると考えられる。「ダニ」については、筆者はこれ以上述べる用意がなく、今後の課題としておきたい。

4.1.2　E 類について

　指示副詞「カク・シカ(中古以降はサ)」が指示する事態を、係助詞「モ」「ゾ」(中古以降「コソ」)により強調(特立[12])させることで程度を表していたと考えられる[13]。

　ただし、係助詞「モ」「ゾ」「コソ」の機能はそれぞれ相違するものであり、またこれらについては係り結びの歴史的変化も視野に入れねばならず、今後さらに検討する必要がある。

　なお万葉集中には、5 例(「カクモ・カクゾ」「シカモ・シカゾ」[14])しか見いだせず、D-2 類・F 類に比べ用例数は少ない。

(23) 我がやどの　萩の下葉は　秋風も　いまだ吹かねば　かくそもみてる
　　　［加此曽毛美照］　　　　　　　　　　　（万葉集、巻8、1628)
　　　(秋風もまだ吹かないのに、こんなにも色づいている)
(24) 高山と　海とこそば　山ながら　かくも現しく［如此毛現］(後略)
　　　　　　　　　　　　　　　　　　　　　　（万葉集、巻13、3332)
　　　(山自体でこうも鮮やかであり)
(25) 風吹けば　白波騒ぎ　潮干れば　玉藻刈りつつ　神代より　然そ貴き
　　　［然曽尊吉］玉津島山　　　　　　　　　（万葉集、巻6、917)
　　　(こうも貴い沖の玉津島は)
(26) 三輪山を　然も隠すか［然毛隠賀］　雲だにも　心あらなも　隠さふ
　　　べしや　　　　　　　　　　　　　　　　（万葉集、巻1、18)
　　　(三輪山をそうも隠すことか)

なお現代語においても、指示副詞「コウ・ソウ・アア」＋係助詞「モ」等で程度を表すものが見られるが、現代語では「コウ・ソウ・アア」のみで程度を表すことができるため、(27)は係助詞の機能によるものではない。

(27) 財布を落とした上に道に迷った時には、俺はなぜ(こうも／こう)運が
　　　悪いのかと思ったよ。

4.1.3　F類について

上代を中心に、コ・ソ系列「ココダク・ココダ・ソコバ」等のF類の程度・量の大きさを表す指示副詞が見いだせる[15]。

(28) a.　〈内的情態動詞〉
　　　思へども　験もなしと　知るものを　なにかここだく［奈何幾許］我
　　　が恋ひ渡る　　　　　　　　　　　　　　（万葉集、巻4、658)
　　　(なんでこんなに私は恋つづけるのであろう)

b. 〈形容詞〉

海山も　隔たらなくに　なにしかも　目言をだにも　<u>ここだ乏しき</u>［幾許乏寸］　　　　　　　　　　　　（万葉集、巻4、689）

（海山も隔たっている訳ではないのに、何でまたお逢いすることだけでも、こんなに少ないのでしょうか）

c. 〈連用修飾語〉

いでなにか　<u>ここだ甚だ</u>［極太甚］利心の　失するまで思ふ　恋故にこそ　　　　　　　　　　　　　（万葉集、巻11、2400）

（これほどひどく精神の消え失せるほどに思うのか）

(29) 〈形容詞〉

咲ける盛りに　秋の葉の　にほへる時に　出で立ちて　振り放け見れば神からや　<u>そこば貴き</u>［曽許婆多敷刀伎］山からや　見が欲しからむ　統め神の（後略）　　　　　　　　（万葉集、巻17、3985）

（(二上山は)ああも貴い）

そこで、F類「ココダ」等の指示副詞の被修飾語（句）を、表5にまとめる。

第6章　程度・量の大きさを表す指示副詞について　203

表5　F類の被修飾語(句)について

	内的情態動詞	状態を表す動詞(句)	形容詞	連用修飾語	その他動詞	計
コキダク				1	1	2
コキバク			1			1
ココダ	5		6	1	5	17
ココダク	7	1	2	3	5	18
ココバ		1	1			2
ココバク			1			1
ソコバ	1		1			2
ソコラク					1	1
ソキダク			1			1
	13	2	13	5	12	45

注：その他の動詞は「散る・照る・さわぐ・まがふ・荒る・咲く・とどむ・待つ・聞く・もる」、状態を表す動詞(句)は「おもふごとならぬ・寝らえぬ」である。

　先にも述べたようにF類はD–2類と違い、「散る・照る・咲く・聞く・さわぐ・待つ」等の様々な動詞(表5：その他動詞)に係り、その動詞の表す程度・量の大きさを表すものが見られる。

　以上のようにF類はD–2類・E類に比べ、被修飾語(句)のバリエーションもあり、用例に関しても45例と多いことから、上代ではF類が当用法において中心であったものと考えられる(奈良時代以前から用いられた指示副詞であると推測される)。

　そして、中古になるとF類は「ソコバク」3例(源氏物語1、更級日記1、伊勢物語1例。ただし、表5に示すように「ソコバク」は上代に確例はない)しか見いだせなくなる[16]。

(30) かゝる事なむありし。来年の司召などは、今年この山に、そこばくの神〲集まりて、ない給(ふ)なりけりと見給へし。

(更級日記、p.488)

(「いく柱かの神」と「多くの神」の二つの解釈が可能)

このように上代で活発に用いられていたF類は、中古には衰退したものと考えられる(次節で述べるが、D–2類・E類が中心となる)。

4.2　中古

中古では、F類の指示副詞がほとんど見られなくなり、D–2類の「カ(ク)バカリ」と、上代では見いだせなかったサ系列「サバカリ」が、主として用いられるようになる。

また中古にはサ系列「サコソ」等が現れ、上代ではあまり活発ではなかったE類が、ある程度まとまって見いだせるようになる。

では、D–2類・E類について、それぞれ見てみよう。

4.2.1　D–2類について

上代から引き続き「カクバカリ(「カクバカリ」は「カバカリ」へ)・カクノミ」、また「カク(・サ)」+「シモ」という新しい語も見いだせるようになる。そして中古からサ系列「サ」が現れることにより、「カク」のみでなく「サ」+「バカリ」等が見られるようになり、さらに「カバカリ」は意味・用法も広がっていることが確認できる。

中古の「カ(ク)バカリ」「サバカリ」

「カクバカリ」は、中古では「カバカリ」(僅かに「カクバカリ」も見いだせる)となり、上代では高程度のみであったが、中古には同程度・限られた程度も表すものが見いだせるようになる。

さらに上代では見られなかった、「カバカリ(サバカリ)」+助詞「ノ」+名詞という、名詞に係る例も見いだせるようになる。

(31) 〈高程度〉
 a. 御なやみにことつけて、さもやなしたてまつりてまし、など思しよれど、また、いとあたらしう、あはれに、<u>かばかり</u>遠き生ひ先を、しかやつさんことも心苦しければ
          （源氏物語、柏木 4 巻、p.302）
 （これほど末長い御髪の生い先を）
 b. さもかからぬ隈なき御心かな、<u>さばかり</u>いはけなげなりしけはひをと、まほならねども見しほどを思ひやるもをかし。
          （源氏物語、若紫 1 巻、p.229）
 （あれほど幼げな様子だったのに）

(32) 〈同程度〉
 a. かく年経ぬる睦ましさに、<u>かばかり</u>見たてまつるや、何の疎ましかるべきぞ   （源氏物語、胡蝶 3 巻、p.188）
 （これくらいお近づき申したところで）

「カバカリ・サバカリ」＋助詞「ノ」＋名詞
(33) 〈限られた程度〉
 またここに御物語の程に、明け方近うなりにけり。「短の夜のほどや。<u>かばかり</u>の対面も、またはえしもやと思ふこそ。」
          （源氏物語、須磨 2 巻、p.175）
 （この程度の対面も、もう二度とできないのかと思うと）

(34) 〈同程度〉
 わが身ながらも、<u>さばかり</u>の人に心分けたまふべくはおぼえぬものを
          （源氏物語、若菜下 4 巻、p.255）
 （(源氏は)あれくらいの男(柏木)に、宮が心をお割きになろうとは思われないのに）

中古の「カクシモ」「サシモ」

　「シモ」は助詞「シ」に係助詞「モ」が重なってできた複合助詞であるが、小林(1969)に従い副助詞に分類する。副助詞「シモ」に関しては上代から例が見いだせるが、指示副詞「カク(カウ)シモ」「サシモ」は中古から見られるようになる。

(35) a.　あまりいとゆるしなく疑ひはべりしもうるさくて、かく数ならぬ身を見もはなたで、などかくしも思ふらむと、心苦しきをりをりはべりて　　　　　　　　　　　　　　（源氏物語、帚木1巻、p.71）
　　　　（何だってこれほどまでに思ってくれるのだろうと）

　　b.　いみじうあだめいたる心ざまにて、そなたには重からぬあるを、かうさだ過ぐるまでなどさしも乱るらむ、といぶかしくおぼえたまひければ　　　　　　　　　　　　（源氏物語、紅葉賀1巻、p.336）
　　　　（こんなにいい年になるまで、なぜああもふしだらなのかと）

　ただし、「シモ」はD–2類における「バカリ・ノミ」等のような程度・限定といった意味は表さず、小林(1969: p.493)で「強く指し示す意」とされるように[17]、次のE類と程度の表し方は近く、E類に分類すべきかもしれない。

4.2.2　E類について

　中古の新しい変化としては、サ系列「サ」の出現とともに「サ」＋「コソ」（また「カク(カウ)」＋「コソ」）で、程度を表すものが見いだせる。

(36)　まづ一夜まいる。菊のこくうすき八(つ)ばかりに、こき掻練をうへに着たり。さこそ物語にのみ心を入れて、それを見るよりほかに行き通ふるい、親族などだにことになく　　　　　　（更級日記、p.511）
　　（あれほど物語ばかりに熱中して）

また、上代から引き続き「カクゾ・カクモ」が見いだせる。

(37)　からころも君が心のつらければたもとはかくぞそぼちつつのみ
　　　　　　　　　　　　　　　　　　　（源氏物語、末摘花 1 巻、p.299）
　　　（あなたの冷たいお心が恨めしく思われますので、私の袂はこんなにも濡れどおしでございます）

(38)　そのあまり、忍び忍び帝の御妻をさへ過ちたまひて、かくも騒がれたまふなる人は、まさにかくあやしき山がつを、心とどめたまひてむや」と言ふ。　　　　　　　（源氏物語、須磨 2 巻、p.210）
　　　（帝の御妻とさえ間違いを犯されて、世間でこんなに騒がれていらっしゃる人）

　ただし、指示副詞「カク(カウ)コソ」「サコソ」等は、常に程度を表すわけではない。以下の例に示すように(39b)は程度を表すが、(39a)は程度を表していない。これについては、文脈によるものと考えられるが、さらに考察が必要である。

(39)a.　入りたまひて、女君に花見せたてまつりたまふ。「花といはば、かくこそ匂はまほしけれな。」　　　　（源氏物語、若菜上 4 巻、p.71）
　　　（花というからには、このようなにおいが欲しいものですね）
　　b.　御文ももろともに見て、心の中に、あはれ、かうこそ思ひの外にめでたき宿世はありけれ、うきものはわが身こそありけれ、と思ひつづけらるれど　　　　　　　（源氏物語、澪標 2 巻、p.295）
　　　（ああ、こんなにも思いがけない幸運が世の中にはあるものだった）

4.3　中世以降

　中世以降は引き続き D–2 類と E 類が見られるが、E 類は慣用表現化し、次第に衰退していく。
　まず D–2 類について、中古に非常に多く見られた「カバカリ・サバカリ」

は中世前期以降衰退し[18]、新しくコ・ソ・ア系列の指示副詞である「コレホド・ソレホド・アレホド」[19]が中世前期から見られるようになり、中世後期以降勢力を伸ばしていく。

　また、中世にはカク・サ系列に属すると考えられる「カホド[20]・サホド」も、僅かではあるが見いだせる。

(40) a. あはれ、人の子をばもつまじかりける物かな。我子の縁にむすぼれざらむには、是ほど心をばくだかじ物を」とて出られけり。

(平家物語、巻2小将乞請、p.167)

(娘の因縁に束縛されないとなれば、これほど心を砕かないものを)

b. 仲綱を呼うで、たとひ金をまるめた馬なりとも、それほどに人のこはうずるに惜しむことがあらうか？

(天草版平家物語、巻第2第3、p.116)

c. いくらもなみ居たる人々、「あなおそろし。入道のあれ程いかり給へるに、ち(ッ)とも恐れず、返事うちしてたゝる事よ」

(平家物語、巻3法印問答、p.254)

(41) 　いで〰さらは、うたひまひて、こうばい殿をすゞしめん、〰かほどめでたきやうがうに、あふこそ我らもうれしけれと、

(虎明本狂言、はちたゝき、p.142)

　そこで、中世末期の資料である天草版平家物語(天草版)と大蔵虎明本狂言(虎明本)における程度・量の大きさを表す指示副詞を、表6にまとめておく。

表6　中世末期の程度・量の大きさを表す指示副詞

	コ・ソ・ア系列			カク・サ系列				
	コレホド	ソレホド	アレホド	カホド	サホド	サシモ	サノミ	サバカリ
天草版	24	2	2	0	1	16	4	4
虎明本	62	38	13	2	0	1	8	3

また、「コノクライ・ソノクライ・アノクライ」は近世後期、また「コレダケ・ソレダケ・アレダケ」については近代以降に例が見いだせるようになる。

(42) a. ハイわしが鈍な者でも此くらゐの事は能ふしつておりまするコレ此嶋の七五三をばこちらの方からよめば三五七といふ事
　　　　　　　　　　　　　　　　　　　　　　　（洒落本、南遊記、p.179）
　　 b. ナンノマアそんな事が有ものて我等は館へ直戻りでさやうな事はしらんでエス知らんもすさましい大虚(そのくらゐの)事を私が聞出さいでわいな寝た間も忘れぬ　　　　　　　（洒落本、南遊記、p.173）
　　 c. ［綾］私も前廉読ましたが見かけてから下に得置ず終夜よみました［宗］十七回めから間違出し後が一向妙じや王元美ならずは迚あの位の妙文は書けぬテ　　　　　（洒落本、昇平楽、p.67）
(43) 旦那「あ　ちょっと　番頭まってや。　えらい　これは変わって　面白いな。　わしも　これだけ極道してるけど、電話で散財ちゅのは　初めや。」　　　（落語SP、電話の散財、p.117）

また「コレダケ」は、高程度を表すもの(43)と同時に、限られた・少ない程度を表す例(44)も見いだすことができる。

(44) 旦那「何程暑いもんか。まるきり　熱かったかて　これだけのもん。石川五右衛門(を)見てみい。煮え油の中へ　放り込まれて」
　　　　　　　　　　　　　　　　　（落語SP、やいと丁稚、p.159）

次に E 類については中世以降、以下(45)のような例も見いだせるが、(46)「サコソ」(現代語訳「さぞかし」)のように慣用的な表現へと偏り始め、次第に衰退していく。

(45) 兵衛佐はかうこそゆゝしくおはしけるに、木曽の左馬頭、都の守護してありけるが、たちゐの振舞の無骨さ、物いふ詞つゞきのかたくなゝることかぎりなし。　　　　　　　　（平家物語、巻8 猫間、p.139）
（兵衛佐はこれほど立派であるのに）

(46) 武士の下部共に衣裳皆はぎとられ、ま（ッ）ぱだかでたゝれたり。十一月十九日のあしたなれば、河原の風さこそすさまじかりけめ
　　　　　　　　　　　　　　　（平家物語、巻8 鼓判官、p.156）
（河原の風はさぞかし冷たく身にしみたことだろう）

　以上のように、中古にはF類、また中世以降にはE類が衰退することにより、D–2類のみとなる（そして、現代語に見られるD–2類へとつながっていく）。

5. 副助詞の歴史的変化との関連性について

　最後に、D–2類と副助詞の歴史的変化の関連性について検討しておきたい。
　古代・現代語ともにD–2類は、副助詞により程度を表すものであることから、D–2類の歴史的変化は副助詞の歴史的変化と深く関係がある（D–2類が影響を受けてきた）ことが予測される[21]。

　そこでまず、先行研究における副助詞の歴史的用法・変化について、以下にまとめる。

「バカリ・ノミ・ダケ」の歴史的用法・変化について（小柳2003：中古以前、宮地2003：中世以降）

(A)　上代の「バカリ」はとりたて以前の形式名詞であり、程度を表していた。また「ノミ」は、事物と事態の「限定」（および低程度・小時間量

をおこなっていた。
(B) 中古になると「バカリ」が事物の限定を獲得し、「ノミ」は事物の限定を失い事態の限定のみとなる。そして中世末期に「バカリ」は、事態の限定を獲得し(事物・事態の限定を一手に担う)程度用法を失う。また「ノミ」は文章語として固定していく。
(C) 「ダケ」は中世では、未だ「長さ」を表す名詞としての用法しかもたず、近世後期に「分限」(「分(量)」「〜という立場・分際」)を表す用法をもつようになり、近世末期上方で事物の限定用法を獲得する。

「ホド」「クライ」の歴史的用法・変化について(阪田 1969：ホド、倉持 1969：クライ、李 1993：クライ)

「ホド・クライ」については先行研究があまりなく、明らかとなっていないことが多い。

(D) 「ホド」は、中古には形式名詞化し、中世以降には体言に自由に接続するようになった　　　　　　　　　　　　　(阪田 1969)。
(E) 「クライ」は、近世以降に副助詞化した　　(倉持 1969、李 1993)。

そこで、先行研究で指摘される副助詞、および本書で明らかとした D–2 類の歴史的変化を、以下の図1・図2にまとめる。

	上代	中古	中世	近世	近代
程度	バカリ───────────────────				
			(ホド)────────────		
				(クライ)────	
限定（事物）	ノミ────				
		バカリ──────────────			
					ダケ────
（事態）	ノミ────				
				バカリ────────	
分限					ダケ────

図1　副助詞の歴史的変化

	上代	中古	中世	近世	近代
D-2	カクバカリ──────────────				
	（カクノミ　──────）				
			コレホド（カホド）──────────		
				コレクライ────	
					コレダケ────

図2　D-2の歴史的変化

　上記の図1と図2を見比べてみると、明らかに副助詞とD-2類の歴史的変化は関連性があることが分かる。そこで、両者の変化をあわせ以下にまとめる。

副助詞とD-2類との歴史的変化の関連性について
　上記の(A)〜(E)の副助詞と、これまで考察した指示副詞D-2類の歴史的変化をあわせ分析したものを、(α)〜(γ)にまとめる。

(α)　上代「カクバカリ」(中古「サバカリ」)はスケールを表す形式名詞「バカリ」により(また「カクノミ」は「ノミ」の限定により)程度を表していた(A)。そして中世には「バカリ」は限定を表す(とりたて)助詞化し、また「ノミ」は文章語としての固定したために(B)、「カ(ク)

バカリ・サバカリ」「カクノミ」は中世以降形骸化し、次第に衰退した。

(β) 「カバカリ・サバカリ」が衰退した頃、スケールを表す形式名詞「ホド」(D)により、程度を表す「コレホド・ソレホド・アレホド」が用いられ始めた。これについては、副助詞の変化の影響だけではなく、指示副詞がカク・サ系列からコ・ソ・ア系列へと移っていく流れも影響を与えたことが予想される。

(γ) さらに近世には新しく形式名詞「クライ」(E)により、「コノクライ・ソノクライ・アノクライ」が、また近代には「分限・分(量)」を表す「ダケ(タケ)」(C)により、「コレダケ・ソレダケ・アレダケ」が用いられるようになった。

　上記は、あくまでも仮説の段階であり、今後さらに調査資料を広げ考察する必要があると考えられる。

6. まとめ

　これまで本章で明らかとした、上代から近代までの程度を表す指示副詞D–2類・E類・F類及び、先に指摘したA類「コウ・ソウ・アア」・D–1類「コンナニ・ソンナニ・アンナニ」の歴史的変化をあわせると図3のようになる。

	上代	中古	中世	近世	近代	現代
D–2	────────────────────────
E	────────────────‥‥‥‥
F	───────
A	────────────
D–1	───────────

図3　程度・量の大きさを表す指示副詞の歴史的変化

上代では D–2 類・E 類・F 類(F 類が中心)であった程度・量の大きさを表す指示副詞は、中古では D–2 類・E 類となり、中世以降 E 類が衰退することにより、D–2 類のみとなる(そして現代語へとつながる)。また中世末期には A 類が加わり、そして近世には D–1 類が新しく現れる。

　このように E 類が衰退し、D–2 類のみになる時期が中世末期〜近世であることと、A 類「コウ・ソウ・アア」、および D–1 類「コンナニ・ソンナニ・アンナニ」が発生する時期が同じ中世末期〜近世であったことは、無関係ではないと考えられる。

　以上、本章の考察により上代から近代までの指示副詞による程度・量の大きさを表す用法の全体像および体系的な変化を示せたのではないだろうか。今後は、さらに各語について詳細な分析が必要であろう。

注

1　表には示していないが上代を中心に、コ・ソ系列「ココバ・ココダク・ソコバ」等が見いだせる。本章では、これらの語を F 類として扱う。
2　その他に林(1999、現代語「コンナニ・ソンナニ・アンナニ」)、また程度を表す指示副詞のみを扱ったものではないが小柳(2003 等・古代語「ノミ・バカリ」)がある。
3　これらの動詞は、佐野(1998)の指摘する進展性を伴う主体変化動詞である。
4　「コレッポッチ・ソレッポッチ・アレッポッチ」は、「コレ・ソレ・アレ」＋「ポチ(点の意味)」が一語化したものと考えられる。
5　「ホド・クライ・ダケ」について、「ホド」は奥津(1980)で「程度の形式副詞」、「クライ(グライ)・ダケ」は沼田(2000)等で「とりたて」とされるものである。また本章では D–2 類の「ホド・クライ・ダケ」はスケールを表す形式名詞と考えるが、便宜上、国語学の伝統的な分類に従い「副助詞」と呼ぶ。
6　なお「クライ・ダケ」には、丹羽(1992)で指摘するように、程度用法ととりたて用法がある。
　　　(1) a. 〈程度用法〉
　　　　　こちらが恥ずかしくなるぐらい純情だ。
　　　　　髪の毛分だけ背が高い。

b.〈とりたて用法〉
　　　　飯ぐらいゆっくり食べたい。
　　　　早飯だけが取り柄だ。　　　　　　　　　　　　　　　　（丹羽 1992: p.93）
7　江口（2002）によって提出された副詞の関係節化とは、（名詞としての性質をもつ）数量詞で副詞となったものが、再び関係節を作れるといったものである。副詞（以下（1）「三人」のような連用修飾語）は関係節化する場合そのままではできないが、その副詞の表す数量や程度等を表す名詞を取ることにより関係節化が可能になるといったものである。
　　　（1）学生が三人来た。←［学生が来た］人数
　　　　　（*［学生が来た］三人）
8　万葉集中には「シカバカリ」と考えられるものが 1 例「然許」（万葉集、巻 4、631）（岩波日本古典文学大系、塙書房の『万葉集』では「シカバカリ」とする）あるが、小学館新編日本古典文学全集・岩波新日本古典大系は「うはへなき　ものかも人は　かくばかり　遠き家道を　帰さく思へば」と「カクバカリ」する。このように「シカバカリ」は確例がないため、本章ではこれ以上扱わない。
9　小柳（2003）は「バカリ」について、中古で見られる限定の用法が、上代では未だ見られず、とりたて以前の形式名詞であるとする。
10　なお、「かくさまに［可久左麻尓］」（万葉集、巻 15、3761）のように、連体修飾成分として働いているものも見いだせる。
11　上代の「カクバカリ」が係る連用修飾成分は、「みつれにみつれ（片思をせむ）」(6a)・「息の緒にして」（万葉集、巻 4、681）と 2 例とも内的情態を表しており、また動詞句「見えずしある」(17c) も「（逢えないでいる）状態」を表している。このように「降る」2 例を除いて、「カクバカリ」は状態の程度を示している。
12　「特立」について野田（2003: p.3）では、「コソ」は「特立というのは、前にくる成分を特に目立たせて示すというほどの意味である」とするものである。また、古代語（中世以前）については、森野（2003）で「コソ」の特立が考察されている。
13　第 5 章でも述べたように、本書では古代語（上代・中古）の「カク・サ」は、「カク・サ」のみでは程度を表すことができないと考える。なお、上代の「シカ」においては、程度を表していたのではないかと考えられる例が 1 例のみ見られる（第 5 章注 13 参照）。
14　「シカゾ」について塙書房『万葉集』では「然叙年而在」（万葉集、巻 10、2005）を「しかぞとしにある」とするが、小学館新編日本古典文学全集では「天地と　分れし時ゆ　己が妻　かくぞ離れてある　秋待つ我は」（天地の分かれた時以来、我妻とこんなにも離ればなれに暮らしている）とする。
15　「ココダ・ソキダ」等の「ダ」、及び「ココダク・ソキダク」等の「ク」は副詞語尾とされる。（『時代別国語辞典上代編』三省堂）

16 調査対象外ではあるが宇津保物語には「ソコバク」がある程度まとまって見られる。なお「ソコバク」は、築島(1963: p.154)で「「若干」は「ソコハク」と訓ずる」と指摘するように、中古には漢文訓読語となり中世でも引き続き用いられている。
17 また、小林(1969)では助詞「シ」について、係助詞に機能が近いと指摘する。
18 特に中世に入ると「カ(ク)バカリ」の例は激減する。また「サバカリ」も、中世以降あまり見いだせなくなる。
　　（1）　小太郎は足か(ン)ばかりはれてふせり。
　　　　　　　　　　　　　　　　　　（平家物語、巻8 妹尾最期、p.148）
　　　　　（小太郎は足がすっかり腫れて）
　　（2）　大ぜいばつとより、さばかりまんずる大ひげを、大きなけぬきではさまれて　　　　　　　　　　　　（虎明本狂言、ひげやぐら、p.276）
　　　　　（あれほど自慢する大ひげ）
19 この中でも「アレホド」が最も早く中世初期から見いだせる。
　　（1）　「穴怖シヤ。入道殿ノアレ程ニ怒リ給テ宣ハムニハ、我等ナラバ、院ノ御所ニ有事、無事、コトヨシ事、申散シテ出ナマシ。」
　　　　　　　　　　　　　　　　　（延慶本平家物語、第2本、p.304）
20 「カホド」については、「カバカリ」が「カ」＋「バカリ」と再分析され、中世に程度を表す形式名詞化していた「ホド」に「カ」がつき、「カホド」が生み出されたとも考えられる(本来ならば「カク(カウ)」＋「ホド」)。
21 ただし、上代・中古には「指示副詞(カク／サ)＋副助詞」であったが、中世以降になると「指示代名詞(コレ／コノ、ソレ／ソノ、アレ／アノ)＋副助詞」に変化する。この変化の流れは程度を表す指示副詞だけでなく、指示詞を含んだ接続詞(「サラバ」等から「ソレナラバ」等へ)の変化とも一致するものであり、指示体系全体の推移から考察される必要があると思われる。

第7章　ソ系(列)・サ系列の感動詞・曖昧指示表現・否定対極表現について

1. はじめに

　現代日本語の指示詞には、一般的にソ系「ソノ・ソコ」等には、必ず対話現場に対象(事物等)(1)があるか、先行文脈に先行詞(2)があるとされている。

（1）　（聞き手の近くにあるタバスコを指差し）
　　　ちょっと、それ取ってくれる？
（2）　「昨日、教室に財布の忘れ物があったらしいよ」
　　　「あ、その財布たぶん聡子の」

　しかし、実際ソ系には以下に示すように、そうでないものも多く観察される。これらのソ系について、李(2002)では(3)(4)は、指示対象を同定できる中心的な用法から広がったソ系の周縁的な用法であるとするように、例外的なものとして扱われている。

（3）　――人間の心には互に矛盾した二つの感情がある。勿論、誰でも他人の不幸に同情しない者はない。ところがその人がその不幸を、どうにかして切りぬける事が出来ると、今度はこっちで何となく物足りないような心もちがする。　　　（李 2002: p.32、芥川龍之介、鼻、p.39）

（4）「ちょっとそこまで使いに出たんですよ。すぐ戻ってきますよ」

(李 2002: p.25)

（5） A：私のめがね、知らない？
　　　B：その辺に置いてあるんじゃないの。

(金水 1999: p.85)

　そこで本章では、これまでソ系の例外的な用法とされてきた(3)から(5)、および(6)に示す程度表現(ソ系が「～ない」等の否定表現と呼応する)や(7)(8)の慣用表現が、ソ系(列)・サ系列が古代語からもっていた中心的な用法であることを主張していく。

（6）　お米で有名なのはコシヒカリだが、キララもそれほど悪くない。
（7）　「しかるべき時期に」防衛庁長官がサマワ訪問へ意欲

(asahi.com、2004/3/9)

（8）　和子には、そこはかとなく雅やかな風情がある。

　なお、(6)のソ系(サ系列「サホド」)の程度表現は否定対極表現[1]、また(3)から(5)および(7)(8)の慣用表現は便宜上、総称して曖昧指示表現[2]と呼ぶ。また、ソ系(列)・サ系列の指示代名詞・指示副詞について、以下の表1に示しておく。

表1　ソ系(ソ・サ系列)の指示代名詞・指示副詞

系列	古代語(中古)
ソ	ソノ・ソレ・ソコ等
サ	サ(シカ)・サヤウ・サル等

系	現代語
ソ	ソノ・ソレ・ソコ ソウ・ソウシテ・ソンナニ等

2. 先行研究におけるソ系の曖昧指示表現・否定対極表現

　現代・古代語のソ系(列)・サ系列の曖昧指示表現・否定対極表現に関する先行研究を、以下にまとめておく[3]。まず、金水(1999)では(5)(9)のソ系を言語外世界に確定的な値をあらかじめもたない曖昧指示表現とする。

(9)　A：お出かけですか
　　　B：ちょっとそこまで　　　　　　　　　　　　（金水 1999: p.85）

　また、金水・岡﨑・曹(2002: pp.225–226)では、言語的先行詞をもたない非直示的・非依存的なソとして logo 指示用法[4](10)や、匿名指示・空欄指示をあげている。この匿名指示あるいは空欄指示とは、「誰それ、どこそこ」のような慣用句のみに残るものであり、本来、固有名詞や直示用法等の固定指示的な表現が入るべき項に、あえて名を伏せるために本来の表現と取り替えたり、定型書類の空白欄のように内容未定のまま、あたかも本来の表現が入っているかのようにする表現であると指摘する。また「その日の気分でめがねを替える」「その場しのぎ」等も、この匿名・空欄・logo 指示に連続する表現であるとする。

(10)　その日が何の日か知っていて行ったわけではないのに、私が旅先に着いた日が有名な祭りや行事の当日だった、ということがよくあった。
　　　　　　　　　　　　　　　　　　　　（金水・岡﨑・曹 2002: p.225）

　そして橋本(1966)では(11)を古代語の不定指示のソとし、さらにその用法の現代語における痕跡として(12)をあげる。

(11)　それのとしのしはすのはつかあまりひとひのひのいぬのときに、かどです。　　　　　　　　　　　　　　　　　　　（土左日記、p.27）

(12) そこ〜の値段、しかじかの事、そこはかとなく、どこそこ、どれそれ等　　　　　　　　　　　　　　　　　　（橋本 1966: p.337）

　最後にソ系の否定対極表現は、服部(1994)で「サホド(ソレホド)Pナイ」は、事柄Pがある程度Xに達しないことを表すものであり、XとはPという表現から自然に関心がもたれるような、Pに関してなんらかの意味で有意味な程度であり、心理的に無標的と感じられる程度であるとする。
　以上のように先行研究において、ソ系の曖昧指示表現の種類・用法、また否定対極表現の表す程度については指摘があるが、これらのソ系が何を指示しているのかについては、未だ十分に議論されているとは言えない。さらに、他の指示用法との関係や、歴史的な用法・変化については、ほとんど明らかとなってはいない。
　そこで、次節で発話者の心的領域を仮定することにより、これらを明らかにしていく。

3. 心的領域について

　先行研究において、様々な指示詞の用法を説明するための心的モデルを提案したものに、田窪・金水(1996)の談話管理理論、吉本(1992)の階層的記憶モデル、東郷(2000)の談話モデルがある。
　本書においても、ソ系の指示用法を説明するための心的領域を以下に仮定する。本書の心的領域は、指示詞に値を与えるための知識を2つに分類する点で、田窪・金水(1996)に基本的に従うものである。ただし、長期記憶領域内に、さらに一般知識領域(吉本1992の長期記憶にあたる)を設定する点で、田窪・金水(1996)とは相違する。

(13)　**談話情報領域**…対話中の発話内容・推論・仮想等による要素が一時的に記憶される領域(これらの要素は対話が終わると忘れ去られるが、一部は長期記憶領域に格納される場合もある)。

長期記憶領域…長期記憶領域は一般知識領域とエピソード記憶領域に分かれる。一般的知識領域は世界に関するスキーマ[5]や辞書知識等を蓄える領域であり、エピソード記憶領域は話者の直接経験に関わる要素を蓄える領域である(対話中に、発話内容・現場の状況に応じて一部の内容が活性化され参照される場合がある)。

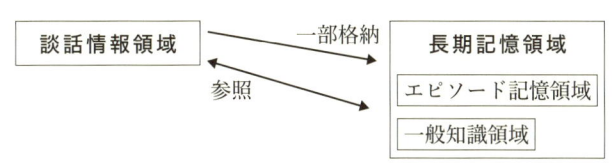

図1　現代語の心的領域

上記の心的領域は現代語におけるものであるが、古代語は内省が効かないため、古代語の用法は、まず現代語の心的領域をもって説明していく。

次に、指示詞の指示用法について、再度確認しておく。

現代語のソ系は以下の直示・照応用法、また古代語のソ・サ系列は、現代語のように直示用法はもたず照応・観念用法(ソは上代・中古、サは中古・中世)をもっていた[6]。

直示用法
今、現場で目に見える、直接知覚・感覚できる対象があるもの。
　例：(洋子がもつ、携帯電話を見て)恵子：洋子、それ、もしかして新しいやつ？

照応用法
対話により音声化、または書記化された言語文脈(一時的に音声として談話情報領域内に格納される)[7]内に、当該の指示表現と指示対象を共有する先行詞があるもの。なお、先行詞は基本的に同一文中か、前文にある。
　例：「今日の授業はこれで終わり」先生は、そう言うと教室を出ていった。

観念用法
エピソード記憶領域内にある、過去の直接経験に関わる要素を指示対象とするもの。現代語ではア系の指示詞のみがこの用法をもつ。
　例：(独り言)昨日の、あの刺身は最高だったなぁ。

　また、上記の指示用法と心的領域との関わりについて、結論を一部先取りして述べるが、照応用法および感動詞・曖昧指示表現・否定対極表現は、現代語においては、すべて談話情報領域内に対象となる要素をもつ指示である。

4. 談話情報領域におけるソ系(列)・サ系列の指示について

4.1 照応用法としてのソ系
　本章では、照応用法をさらに「単純な照応」と「推論による照応」に分ける。これらの照応は先に述べたように対話中に、一時的に談話情報領域に格納された言語文脈内に先行詞をもつ用法である。なお、照応用法の先行詞は、基本的に音声化・書記化された直前か同一の言語文脈内になければならない。

4.1.1 単純な照応
　単純な照応とは、先行詞とソ系との関係が形態的、または意味内容から直接理解されるものである。

(14)　昨年、古本屋で偶然に見付けた「日本語学の真実」という本を田中に貸したが、どうやらその本を何処かに置き忘れたらしい。

　庵(2007: pp.89–91)ではソ系の照応について「ソノ N(N は名詞句)」は先行詞との間の距離が大きくなると使えなくなると指摘する。

これについては(15)「ソレ」も同様に、先行詞との間に距離があると同一指示の解釈は出来なくなることから、ソ系の単純な照応は、金水(1999: p.80)の「言語的文脈によって形成され、発話によって焦点化された状況を領域」とする指示であり、音声化・書記化された直前か同一の言語文脈(談話情報領域内に格納される)に完全に依拠した指示であるといえる。

(15)　「待ってよ！まだ、いいとも何とも言ってないじゃないの」
　　　「悪いことないだろ。だって、TVに出れば会社のPRにもなるし」
　　　「そりゃそうだけど……。何しろ私がいつまで社長でいるかも分からないのよ」
　　　「だめだなあ、そんな気の弱いことじゃ。定年まで居座る気でなくちゃ」
　　　「だって……」伸子は言いかけたが、考えてみれば、確かに昌也の言う通り、(これ／*それ)は絶好のPRになるかもしれない。
　　　(赤川次郎「女社長に乾杯！」p.105、原文は「これ」、先行詞は「TVに出る」)

　なお、単純な照応は古代語(上代・中古)のソ・サ系列にも多く見いだせる用法であり、第4章でも指摘したように、歴史を通じて中心的な用法である。

(16)　「わが名はうかんるり」と言ひて、ふと山の中に入りぬ。その山見るに、さらに登るべきやうなし。　　　　　　　　　(竹取物語、p.38)

4.1.2　推論による照応
　ソ系の照応の中には、単純な照応のように先行詞とソ系との関係が形態的、または意味内容から直接理解されるものだけではなく、山梨(1992)の指摘のように、推論によるものも多く見られる(例17「それ」＝「今晩、私が化け物にさらわれる」)。

(17) ひと月に一度、化け物が山から降りてきて、町の娘をさらっていきます。今夜は私の番なので、それが悲しくて泣いているのです。

(山梨 1992: p.22)

　この推論による照応は、直前の発話内容をもとに推論をおこない、その結果得られた要素(談話情報領域内に格納されている)をソ系が指示しているものと考える。
　そして(17)'に示すように推論による照応も、単純な照応と同様に指示対象となる先行文脈と、ソ系の間に距離があると同一解釈ができなくなる。

(17)' ひと月に一度、化け物が山から降りてきて、町の娘をさらっていきます。生け贄は10代の娘と決まっていて、私は村で最後の10代の娘です。そこで、今夜は私の番なので、*それが悲しくて泣いているのです。

　また、この推論による照応の指示対象には、(18)のように一般知識領域内の情報を参照し、推論をおこない指示しているものが見いだせる。

(18) 一昨日友人と芝居を見に行きました。今朝、新聞を見たら、その劇場が昨日火事になったという記事が出ていました。

(例は加藤 2004: p.172)

(「芝居」は「劇場」でおこなわれるという一般知識が必要。加藤(2004)では連想照応とする)

　さらに、指示対象は特定のものだけではなく、(19)のように不定な部分(X)(「それ」=「隣の部屋で動いている何か(X)」)を含んだものも認められる。

(19) 隣の部屋で何かがゴソゴソ動いている。それが生き物かどうか分からない。

　この推論による照応も、先の単純な照応と同様に、古代語(上代・中古)から現代語まで多く見いだせる用法である[8]。以下に例をあげておく。

(20) かぢとりいたくほこりて、ふねにほあげなどよろこぶ。そのおとをきゝて、わらはもおむなも、いつしかとしおもへばにやあらん

　　　　　　　　　　　　　　　　　　　　　　　(土左日記、p.45)
　　(楫取は大変得意で舟に帆を上げろなどと喜ぶ。その音(帆のはためく音)を聞いて)

4.2　感動詞・曖昧指示表現・否定対極表現のソ系(列)・サ系列

　感動詞・曖昧指示表現・否定対極表現は、上記の(推論による)照応用法と同じく、先行文脈から(時には一般知識領域内の活性化された情報を参照し)推論をおこない、得られた要素を指示対象とする(指示対象は不定の部分を含むものもある)。そして、これらの指示対象は、談話情報領域内に一時的に格納されている要素である。

　ただし、感動詞・曖昧指示表現・否定対極表現の先行文脈とは、照応用法のように同一または直前のものとは限らず、また音声化・書記化されていない発話者の心内のみの言語文脈であってもよい。さらに、これらは一般知識領域内の情報だけではなく、エピソード記憶領域内の活性化された情報も参照し、推論をおこなう場合もある(繰り返すが、指示対象となる(推論をおこなった)要素は、一時的に談話情報領域内に納められている)。

　なお、感動詞・曖昧指示表現は使用目的や状況の相違から、以下のように規定できる。

感動詞
主に発語として用いられる。対話・独り言どちらでも用いることができる。

現代語では、指示副詞「ソウ」によるものに偏る。

曖昧指示表現

曖昧指示表現は、さらに以下のαとβに分類できる。

　α：現代語では、慣用表現化している。指示対象については、聞き手も、ほぼ推測可能である(古代語)。

　β：現代語では定型の場所表現以外、慣用表現化している。指示対象には不定の部分(X)を含むことから、聞き手には対象が推測不可能である。発話者は「聞き手自身で検索せよ」「聞いても無駄」等の意図をもって発話する。

また否定対極表現については、先行する言語文脈と、特に一般知識領域内のスキーマの参照により指示がおこなわれる。これについては、4.2.4で詳しく考察していく。

4.2.1　ソ系(ソ・サ系列)の感動詞について

(21)　そうか。別の手がありましたね。　　　　　　　　(定延 2002: p.91)

この(21)「ソウ」は、定延(2002: p.92)では「気づきの「そう」」とされる用法であり、「気づきは、心内の文脈に関する何らかの了解といえる。そう考えれば、気づきの「そう」も照応詞「そう」とつながっているとみなせる」と指摘する。

(22)　(スーパーからの帰宅途中、独り言)そうだ！　しまった！
(23)　妻「そうそう！　先週言っていた旅行の話、いったいどうなったのよ！」
　　　夫「えっ、覚えていたのか…」[9]

上記(22)では、次の推論がおこなわれている。発話者はスーパーからの帰り道、心内で「何か買い忘れたものはないだろうか」と考える。そして、

「今日はすき焼きだから、白菜にネギ、エノキに肉は買ったが、あと必要なものは、砂糖と醤油…」と考え続け、「あっ！醤油がない」を導きだし、「ソウ」で指示している(すき焼きの材料に関しては、一般知識領域の情報、また買ったものに関してはエピソード記憶領域内の情報を参照している。そして、推論により得られた要素「醤油がない」は、推論がおこなわれた心的領域の談話情報領域内に一時的に格納されている)。

　この感動詞は主に発語で用いられるが、(現代語においては)ソ系の中でも指示副詞「ソウ」のみであり、指示代名詞「ソレ(ダ！)」等では見られない。それに対し、古代語では(24)に示すように「ソレ」にも見いだせる。(井手(1958)は修辞法の「ソレ」と指摘する。上代から中世にかけて見られる。)

(24)　憶良らは　今は罷らむ　子泣くらむ　それその母も［其彼母毛］我を待つらむぞ　　　　　　　　　　　　　　(万葉集、巻3、337)

以上のように現代語では「ソウ」のみにしか見いだせないということは、かなり慣用化しているものと考えられる。

4.2.2　曖昧指示表現αについて

　曖昧指示表現αは(25)のように、現代語では慣用表現にのみ残る用法であり、考察は古代語でおこなう。

(25)　敵もさる者(なかなかの、相当な者)、しかるべき手続き(適切な手続き)

(26)「いといたうまめだちて、まだきにやむごとなきよすが定まりたまへるこそ、さうざうしかめれ」、「されど、さるべき隈にはよくこそ隠れ歩きたまふなれ」など言うにも　　　　（源氏物語、帚木1巻、p.94）
（「まだお若いのに、ご身分の高い北の方がお決まりでいらっしゃるなんて、つまりませんわね」「だけど、そうあろう所には、うまく人目に隠れて行っているそうよ」）

　上記(26)では、発話者は現在の会話内容「光源氏のお相手」として、エピソード記憶領域内の情報「（過去に聞いた噂話）光源氏がこっそり、他の女と付き合っているらしい」、一般知識領域内の情報「様々な点から、光源氏に相応しい相手」を活性化させ推論し、「光源氏がお相手にしそうな、身分の高いAの君か、教養のあるBの君、または美人で誉れ高いCの君あたりで(あろう所)」を、「サ(ルベキ隈)」で指示している。

　また、この(26)「サルベキ隈」という発話を聞き、聞き手も同様に聞き手自身の一般知識領域内の情報を参照しながら推論をおこない、対象を導き出すことが可能である。ただし、得られた要素に関しては、同一のコミュニティーに属していれば、ほぼ同様の値を導きだせると考えられるが、完全に一致するとは限らない。なお、現代語ではこの表現は衰退し慣用表現となり「そうあるべき」→「適切な」という意味で使用されている。

4.2.3　曖昧指示表現βについて

(27)　A：私のめがね、知らない？
　　　B：その辺に置いてあるんじゃないの。

（再出）

　上記の(27)は発話者が推論し得た「Aがめがねを置きそうな、この部屋の棚かテレビの上、またはテーブルの辺りのどこか」という不定の場所(X「どこか」)を含む対象を指示している。つまり発話者は特定することはでき

ないから、聞き手自身でめがねを検索すべきであると意図し、発話している。

(28)　佐藤「あら、お出かけ？」
　　　田中「ええ、ちょっとそこまで」

　また、不定の部分(X)を含む指示であることを利用し、(28)のように「そこ」(＝「家から遠くないどこか」)と示すことにより、発話者は聞き手に対し「これ以上聞いても無駄」「聞いて欲しくない」等を意図する場合もある。
　このように曖昧指示表現βは、不定の部分(X)を含むことにより、「発話者にも、特定できない。聞き手自身で検索せよ。→例27 その辺」、または「発話者は特定しない。(だから)聞き手には推測不可能である。またこれ以上聞いても無駄、聞いて欲しくない。→例4・28 そこ」という意図を含む指示であると考えられる。
　曖昧指示表現βは、現代語では上記の「そこ」「その辺」等の定型の場所表現や、「誰それ」「どこそこ」等の対で使われるもの、そして(29)「そこはかとなく」、(30)「さりげなく」等の慣用的な表現にしか見いだせない。このことから曖昧指示表現βは、現代語では、かなり慣用化している用法であると考えられる。
　なお、(29)〜(31)の表現は、中古に多くの例が見いだせるが、現代語では(29)「何となく」(30)「何気なく」(31)「どことなく」のように不定語で表されることが多い。

(29)　あの京都の料亭には、いつもそこはかとなく粋な風情が漂っている。
(30)　彼のさりげない親切には、いつも感謝している。
(31)　僧召して、御加持などせさせたまふ。そこ所ともなくいみじく苦しくしたまひて　　　　　　　　（源氏物語、若菜下4巻、p.213）
　　　（どことも言うわけでもなく、ひどく苦しく）

これについて尾上(1983)で、不定語の不明確項指示用法「誰かがどこかでぼくを呼んでいる」(p.414)、不明確事態指示用法「何を買うやらわからない」(p.415)が、古代語には存在しないという指摘があることから、「何、どこ」等の不定語によるこれらの指示は、古代語ではソ・サ系列でおこなっていたのではないか、ということが予想される。これについては、さらなる調査・考察が必要であろう。

4.2.4 否定対極表現について

最後に、現代語の否定対極表現について述べておく。

(32) 昨日、横浜の中華料理店Kに行ったよ。でも、それほど(さほど)おいしくなかった。

上記(32)の「それ」は、以下(33)のように先行文脈に先行詞は存在しない(例32の「それ」は「横浜の中華料理店K(の料理)」を指示しているわけではない)。

(33) 昨日、神戸のインド料理店に行ったのだけど、まずくて。まあ、それ(＝神戸のインド料理店の料理)ほどではないけど、京都にあるインド料理店もひどい。

では、否定対極表現のソ系(サ系列[10])は何を指示しているのであろうか。
本書では、次のように考える。まず、発話者は先行する言語文脈「横浜の中華料理店K」から、活性化された一般知識領域の情報「(これまでは来たことはないが、世間の噂では)中華料理点Kは有名な高級店」、さらにスキーマ「高級な中華料理の味」を参照、推論した結果「予測していた高級中華料理店の味」を対象とし指示をおこなっている。

この否定対極表現は、上記のように先行の言語文脈や、一般知識領域の情報を参照し推論をおこない、得た要素を指示することから、先の推論による

照応に類似した用法ではないかと考えられるかもしれない。

　しかし、否定対極表現は必ずスキーマが必要であり、また直前もしくは同一の言語文脈に依拠した指示ではない。(つまり、照応用法と違い(32)'のように、他の文脈を挿入しても問題はなく、また(32)"のように音声化・書記化された先行文脈は必ずしも必要ではない)

(32)'　昨日、横浜の中華料理店Kに行ったよ。とても豪華な建物で目がくらむばかりだったよ。従業員も丁寧で。しかも値段もびっくりする程高かった。でも、それほど(さほど)おいしくなかった。
(32)"　(中華料理Kの店内で、料理を食べながら。話し手は心の中で「このエビチリ、ちょっと甘いなぁ」「ギョウザ、油ベトベトだ」と考える)「それほど(さほど)おいしくないね」「うん、そうね」

5. 古代語における感動詞・曖昧指示表現・否定対極表現について

5.1 上代・中古

　曖昧指示表現・否定対極表現は、上代・中古において多く用例を見いだすことができる。特に現代語では、曖昧指示表現α・βはほぼ慣用的な表現となっているのに対し、上代・中古では様々な用例が見いだせることから、現代語に比べかなり生産的な用法であったと考えられる。なお先の章でも述べたが、サ系列に関しては上代では「シカ」のみで「サ」は見られず、中古以降の和文では「サ」が中心となる(中古以降「シカ」は訓点特有語となる)。

5.1.1　感動詞

　感動詞のソ・サ系列は上代から見いだすことができる(ソ系列は例24)。

(34) しかれこそ［然有社］年の八年を　切り髪の　よち子を過ぎ　橘の　ほつ枝を過ぎて　この川の　下にも長く　汝が心待て

(万葉集、巻13、3307)

（だからこそ、8年もよち子を過ぎ、橘のほつ枝を過ぎて、この川のように心長く、あなたの心が寄るのを待つのです）

(35) 簾のもと近く寄りても、え見奉らねば、仏、「さは、この度は帰りて、後に迎へに来む」とのたまふ声、わが耳一つに聞えて

(更級日記、p.533)

5.1.2　曖昧指示表現α

　上代では、曖昧指示表現αの例はない。これについて、中古には「サルベキN（Nは名詞（句）、以降Nは名詞（句））」等の曖昧指示表現αの例が（中世には「シカルベキN」が見いだせる）見られることから、上代において例が見いだせないのは、調査対象が歌集という資料の偏りによるものという可能性が考えられる。

　なお、曖昧指示表現αは中古では「さるまじき人の恨を負ひしはてては」（源氏物語、桐壺1巻、p.31）等の「サル（ベキ）N、サルマジキN」という定型に多く見られることから、中古で既に慣用表現へと偏っていたことがと予測される。

(36) わざとの御学問はさるものにて、琴笛の音にも雲居をひびかし

(源氏物語、桐壺1巻、p.39)

5.1.3　曖昧指示表現β

　曖昧指示表現βは上代・中古では多く見いだされ、橋本(1966)が過所式[11]とする「其事云云、度_某関_往_其国_」（紅葉山文庫本令義解、p.341）や、以下の例がある。

(37) 山の狭　そことも見えず［曽許登母見延受］一昨日も　昨日も今日も

雪の降れれば　　　　　　　　　　　　（万葉集、巻17、3924）
　（山あいが、どことも見えない）
(38)　草子をひろげさせ給ひて、「その月、なにのをり、その人のよみたる
　　歌はいかに」と問ひ聞えさせ給ふを　　　　　　　（枕草子、p.62）
(39)　「さるべき契りこそはおはしましけめ。そこらの人の謗り、恨みをも
　　憚らせたまはず、（後略）」　　　　　　　（源氏物語、桐壺1巻、p.37）

　このように曖昧指示表現βはαに比べ、比較的自由な形で活発に用いられた用法であると考えられるが、「御庄の人なん参りて、しかじかと申させければ」（源氏物語、蜻蛉6巻、p.214）、「そこはかとなくものを心細く思ひて」（源氏物語、柏木4巻、p.293）、「いと恥づかしくしたまひて、さりげなくのみもてなしたまへるを」（源氏物語、宿木5巻、p.385）、「さらぬ顔にもてなしたれど」（源氏物語、若菜上5巻、p.142）等の「しかじか、そこはかとなく、さりげなく、さらぬN」については、この形式で多くの例が見られることから、中古には慣用的な表現へと偏りつつあったのではないかと予測される。

5.1.4　否定対極表現

　否定対極表現は上代から例が見られる。上代は「シカ」、中古では「サ」によるものであり、現代語の「ソレホド」のようなソ系(列)による否定対極表現が見いだせるようになるのは、中世以降となる。

(40)　（前略）鼻びしびしに　然とあらぬ［志可登阿良農］ひげ掻き撫でて
　　（後略）　　　　　　　　　　　　　　　　　（万葉集、巻5、892）
　（そうはない髭を掻き撫でては）
(41)　わがかくすずろに心弱きにつけても、もし心を得たらむに、さ言ふばかり、もののあはれも知らぬ人にもあらず
　　　　　　　　　　　　　　　　　　　　　　（源氏物語、蜻蛉6巻、p.219）
　（そう言うほど人の心の悲しみに理解のつかない人でもないのだが）

上記の例の他「させることなきかぎりは」(源氏物語、若菜上 4 巻、p.113)、「さして思うことなきだに」(源氏物語、賢木 2 巻、p.89)、「さしも心に深くしまず」(源氏物語、薄雲 2 巻、p.460)等のように多様な形で見いだすことができる。

5.2 中世以降

中世以降(特に中世後期以降)、曖昧指示表現 α・β はさらに慣用的な表現へと偏り、次第に衰退していく(感動詞も指示副詞「ソウ」へと次第に偏っていく)。一方、否定対極表現については引き続き用いられている。

5.2.1 感動詞

感動詞のサ・ソ系列(ソ系)は、「夫雄劔を帯して公宴に列し」(平家物語、巻 1 殿上闇討、p.87)のように「ソレ」によるものが中世まで見られるが、中世以降、(42)や「はたと手を打って。ア、さうぢゃ。日比の不審が今晴れた。」(近松浄瑠璃、鑓の権三重帷子、p.263)等のように「ソウ」によるものへと偏っていく。

(42) 牛飼この分でわ悪しからうず：仲直りをしょうと思うて、さうでござる：手がたにとりつかせられいと申したれば

(天草版平家物語、巻第 3 第 11、p.208)

5.2.2 曖昧指示表現 α

曖昧指示表現 α「サル(ベキ)・シカルベキ N」は、中世以降には「しかるべき便もあらば、いかにもして彼嶋へわた(ッ)て」(平家物語、巻 2 卒都婆流、p.203)等のように「適当な・立派な」という語彙的な意味をもつ慣用表現へと変化する。

(43) Xicarubei. l、xicarubexij シカルベイ．または、シカルベイシイ（然るべい、または、然るべしい）適当な（もの）、または、よい（もの）．
¶ Xicarubei fito（然るべい人）尊敬される人、あるいは、立派な人．
(邦訳日葡辞書、p.760)

5.2.3 曖昧指示表現 β

中世には(44)のような例が僅かに見いだせるが、中世後期以降になると「さらぬていにもてなして申けるは」（平家物語、巻9越中前司最後、p.213）、「読みも果てずさあらぬ顔にて懐中し」（近松浄瑠璃、心中天の網島、p.368）、「いかにととへばしか〴〵といふ」（平家物語、巻6紅葉、p.389）、「しか〴〵の事どもうすやくそくして帰れば」（西鶴、好色一代男、p.49）等や、(45)「そこはか」のような中古で既に慣用的な表現へと偏りつつあったものが中心として残っていく。

(44) 仲国龍の御馬給は(ッ)て、名月にむちをあげ、そこともしらずあこがれ行。　　　　　　（平家物語、巻6小督、p.397）
（どこというあてもなく）

(45) Socofaca. ソコハカ（そこはか）
例、Socofacato naqu.（そこはかとなく）際限なく、または、その物がどこにあるのか、場所もわからずに、など．（邦訳日葡辞書、p.568）

5.2.4 否定対極表現

否定対極表現は、「此もの、さしもたけき物とは見ず」（平家物語、巻6祇園女御、p.417）、「さほどまだ遠ざからぬ船なれども」（天草版平家物語、巻第1第10、p.76）等と、中世以降も多くの例が見いだせる。

なお、ソ系列（ソ系）による否定対極表現は、中世には虎明本狂言「どこぞうたせられたか　いやそれほどにはなひ」（虎明本狂言、したうほうがく、p.81）以外、確例は見いだせず、近世以降に見られるようになる。

(46) 百貫目も遣ふ大盡のいふやうな。棒まかれなといひければ。オヽ百貫目がそれ程貴い物でもない。　　（近松浄瑠璃、夕霧阿波鳴渡、p.193）
(47) なんぼわたしがやうなげいこでも。さふやすふはこけぬわへ
　　　　　　　　　　　　　　　　　　　　（洒落本、箱まくら、p.123）

　第3章で指摘したようにサ系列は近世以降衰退していくが、サ系列「サホド」による否定対極表現は、「母に映画や芝居を見せて貰ったが、さほど面白いとは思わなかった」(井上靖、あすなろ物語、p.56)、「さほど性的魅力のある歩きかたをしているわけでもなく」(筒井康隆、エディプスの恋人、p.17)のように、現代語においても多く見られる。これについて現代語の「サホド」は、先の(33)「ソレホド」のような照応用法としての例はまったくないことから、指示詞としての機能は失っており、「たいして〜ない」という語彙的な意味をもつ慣用表現としてのみ残っているものと考えられる。

6. 古代語・現代語の心的領域について

　本節では、これまでに考察したソ系(列)・サ系列の感動詞・曖昧指示表現・否定対極表現から、古代語・現代語の心的領域について考察を試みる。
　そこでまず、現代語ソ系の用法を本章3節で仮定した心的領域にまとめ直す。これまで考察してきたように、単純な照応・推論による照応、感動詞、曖昧指示表現β(αは慣用表現のみであるため除外)、否定対極表現は、談話情報領域内の要素を指示対象とする(また本章3節で述べたが、現代語ではア系のみエピソード記憶領域内の要素を指示対象とする観念用法をもつ)。

談話情報領域	長期記憶領域
ソ系：単純な照応　推論による照応 感動詞　曖昧指示表現β　否定対極表現	エピソード記憶領域：ア系 一般知識領域

図2　現代語の心的領域

次に古代語については、ソ系列の指示代名詞は上代・中古に、またサ系列の指示副詞は中古・中世前期において観念用法にあたる用法をもっていた。

(48)　心いる方ならませばゆみはりのつきなき空に迷はましやはといふ声、
　　　ただそれなり。　　　　　　　　　　（源氏物語、花宴1巻、p.366）
　　　（声は紛れもなく、あの人（＝朧月夜）だ）

　上記の図2で示すように、現代語ではソ系は談話情報領域内の要素、ア系はエピソード記憶領域内の要素の指示という対立を見せているが、古代語（上代・中古）においてソ・サ系列は、談話情報領域とエピソード記憶領域の要素をどちらも指示することができたことから、本章3節で仮定した心的領域は古代語には適応できないと考えられる。
　そこで、古代語の心的領域を明らかにしていくために、まず古代語の指示の状況・変化について検討する。

［古代語の指示について］
（Ⅰ）　金水・岡﨑・曹（2002）は上代・中古では、今、現在目に見える、感覚できる対象は「コノ・カノ（アノ）」等のコ・カ（ア）系列、今、現在目に見えない、感覚できない対象はソ系列という指示であったと指摘する（ソ系列にはこの時期、直示用法は見られない。またこの上代・中古の指示については、本書でこれまで述べてきたようにサ系列も同様）。本章の考察対象である感動詞・曖昧指示表現・否定対極表現もすべて、今、現在目に見えない、感覚できない対象の指示であり、照応用法・観念用法と連続した用法であったと考えられる。
（Ⅱ）　中古以降、ア（カ）系列の観念用法が発達する。ア（カ）系列の観念用法における対象は（時間的に遠い、つまり過去の）直接経験に関わる要素であり、直示用法の拡張用法である（金水・岡﨑・曹2002）。これは中古以降、直接経験に関わる（直示的な）要素を、カ・ア系列がマークする指示へと変化していったものと考えられる（それ以前は直接経験

に関わる要素もそうでない要素も、今、現場で目に見えない、感覚できない対象として、ソ・サ系列で指示していた)。

(Ⅲ) 上記(Ⅱ)に示したア(カ)系列の観念用法の発達により、ソ・サ系列は次第に観念用法を失い、また、この変化とともに曖昧指示表現も衰退していった(感動詞も中世以降、「ソウ」によるものに偏っていく)。照応用法に関しては、サ・ソ系列(ソ系)の中心用法として引き続き用いられた。

古代語の心的な領域を明らかにするには、指示詞の用法だけではなく、古代語の様々な側面からの検討が必要であると考えられる。今後の課題としておきたい。

7. まとめ

本章は、それぞれの用法のつながりが一見すると分からない、いわば雑多なソ系の指示を、何を、どのように指示しているのかを考察することにより、ソ系の機能を全体的に解明しようとする試みの一つである。そこで、本章の主張を(49)にまとめる。

(49) 感動詞・曖昧指示表現・否定対極表現は、現代語では照応用法と同様に談話情報領域内の要素を対象とする指示である。また、古代語(上代・中古)では照応用法・観念用法と連続する、今、現在目に見えない、感覚できない対象の指示であった。そして、歴史的な変化の中でソ・サ系列は観念用法を失い、曖昧指示表現は次第に衰退していった(感動詞も「ソウ」に偏っていく)。そのため、感動詞・曖昧指示表現・否定対極表現と、照応用法のつながりが感じられにくくなり、例外的・周辺的なものと考えられるようになった。

さて、現代語の分析において、中心的な用法にはつながらない、例外的な用法があるということはよく観察されることであろう。本章はそのような場

合に歴史的な考察が果たす役割、つまりなぜそのような(例外的な)用法があるのかまで含めた、その語の本質的な姿を知る道しるべになるということを、多少なりとも示せたのではないだろうか。

注

1 否定対極表現とは、ソ系(ソ・サ系列)の指示副詞「ソレホド・サホド」等が否定形式(助動詞「ナイ・ズ」等)と呼応して、あまり大きくない程度を表すものである。金水(1999: p.84)では、ソ系の「曖昧指示表現の一種とも見られる」とする。
2 「曖昧指示表現」は、金水(1999)の用語を用いた。
3 これらのソ系を二人称との関係から述べたものに、川端(1993)がある。
4 logo 指示について金水・岡﨑・曺(2002: pp.225–226)では、以下のように説明される。少々長いが引用する。

> これらの表現の特徴は、「知る」「思う」「分かる」等の心的述語に選択される引用節中に現れるという点にある。(中略)主体の一回一回の思考内容を考えると、「その日が何の日か」を知っているのではなく、「この日が何の日か」ということを知っているのである。つまり、一回一回の思考内容を直接引用的に書き表すならば、指示対象は固定的かつ直示的である。ところがそれが例文(注：本論の例10)のように引用者の立場から間接引用の形で述べられると、「この日」の固定性・直示性が邪魔になるので、ソ系列(注：本書のソ系)の「その日」に書き換えられたのだ、と見られる。すなわち一種のlogophoric な表現なのである。

5 スキーマ(schema)とは大堀(2002)等で述べる、人がいくつもの具体例の比較を通じて得る抽象的知識である。
6 古代語では、この心的領域は適応できないため(本章6節で指摘)、ソ・サ系列の観念用法は、現代語のア系の観念用法と完全に同じ用法ではない。
7 本章の心的領域は基本的に音声モデルであり、(対話中の内容は勿論であるが)テキストとして書かれたものも、音声として心的領域に格納されると考える。
8 これまでの本書の議論では照応を、単純な照応と推論による照応には分けていない。
9 この例の場合、本当は妻はずっと覚えていた場合(エピソード記憶領域)でも、何かのきっかけで、一時的にふと思い出した(談話情報領域)ということを装うため

に「そうそう！」用いている可能性もある。
10 サ系列「サホド」については、現代語では「サ」が既に指示詞としては衰退しており、ソ系と同様に考えることはできないと思われる(5.2.4 へ)。
11 橋本(1966: p.336)では過所式について、「一般的な書式として、「其」字は具体的には固有名詞、実質名詞で充填すべく任されている。公式令その他にも類似の書式が多い」とする。

第8章 「コソアで指示する」ということ

1. はじめに

　現代日本語の指示詞(コ・ソ・ア)研究はこれまで、二つの側面で議論されてきた。

　まず一つは、直示用法の指示範囲(人称・距離区分説)や、照応用法のコソの使い分けの問題等といった具体的な用法の研究である。これについては近年、膨大な数の報告がなされており、特に金水・田窪(1990)金水(1999)等の論考により、この用法に関する分析は、かなりの高い水準に達したといえる。

　そして、もう一つの研究の側面として、コ・ソ・アの指示(直示等)自体の概念を扱ったものがある。これについては管見の限りでは、田窪(1990)奥田(2001)渡辺(2001)等の研究があるが、先の具体的な用法の研究に対し、かなり少ない。さらに、これらの先行研究では、直示自体の規定が明確になされないまま、個々の議論が展開されているため、その真の問題点が見えにくくなっている。このようにコ・ソ・アの指示(直示)自体に関しては、未だ議論の余地があると思われる。

　また、これまでの筆者自身の研究でも、コ・ソ・アがおこなう働きについて、「直示」「指示する」「指す」等を使用してきたが、果たしてこれらが本質的にはどのようなものであるかということに、あまりに無自覚であったと言わざるを得ない。

　そこで本章は先行研究をもとに、コ・ソ・アの直示(ダイクシス)そのもの

を明確に規定することを目標とする。なお、ダイクシスに関しては、空間的な問題だけではなく、人称的(「私・あなた」等)、時間的(「今・昨日」等)という様々な問題が含まれているが、本章では議論を分かりやすくするため、空間的(コ・ソ・ア)な問題に焦点を絞っていく。

2. 直示(ダイクシス)と指示

　直示(ダイクシス)と指示との関係については、前者は後者の下位範疇である、とするのが一般的と考えられるが、この直示(ダイクシス)を含む「指示」の下位分類・用語は、先行論文によってかなり相違する。そこで表1に、先行研究の指示の分類を示す。

　この表1の二重線で囲んだ部分が、各論の直示(ダイクシス)[1]と目される部分である。

表1　各論の分類・用語について

	コソアの「指示」の下位分類		
渡辺 2003	ダイクシス	第三のタイプ(記憶指示)	アナファー
金水 1999	直示用法	非直示用法	
		(記憶指示)	(文脈指示)
吉本 1992[2]	現場指示	文脈指示(ア)	(コ・ソ)
久野 1973	眼前指示	文脈指示	
三上 1970	直接指示	文脈承前(ア)	(コ・ソ)
岡﨑 2002	直示用法	観念指示	照応用法

注：強調文字「記憶指示」「ア」「観念用法」の部分は、直示(ダイクシス)に、かなり近いとされるもの。

　このように直示(ダイクシス)は、金水(2000)でも指摘されているように、眼前指示・直接指示・現場指示と、各論において区別なく用いられている。そしてさらに、直示(ダイクシス)の規定が明確になされていない為に起こる問題が、各論で議論されている。そこで、考察に入る前にこれらの問題を整

「直示」についての問題点
① 直示の定義について
　　コ・ソ・アのダイクシス用法である「直示」を、どのように定義するのか。また、コ・ソ・アで「指示する」という行為はどのようなものか。
② 非言語行為が義務的であるとされる問題について
　　渡辺(2003)では、指差し等が義務的である非言語的指示行為依存ダイクシス「直示語」(コ・ソ・ア)と、指差し等が不必要である発話場面依存ダイクシス「指標詞」(私、今、一部のコとソ)に分類している。この分類は日本語の指示詞の機能にとって本質的なものか。
③ (一般的な)直示と直示の象徴的用法の問題について
　　②と密接に関連する問題であるが、金(2006)では以下の(1)を「直示の象徴的用法」、(2)を直示(現場指示)として、その用法を分類している。これについても、再検討する必要があるだろう。(例1・2は、金2006: p.125)

(1) A　(ある会社を訪ねて)ここは田中社長の居られる会社でしょう？
　　 B　はい？　そうです。失礼ですが、どちら様でしょうか。
(2)　 (目の前のレストランを指差しながら聞き手に)
　　　明日の昼十二時頃、ここで食事しない？

④ ソ系の特殊な直示について
　　(3)のような用法を、ソ系の直示の特殊なものとする立場(金水2000)と、一般的な直示とする立場(渡辺2003)がある。このようなソ系の扱いをどのようにするか。また、なぜこのように直示の規定に相違が生じるのか。

(3) A　もしもし、田中君ですか。
　　 B　はいはい、山田君？　そこ、どこ？　　　　　（金水 2000: p.162）

　本章では、これらの問題を考察した上で、指示詞の「直示」、及び指示詞が「指示する」ということの本質について検討する。

3.　直示の定義について

　先行研究において直示は、金水(1999: p.68)で「談話に先立って言語外世界にあらかじめ存在すると話し手が認める対象を直接指し示し、言語文脈に取り込むことである」とし、また渡辺(2003: p.419)は「ダイクシス、指示対象の同定が発話場面に依存する指示」とする。
　そこで本書では、コ・ソ・アの直示の定義を、以下のように仮定する。

(4)　【直示の定義】(仮)
　　　Ⅰ　意図　話し手がⅣ場面に存在するⅢ対象を、言語文脈に取り込むためにおこなう。
　　　Ⅱ　方法　話し手の発話場所を座標軸として、発話そのものでⅢ対象を指し示す。また、「指差し」等の身体的指示動作は、直示の補助的ツールである。
　　　Ⅲ　対象　談話空間において、話し手が視覚・聴覚等で物理的に、また感情・感覚等で仮構的にその存在を捉えられるすべてのものごと。
　　　　　　　　例：(仮構的)なかなかこの思いが彼女に伝わらない。
　　　Ⅳ　場面　話し手と聞き手の、談話空間及び談話時間が一致する場。

　なお、指示詞による「指示」という行為は、話し手の「(対象を)指示する」行為だけではなく、聞き手の「(対象を)同定する」という行為を伴う。しかし、この二つの行為は別のものであり、(4)の原則的な直示の定義は、

話し手の行為のみを定義するものである。これについては、次節で詳しく考察する。

この直示の問題について、(4)のⅠ意図については、ほとんど問題はないと考えられる。しかし、ⅡからⅣについては、渡辺(2003)金(2006)等で(直示の定義はなされていないが)相違があるため、先の2節であげた②〜④のような問題が生じていると考えられる。

そこで、これらの問題について用例をもとに考察を加えながら、(4)の直示の定義をさらに精密化していく。

4. 直示のⅡ方法とⅢ対象について

本節では、先の2節の問題点②・③を検討することにより、(4)直示の定義：Ⅱ方法・Ⅲ対象を、さらに明確に規定していく。以下に、本節で中心となる主張を、先にまとめておく。

(5) a. 直示のⅡ方法
   話し手は発話場所を座標軸として、対象までの距離・人称表示である「コ(近い)・ソ(やや遠い・聞き手に近い)・ア(遠い)」で対象を指し示す。なお、コ・ソ・アの直示は発話のみでおこなわれるもので、指差し等の身体的指示動作はコ・ソ・アの直示にとって常に義務的ではない。この身体的指示動作とは、距離(人称)・発話状況・属性(語彙)情報を考慮した上(語用論的理由)で、聞き手の同定には必要であると、話し手が想定した場合におこなわれる補助的ツールである。

   b. 直示のⅢ対象
   話し手は談話空間において、その存在を確認できるすべてのものごとを直示できる。ただし対象が、話し手が心理的に措定する空間である場合と、視覚的に捉えられる事物を指示する場合とでは制約が異なる。

まず、先の 2 節の問題点②「非言語行為が義務的であるとされる問題について」で述べたように、渡辺(2003)では直示(渡辺 2003 では、ダイクシス)を、指差し等が不必要である発話場面依存ダイクシス「指標詞」(6)と、指差し等が義務的である非言語的指示行為依存ダイクシス「直示語」(7)に分類している[3]。この分類は金(2006)の直示の象徴的用法と、直示(現場指示)の分類に対応する。

(6) 〈渡辺 2003 の指標詞、金 2006 の直示の象徴的用法〉
    (喫茶店の中で)ここ／この喫茶店、静かでいいね。
(7) 〈渡辺 2003 の直示語、金 2006 の直示〉
    (通りをあるいているとき喫茶店を指指しながら)
    ここ／この喫茶店、静かでいいよ。
                    (例文は渡辺 2003: p.422、「指指し」は原文のまま)

では、問題点②であげた、渡辺(2003)において「指差し」等の身体的指示動作が、直示語の用法では義務的とされることについて[4]、(8)〜(10)の直示の例をもとに検証していく。

(8) (オープンカフェの席。女性客は数人。ターゲットは 5 席向こうにいる女性)
    a. ほら、あれが太郎を振った女だよ。
    b. ほら、あの女が太郎を振った女だよ。

(8ab)では距離(ア「遠い」)・発話状況(複数人の女性がいる)の問題から、「目配せ」「軽い指差し」といった身体的指示動作が必要であろう。
次に、(9a)も何らかの身体的指示動作が必要だと思われるが、(9b)においては、「研究室は二人きり、女性の持っていたバックは一つ」という状況であれば、「指差し」等の身体的指示動作は特に必要ない。

（9）（研究室に入ってきた女性に）
　　a.　あら、それとても素敵だね。
　　b.　あら、そのバックとても素敵だね。

そして、(10ab)では、「指差し」等の身体的指示動作は必要ないだろう。

（10）（目の前にマネキン一体。マネキンにはプライスカードが貼ってある。）
　　a.　うわ、これ高いね！
　　b.　うわ、この服高いね！

この直示における「目配せ」「指差し」等の身体的指示動作の伴いやすさについては、以下の三つの要素が関連していると推測する。

（11）a.　距離(人称)、b.　属性(語彙)情報、c.　発話状況

まず、議論をより分かりやすくする為、単純化した指示の過程を図1に示す。

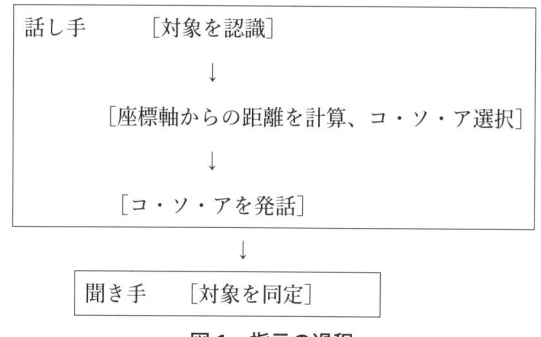

```
話し手　　　［対象を認識］
　　　　　　　　↓
　　　　　［座標軸からの距離を計算、コ・ソ・ア選択］
　　　　　　　　↓
　　　　　［コ・ソ・アを発話］
　　　　　　　　↓
　　聞き手　　［対象を同定］
```
図1　指示の過程

図1の指示の過程の上に、日本語の指示詞による指示には、以下の2点に留意する必要がある。

第一　指示詞の語構成要素の与える影響

　第一として、日本語の指示詞を構成する語の要素(特に語尾)が、聞き手の対象の同定に与える影響を考慮する必要がある。

　日本語の指示詞はコ・ソ・アという距離(人称)を示す形態素を語頭に、「―レ、―コ、―ノ(＋名詞)、―ンナ」等の形態素を語尾にもつ語類である。そして、これらはそれぞれ「―レ(物)」「―コ(場所)」「―ノ＋名詞(物等)」「―ッチ(方向)」等の属性情報をもつ。このように話し手は指示詞を発話することにより、聞き手に対し距離表示だけではなく対象の属性情報もある程度は与えている。

　なお、これらの属性情報について、先の(9a)「それ」・(9b)「そのバック」では、(9a)「―レ」より、(9b)「―ノ(＋名詞)」方が普通名詞による語彙情報が付加される分、聞き手に与える情報の量は当然多い。

第二　発話状況が与える影響

　第二として、発話状況が聞き手の対象の同定に与える影響についても考える必要がある。日本語においては、田窪(2002)で指摘するように、発話状況によっては普通名詞のみでも、現場の要素を直示することができる[5]。

(12)　本取って。　　　　　　　　　　　　　　　　　(田窪 2002: p.203)

　この普通名詞による指示と同様に、先の(9b)「そのバック」も、「研究室は二人きり、女性の持っていたバックは一つ」という発話状況では、ソによる距離(又は人称)表示と普通名詞「バック」の語彙情報のみで十分同定可能である(もし、研究室に複数人またバックも複数個の場合には、身体的指示動作がないと同定は困難)。

(９)a.　あら、それとても素敵だね。
　　b.　あら、そのバックとても素敵だね。　　　　　　　　　　(再出)

以上のように、コ・ソ・アによる距離(人称)表示と、上記の二つの留意点である「―コ・―レ・―ノ(＋名詞)」等による属性(語彙)情報、発話状況から総合的に、聞き手は指示対象を推定、そして同定していると考えられる。

(11)a. 距離(人称)、b. 属性(語彙)情報、c. 発話状況　　　　　　(再出)

　そこで話し手の指示行為としては、「コレ・ソレ」のように情報が少ない場合(「―レ」の「物」という情報のみ)や、先の(8b)「あの女」のように距離が遠く、また発話状況(複数女性がいる)から対象をひとつに絞り込めない場では、話し手は聞き手の同定が困難であると予測し、「指差し」等の身体的指示動作を補助的に用いると考えられる。
　これとは対照的に、語尾が「―レ」という情報が少ない場合でも、(10a)「これ」のように距離も近く、対象がひとつという発話状況であれば、話し手は聞き手の同定が容易であると予測し、身体的指示動作はおこなわない(勿論、おこなっても問題はない)。
　以上、コ・ソ・アの直示とは図1の上部である話し手の行為(対象を認識→対象までの距離を計算→コ・ソ・ア選択→発話)のみを指し、その他「指差し」等の身体的指示動作は、直示にとって常に義務的ではなく、語用論的に必要であると予測された場合に表れる補助的なツールであると考える。

　次に、上記の問題と関連する本章2節の問題点③「(一般的な)直示と直示の象徴的用法の問題について」を検討していく。
　金(2006)では(13)のようなコの指示を、「直示の象徴的用法」として(一般的な)直示とは分類して考えるべき用法であることを主張する。

(13)　<u>この国</u>ではいったい誰が外国人なのか外見では判断できないだろうし、また外国人かどうかを判定する必要もないのだ。ホテルにとって客は金さえ払えば文句のない存在なのだろう。

　　　　　　　　　(金 2006: p.125、沢木耕太郎、一瞬の夏、p.282)

金(2006)の「直示の象徴的用法」は、堀口(1978)の「絶対指示」の概念を具体化したものであり、その指示対象は話し手本人、もしくは話し手を含む時間と場所、またはある状況の程度があげられている。(先にも述べたが、この「象徴的用法」は渡辺(2003)の「指標詞」にあたる)
　この「絶対指示」「象徴的直示」は、「常に特定の対象を絶対的に指示する用法」(堀口1978: p.89)、「その指示対象を直接指で指し示すことができないこと、また発話の状況／直示の中心に関する情報があれば、それのみで指示対象が決まるということから、一般的な直示用法とは異なる」(金2006: p.121)という特徴をもつ用法であると指摘されている。
　そこでこの分類に対し、次のような疑問点が浮かび上がる。

(14)　「絶対指示」「象徴的用法」は主にコの用法であり[6]、また指示対象は場所・時間・程度というように用法に偏りがある。また、先に述べたように身体的指示動作は直示にとって補助的なものであることから、指差しできる・できないという観点から用法を分類することはできない。以上から、「絶対指示」「象徴的用法」を指示の一用法として、(一般的な)直示とは別に分類することは指示にとって本質的な問題なのであろうか。

　本書では、(6)(13)等のコについて「象徴的用法」といった別の用法ではなく、田窪(2002)の近称制約を受ける直示であると考える。この近称制約とは、田窪(2002: p.200)で「自分の手にもっているものを指すとか、自分が直接稼動できる身体部位等を指して同定する場合は、コ系列を使うのが原則である」というような、コが義務的である状況をいう。
　そこで、田窪(2002)の近称制約を受ける空間に関する指摘を引用する。

　　　しかし、空間の場合は、話し手や聞き手自身が含まれている場合とその空間から外に出ている場合とでは多少の違いがある。例えば話し手が部屋の中に入っていて、その部屋を示す場合は「この部屋」であり、そ

れ以外の表現は不可能である。この意味で空間に入っている場合は近称制約を受けることになる。　　　　　　　　（田窪 2002: pp.201–202）

　では、この近称制約を受ける空間とは、どのようなものであろうか。そこで、分かりやすく説明するため、話し手の直示における心的なイメージを表してみたい。
　まず、話し手は談話空間の中心である座標軸に立っており、その空間はイメージとして、ある限られた境界に囲まれている。その限られた空間とは、話し手が心理的(なわばり的)に近いと感じる領域である。これが、話し手がコ系的と措定する領域である[7]。この領域は話し手の心理的操作によって、自由に拡大・縮小する。例えば、6畳の「この部屋」、さらに25階建ての「この会社」、さらには最も広大な「この世界」といったものまで、コ系的な領域は拡大・縮小する。
　そしてこのコ系的な領域は、話し手が心理的に措定するものであり、話し手は指さし等の身体的指示動作でこれらを示すことはできない。

　ここまでは、心理的に措定する対象の直示について述べてきたが、実際に談話空間に存在する、視覚で捉えられる対象の直示にも近称制約を受けるものがある。
　それは、先の田窪(2002)で指摘する、話し手の手にもっているものや、直接稼働できる身体部位等を直示する場合である。これらの事物の直示は、先の近称制約を受ける空間の直示と、対象の自己操作可能性という点で類似している。
　しかし、それ以外の視覚で捉えられる対象の直示については、近称制約を受けることはない。このように直示は、その指示対象によって制約が異なることを注意しておく必要がある。
　そこで、先の2節の問題点③に戻ってみたい。(1)の例の場合は近称制約を受ける空間である為、「ここ」しか用いることができない。それに対し、(2)では、空間ではなく、目の前の視覚で捉えられる事物(レストラン)とし

て直示している為、(もちろん自己の操作可能性はなく)近称制約は受けない。

（１）　（ある会社を訪ねて）(ここ／*そこ)は田中社長の居られる会社でしょう？
　　　　　　　　　　　　　　　　　　　　　　　　　　　　　　　　　（再出）
（２）　（目の前のレストランを指差しながら聞き手に）
　　　　明日の昼十二時頃、(ここ／そこ)で食事しない？
　　　　　　　　　　　　　　　　　　　　　　　　　（再出、「そこ」を加えた）

以上のように、金(2006)「直示の象徴的用法」堀口(1978)「絶対指示」は、近称制約を受けた直示であると考えられる。確かに、制約を受けるという点で特徴があるといえるが、しかし直示とは別の用法として分類する必要はないのではないかと考えられる。

5. 直示におけるIV場面について

次に、コソアの直示のIV場面について、以下の点を中心に考察する。

(15)　IV場面について
　　　直示は、話し手と聞き手の談話空間および談話時間が一致する場である。その他、電話や手紙等の話し手(書き手)と聞き手(読み手)の談話空間や談話時間がずれる場合や、独り言のように聞き手が存在しない場合は、その直示に制約が生じる。

では電話における直示を中心に検討することにより、その直示の特徴を探っていく。
　なお、独り言による直示については、田窪(2002: p.198)「聞き手の近傍にある対象は、独り言と対話とでは異なった指示詞が用いられる場合がある」という指摘の他、黒田(1979)金水(1999)等で、独り言にはソ系が現れにく

いことが既に議論されている為、本章ではこれ以上扱わない。

(16) （自分自身に）あのバックは誰のかな。
(17) （同じバックを指して聞き手に）田中君、そのバックは誰の。

(田窪 2002: p.200)

（聞き手の近くにあるものはソ系で指すが、独り言の場合ア系を用いる）

電話による指示

電話による直示は、田窪(2002: p.202)で「聞き手の存在している空間に話し手が存在していないと認識される場合は、その聞き手が存在している空間は近称制約をうけ、ソ系列の指示詞しか使えない。電話で話している場面がその典型である」と指摘するように、近称制約を受ける指示である。

(18) （電話で）
　　　甲：田中君、そこどこ。
　　　乙：ここは東京ドームの入り口。

(田窪 2002: p.202)

　また、本章2節の問題点④であげた以下の電話の場面における(3)「そこ」が、ソ系の直示の特殊なものであるとする立場(金水 2000)と、一般的な直示であるとする立場(渡辺 2003)に分かれるという問題がある。

(3)　A　もしもし、田中君ですか。
　　　B　はいはい、山田君？　そこ、どこ？　　　　　　(再出)

　この論議は、金水(2000)の提案する直示(金水 2000 では、現場指示)の特徴「独立性・同時性・所在既知性」(所在既知性とは、「話し手は指示している時点で指示対象の場所が分かっている」(p.161)こと)に関わる問題であ

り、金水(2000)では上記の「そこ」には所在既知性がないため、ソ系の直示の中でも特殊なものであるとするのに対し、渡辺(2003)は以下の「ここ」にも所在既知性がないにも関わらず、直示が可能であることから、(3)の「そこ」も同様に一般的な直示であるとし、金水(2000)説の非妥当性を主張する。

(19) ここ、どこですか？ （渡辺 2003: p.424）

　上記には様々な問題が含まれているが、最も大きな問題は渡辺(2003)と金水(2000)の所在既知性の解釈の相違にあると推測される。
　渡辺(2003)では所在既知性について、指示対象の所在地(存在する場所＝地名等)に関する情報の既知と解釈しているが、この場合の所在既知性の有無の差とは、指示対象(この場合、電話の相手)が本当に「そこ」に所在する(＝存在すること)かどうかの既知の有無の差であると考えられる。これについては、以下の例で検証してみる。

(20) （電話で）
　　　田中「もしもし、山田君。」
　　　山田「はいはい、そこ、どこ？」
　　　田中「ここは、刀根山。」
　　　山田「そこ、どこか分からない(うそ。そこにいるはずない。)」

(21) （歩いていて）
　　　山田「ねえ、山田君。ここ、どこ？」
　　　田中「ここは、刀根山。」
　　　山田「*ここ、どこか分からない(*うそ。ここにいるはずない。)」

　例(20)(21)の山田1「そこ」「ここ」は、両者とも所在位置情報(場所の名称)についての問いかけと解釈され非文とはならない。

次に、(20)(21)の山田 2 で示すように、結局(20)のような電話による会話では、話し手には聞き手の所在(=「そこ」に存在すること)に関する確かな認識はない為、所在に関する否定はできる(「うそ。そこにいるはずない。」)。しかし、話し手の所在位置である(21)「ここ」については、自分自身が発話場所に所在(=「ここ」に存在すること)することは、勿論確かな認識があり否定することはできない。

このように一見すると同じ直示に見える山田 1(20)「そこ」(21)「ここ」であるが、実は(20)の「そこ」は、先の(4)のⅣ場面である「話し手と聞き手の、談話空間及び談話時間が一致する場」の条件を満たしていない特殊な直示である。

そこで、本論ではこのようなソ系の直示を「みせかけの直示」と呼ぶが、(4)のⅣ場面の条件を満たしている場合でも、ソ系には「みせかけの直示」が見られる。

(22) a. (夫が妻に)ちょっとそこまでタバコを買いに行ってくる。
　　 b. A：はさみどこ？
　　　　B：その辺にあるでしょ。

このソは、先の第 7 章で指摘した曖昧指示表現であり、これらは言語外世界に確定的な値をもたない。そしてこのような直示はコ・アにはまったくなく、ソのみに可能な指示である。これについては金水(1999)で、ソ系の直示(現場指示)が直接的な指し示しではなく、「あなたのそばの～」のような記述的な意味である可能性を指摘しているように、ソ系の指示の性質によるものであると考えられる。

6. まとめ

以上のまとめと、これからの課題について述べておく。

先行研究において、コ・ソ・アの直示は様々な形で、その用法が論議され

てきた。しかし、これらの中には、直示の概念が明確に規定されてこなかった為に、いわばすれ違った形で議論されたことが、少なからずあったのではないかと思われる。

　そこで本章では、直示を(4)で定義することにより、様々な例外的に見える直示の起こり得る状況を、予測可能とすることを試みた。

　再度まとめておくと「直示(ダイクシス)」とは、話し手が「(対象を)指示する」という行為と、聞き手が「(対象を)同定する」という行為を伴うものであり、話し手が(4)において、コ・ソ・アの発話でおこなうものである。そして、話し手は(11a)距離(人称)、(11b)属性(語彙)情報、(11c)発話状況から語用論的に、聞き手の対象の同定には必要であると想定したときに、指差し等の身体的指示動作をおこなう(聞き手も、話し手から与えられた距離(人称)・属性(語彙)情報と発話状況、また話し手の身体的指示動作(おこなわれた場合のみ)から総合的に対象を同定する)。

　最後に、現代語のコ・ソ・アによる直示(ダイクシス)は、本章で指摘したようにIV場面やIII対象が変わることにより様々な制約を見せるが、本書でここまでおこなってきた歴史的な資料を対象とした古代語の指示詞研究においても、これらのことを考慮に入れながら注意深く調査・分析を進めなければならない。資料的な限界のあるなかで、歴史的な直示(ダイクシス)の議論をより精密におこなうには、本章の定義と予測は、基本的な作業として重要であると考えられる。

注
1　本書では「ダイクシス」の訳語である「直示」を使用する。
2　吉本(1992)では、まず指示を直接指示と間接指示に分け、直接指示をさらに現場指示と文脈指示に分ける。また、間接指示とは総称指示・唯一指示という下位分類をもつ、普通名詞による指示である。
　　（１）（総称指示）鯨は哺乳動物である。魚ではない。

(吉本 1992: p.109)
なお、本章では関係する直接指示のみを表1に載せた。
3 渡辺(2003)のこの分類は Fillmore(1997)に基づいている。また Levinson(1983)では、次の(1a)を動作的用法(gestural usage)、(1b)を象徴的用法(symbolic usage)とする。
　　（1）a.　This finger hurts.(この指が痛い)
　　　　 b.　This city stinks.(この街はよくない)
4 金(2006)では、「「指差し行為が伴わない」という象徴的用法の特徴は、必要条件であって、十分条件ではない。」(p.120)と、「指差し」と「象徴的直示」の関係を述べているだけで、(一般的な)直示に「指差し」が義務的であるとはしていない。
5 田窪(2002)では本論の(12)「本」のように普通名詞が、現場の要素を直示しているように指示することができることについて、日本語では属性により発話現場にある対象を同定することが語用論的な操作として可能であるからとする。日本語では普通名詞は属性を表す場合と、属性により既に同定されている対象を指示する場合とは区別できない。それに対して、英語のような不定冠詞と定冠詞を区別する言語では、この機能は明確に分離している。
6 堀口(1978)はソについても、「対話や手紙などで聞き手が特定の場合には、「ソコ」「ソチラ」「ソノ町」「ソノ国」などの中称で、常に聞き手がその中に存在する場所を絶対的に表すものもある」(p.89)とする。
7 このコ系的な領域外がア系的な領域となる。また、ソ系的な領域の問題もあるが、ここではコ系を中心とする為、これ以上は扱わない。

第9章　今後の指示詞研究について

1. はじめに

　これまで本書では、現代・古代語の指示代名詞・指示副詞について考察をおこなってきた。しかし、指示詞は指示代名詞・指示副詞の問題だけではなく、接続詞(現代語)「ソレデ・ソコデ・ソシテ・ソレカラ」等・(古代語)「サレバ・サリトモ・サテ・シカラバ」等、人称代名詞(現代語)「コチラ(ノ方)・ソノ方・アナタ」等・(古代語)「コチ・ソチ・ソナタ」等、フィラー(相づち)「アノー・ソノー」等の様々な問題とつながっている。

　これらの機能を明らかにするには、(これらの語には、すべて指示詞が含まれおり、当然)指示詞の用法に関する研究成果をふまえた上で分析をおこなっていくべきであると考えるが、これまでの研究では、管見の限り、あまり指示詞の用法に関する成果を取り入れたものは見られない。

　そこで本章ではケーススタディとして、指示詞を含む接続詞「サテ」の考察をおこなう。そしてこれにより、接続詞の用法は指示詞の機能を視野に入れながら考察することによって、本質的な解明が可能であることを示していきたい。

2. 「サテ」について

　「サテ」については、田中(1984)で「転換の接続」とされ、「トキニ・ソコデ・トコロデ・ソレハソウト・デハ・マズハ・ソモソモ」と同じく「これ

らの接続詞は、まったく別の話を切り出したり、新たな話題をもち出すときに用いるものである」(p.119) とされる。

（１）　サテ、この辺でお開きにしましょうか。　　　　　（田中 1984: p.119）
（２）　東京・上野公園で昨年の花見期間中に出たごみの量。10 年前のピーク時に比べ減少傾向だが、清掃・処分に約 1700 万円かかった。さて今年は？（都公園建設課調べ）　　　　　（朝日新聞 2008/3/31、社会 2）

　なお、現代語の接続詞は市川(1976)が指摘するように、副詞(3)と接続詞(4)の両方の働きをするものは少なくない。ただし、現代語の「サテ」については(1)(2)のような接続詞（及び感動詞的）として働くものしか見いだせない。

（３）　そんなことになっては、なお悲しい。　　　　　　（市川 1976: p.240）
（４）　例会は明日午後五時から開かれます。なお、次回は来月中旬の予定です。　　　　　　　　　　　　　　　　　　　　　　（市川 1976: p.240）

　それに対し古代語（中古）「サテ」は、以下に示すように、副詞(5)と接続詞的(6)(7)な働きがあり、さらに様々な意味・用法をもっていることが指摘できる。

（５）　いかに思すにか、と心憂くて、「一ところをのみやは、さて世にはてたまへとは聞こえたまひけむ」　　　　（源氏物語、総角 5 巻、p.245）
　　　（父宮は姉上お一人だけに、このまま一生をお過ごしになるようにと申されたのでしょうか）

(6) 中宮のおはします町は、かやうの人も住みぬべくのどやかなれど、さ
てさぶらふ人の列にや聞きなされむと思して
(源氏物語、玉鬘3巻、p.125)
(中宮のいらっしゃる町は、こうしたお方も住むのに都合よくて閑静
であるが、そうすると、お仕えしている人と同列というふうに受け取
られもしよう)

(7) なにがしが及ぶべきほどならねば、上が上はうちおきはべりぬ。さ
て、世にありと人に知られず、さびしくあばれたらむ律の門に、思ひ
の外にらうたげならむ人の閉ぢられたらむこそ限りなくめづらしくは
おぼえめ。　　　　　　　　　　　（源氏物語、帚木1巻、p.60)
(ところでそんな人がいると誰からも知られず、寂しく荒れ果てたよ
うな草深い家に、意外にも愛らしげな娘が引きこもっているというよ
うなことがあったら)

　そこで本章では、古代語において副詞的な働きと、接続詞的な働きの両方
をもつ「サテ」の意味・用法を明らかとするとともに、古代語から現代語への
歴史的変化についても述べていきたい。

3. 先行研究と問題点

　先行研究として、古代語では糸井(1987、中古「カクテ」「サテ」)・荻野
(2000、中世末・近世「サテ」)・西田(2001、中古「サテ」)・高橋(1985、中
古の接続詞全体)等、現代語では浜田(1995c)・森山(2006)・長谷川(2000)等
がある。
　まず、古代語における考察として西田(2001)は、源氏物語における「サ
テ」の接続詞的用法を、地の文と会話文との文体の差異に着目し検討をおこ
なっている[1]が、その用法の詳しい定義はなされていない。その他の考察に
関しても同様であり、明確に古代語の「サテ」の用法を定義したものは見当
たらない。

そこで、これまでの「サテ」の考察における問題点を整理しておく。

問題点①　古代語「サテ」の総合的な分析（副詞・接続詞的用法）の不足
　古代語「サテ」の用法は本書の調査によると、副詞・接続詞的な用法において様々な意味・用法をもつと考えられる。さらに中古の「サテ」は、接続助詞「テ」の機能とあわせ考察される必要があると思われる。これらを視野に入れて考察されたものは、管見の限り、先行研究に見当たらない。

問題点②　現代語「サテ」の用法の分析、および現代・古代語の比較の不足
　これまでの歴史的な「サテ」の考察は、現代語「サテ」が転換の接続詞であるという前提（定義はなされていない）で検討がなされている。しかし、現代語「サテ」については浜田(1995c)・長谷川(2000)等によって様々な機能が指摘されている（後で考察するが、転換の用法のみではない）。そこで、現代語「サテ」を総合的に分析し、また現代語と古代語の「サテ」の用法を比較しながら論じる必要がある。

問題点③　指示詞研究の参照の不足
　接続詞「サテ」は、指示副詞「サ」を含んだものであるのに関わらず、これまでの研究には指示詞の成果を参照したものは、ほとんどない。「サテ」の歴史的変化を明らかにするには、指示副詞「サ」の歴史的変化もあわせて考察するべきであろう。

　問題点①について、古代語の接続助詞「テ」の研究成果を参照しながら、古代語(中古)「サテ」の意味・用法を分析していく(5.1 および 5.2)。
　問題点②について、現代語「サテ」と「ソシテ・トコロデ・デハ(ジャ・ジャア)」の先行研究をまとめた上で分析を行い、現代語「サテ」の意味・用法を考察していく(4節)。
　そして上記で明らかにした古代(中古)・現代語「サテ」を比較することにより、歴史的な変化について予測をおこない、実際に中世以降のデータを見ていく(5.2 および、5.3 から 5.5)。

問題③について、「サテ」の歴史的変化と、本書がこれまで述べてきた指示副詞(指示体系)の歴史的変化をあわせ考えることにより、両者の関係を明らかにしていく(6節)。

では、まず現代語の「サテ」から分析していく。

4. 現代語における接続詞「サテ」について

先にも述べたように、これまでの研究において「サテ」は主に転換の接続詞として考察がなされてきた。例えば、浜田(1995c)では「サテ、トコロデ」について、これらがどのような種類の文を後接し得るか(可展性)という視点から分析をおこない、(8)に示すように「サテ」は意志・働きかけのモダリティを後接することから、ある行動から次の行動へ移るときに出現する、行動の区切り目を示すマーカーとして機能する接続詞であるとしている。

（８） （さて／じゃあ／?? しかし／? ところで)行きましょう。

(浜田 1995c: p.601)

実際、小説(女社長に乾杯！)を調べると、会話文中の「サテ」17例中10例が、(9)のような行動の区切り目を示すマーカーとして機能している[2]。このことから、この用法は現代語の会話における「サテ」の主たる用法であると考えられる。

（９） 久子としては、大物であるべき夫が、社長ですらなくなったなどとは、考えも及ばなかった。「さて、出かけるかな」と尾島は立ち上がった。　　　　　　　　　　(赤川次郎、女社長に乾杯！、p.121)

しかし、解説文等の書き言葉で見られる「サテ」においては、この様相がかなり変わることが、長谷川(2000)によって指摘されている。長谷川(2000)は「サテ」の本質を「前件を前置きとした本題を後件に導入することであ

る」とし、その具体的な用法として「一般的な情報を承ける連接、予備知識を承ける連接、例示の連接、時間経過・進行過程の連接」(p.21)があるとする。示された例を、少々長いが引用する。

(10) 〈例示の連接〉
「世の中の現象は一様に分布しているのではなく、偏った分布をしている」。これは、所得分布に関して、イタリアの経済学者パレートが100年ほど前に発見した法則である。つまり、2割の人々の所得で、社会全体の所得の8割程度をしめるのである。その後、類似のことが多くの対象に成り立つことが分かり、パレートの法則は、品質管理で広く応用されることになった。これは、しばしば「2-8の法則」と呼ばれる。
　たとえば、車の部品のうち故障しやすいのは部品全体の2割程度であり、これで故障全体の8割を占める。(中略)
　パレートの法則を書類に適応すれば、「すべての書類を満遍なく使うのではなく、使う書類の8割は全保存書類の2割に集中している」はずである。(中略)
　さて、本の読み方にもパレートの法則が応用できる。一冊の本のなかで重要な部分は全体の2割くらいである。そして、ここに全体の8割の情報が入っている。だから本は最初から通読する必要はなく、2割だけを読めばよい。(後略)
(長谷川 2000: pp.24–25、『「超」整理法』1993)

なお、長谷川(2000)は解説文のみを調査対象とするが、本書で調査した小説の地の文にも、以下のように例が見られる。

(11) 「あの刑事さんと、そこまで進んでたの？知らなかったわ」と目を丸くしている。「そう？徹夜でTVゲームをやろうって前から約束してたのよ」と純子はとぼけた。
　　<u>さて</u>、午後五時のチャイムが鳴る。特に忙しくない者は、さっさと机の上を片付けて帰り、忙しい者は残業。それはまあ当然だが……。
　　　　　　　　　　　（赤川次郎、女社長に乾杯！、p.351）

　なお、この(10)(11)の「サテ」に関しては、浜田(1995b)において添加の接続詞とされる「ソシテ」に置き換えることができる。

(10)' パレートの法則を書類に適応すれば、「すべての書類を満遍なく使うのではなく、使う書類の8割は全保存書類の2割に集中している」はずである。(中略)
　　<u>そして</u>、本の読み方にもパレートの法則が応用できる。
(11)' 「そう？徹夜でTVゲームをやろうって前から約束してたのよ」と純子はとぼけた。
　　<u>そして</u>、午後五時のチャイムが鳴る。特に忙しくない者は、さっさと机の上を片付けて帰り、忙しい者は残業。それはまあ当然だが……。

　次に、長谷川(2000)が「一般情報を承ける連接予備、知識を承ける連接」としている「サテ」には、「トコロデ」に置き換えることができるものがある。

(12) 〈一般情報を承ける連接〉
世の中はいつの時代でもせちがらいものだ。おっとり構えていると、いつのまにか出し抜かれてしまう。(さて／トコロデ)、「人を出し抜く」ことを英語で steal a person's thunder(＝人の雷を盗む)という。どうして、雷を使うこのような言い回しが生まれたのであろうか。
(長谷川 2000: p.23、『つい誰かに話したくなる雑学の本』1996、「トコロデ」を加えた)

この「トコロデ」については川越(1995)で、本質は「話題レベルのシフト」(p.473)であり、文脈によって「話題の変更、参照あるいは補注、補足、本題の導入、関連事項の導入」として機能し、(13)のような本題を導入する「トコロデ」は「サテ」に置き換えられるという指摘がある(なお、これらの「トコロデ」は「ソシテ」には置き換えられない)。

(13) 〈本題を導入〉(「クイズ日本人の質問」NHK1993・8・17 放送)
(「ロープーウェイのロープが延びてしまったらどうするか」という質問に対して)
桂文珍：(ロープーウェイの模型を示しながら)余談ですが、これはなぜロープーウェイといいますかと申しますと、御客様はここにのりますね。ロープは上でございます。(会場、笑い)(ところで／サテ／＊ソシテ)、(ところで／サテ／＊ソシテ)、そばとロープは伸びたものは困りものです。…伸びた分は切るんでございます。
(川越 1995: p.471、「サテ」「ソシテ」を加えた)

また、先に述べた行動の区切り目のマーカーとして働く(9)「サテ」も、以下のように「ソシテ」と置き換えることはできない。

(9)′ 久子としては、大物であるべき夫が、社長ですらなくなったなどとは、考えも及ばなかった。
　　「(さて／＊ソシテ)、出かけるかな」と尾島は立ち上がった。

　また本書で、現代語「サテ」を詳細に観察したところ、以下のような「デハ(ジャ・ジャア、以降あわせて「デハ」とする)」と置き換え可能な例が多く見られた。

(14)　同大危機管理学部の田中厚成教授(水流解析)によると、激流が足にぶつかると、押し出そうとする力に加え、浮かび上がろうとする浮力、渦も起きて水底に引きずり込もうとする力も発生する。(中略)「水深10センチ・秒速1メートル」の水流が、「水深20センチ・秒速2メートル」になると、(さて／デハ)力は何倍になるでしょうか？
　　　　　　　　　　　(朝日新聞 2008/9/3 社会3、「デハ」を加えた)

　最後に、接続詞ではないが、現代語には感動詞・慣用句として働く「サテ」が見いだせる。この「サテ」は、以下のような疑念・とまどい等を表す場合に用いられている(典型的には「サテハ・サテハテ」、慣用句として「サテオキ」)。

(15)　これを高く掲げれば、「戦闘のゴールは近い」と示すことができる——。意図をそう理解した。重機で上がると、目の前のフセインの顔は1メートルほどもあった。「(さて／＊デハ／＊トコロデ／＊ソシテ)、どうしようか」。迷っていると風が吹いてきて、星条旗が手から離れ、顔にかぶさった。
　　(朝日新聞 2008/8/14、社会2、「デハ・トコロデ・ソシテ」を加えた)

　ここで結論を一部先取りすることになるが、現代語の「サテ」を整理すると、以下の4つの働きがあると考えられる。

(16)　サテ①添加＋転換 A　　（「ソシテ」と似た働きをするもの）
　　　サテ②転換 B　　　　　（「トコロデ」と似た働きをするもの）
　　　サテ③転換 C　　　　　（「デハ」と似た働きをするもの）
　　　　　　　　　　　　　　→サテ③はさらに③質問と③話題・行動
　　　サテ④感動詞的用法　　（他、慣用的なもの）

　そして、さらにこれらの現代語「サテ」を談話標識として分析すると(17)となる。

(17)　　客観的な文と文(段落と段落)の関係を示す
　　　　　サテ①添加、　サテ②話題の転換
　　　　主観的なメタ的情報(話者の伝達上の態度)を示す
　　　　　サテ③転換、　サテ④どまどい・かけ声等(感動詞)

　このサテ①～④を、指示詞(「サテ」の「サ」はそもそも指示詞である)という点から見れば、サテ①～④は共通して、指示詞としての機能をほぼ失っている、つまり先行文脈に明らかな指示対象(先行詞)は存在しない、ということが指摘できる。
　次に、接続詞とされる①～③を、文の連接という点から見れば、サテ①の場合、前件と後件は論理的必然性がほとんどなく、何かしらの関係でゆるやかにつなげているものであり、またサテ②はサテ①よりもさらに前件と後件の関係が薄く、西田(1986)の指摘する「段落の連接」という、文より高次の意味ブロック間の関係を示すものであると考えられる。そしてサテ③については、前件と後件(また前後の段落)の関係を示すものではなく、(17)に示すように話し手の主観的なメタ的情報を示していると考えられる。
　なお、本章は古代語(中古)「サテ」を中心に考察していくが、古代語「サテ」には、現代語サテ①②とほぼ同じ用法であると思われるものは見いだせるが、サテ③は見いだせない。またさらに古代語では、前文と後文の論理的関係を示すものや、先行する文脈内に先行詞をもち、副詞として働くものも

見られる(詳しくは後で述べる)。

では、現代語サテ①〜④の意味・用法について、「ソシテ・トコロデ・デハ」の先行研究を参照しながら、詳細に分析していく。

4.1 サテ①について

サテ①は、先にも述べたように「ソシテ」と似た働きをするものである[3]。「ソシテ」については添加[4]の接続詞とされ、この添加について森山(2006)では同類異項目である前件と後件の接続の場合に現れることができるとする[5]。

(18) コーヒー豆がなくなった。(そして／それから)紅茶もなくなった。そろそろ買いに行こう。　　　　　　　(森山 2006: p.191、一部変更した)

そして、サテ①も同じく添加として働くが、「ソシテ」とは違い、森山(2006)の同類異項目に加えて場面・視点の転換(転換 A とする)を必要とすると考えられる。この場面・視点の転換(転換 A)とは、

(19) 太郎と次郎は、二人でお金を出し合って馬券を買うことにした。(ソシテ／*サテ)5万ずつ出し合い、10万円分の馬券を買った。

(19)では「ソシテ」しか用いることができないが、以下(19)'「次の日」といった場面の転換や、(19)''のように視点を太郎に移すと「サテ」が使えるようになる。

(19)' 太郎と次郎は、二人でお金を出し合って馬券を買うことにした。(ソシテ／サテ)次の日、5万ずつ出し合い、10万円分の馬券を買った。

(19)'' 太郎と次郎は、二人でお金を出し合って馬券を買うことにした。(ソシテ／サテ)太郎は、予想を立てるため、競馬新聞を買った。しかし次郎は、何もしなかった。

以上のように、「ソシテ」に関しては同類異項目の添加として用いることができるのに対し、サテ①に関しては、同類異項目の添加に加え、場面・視点の転換(転換A)を必要とすると考えられる。

このことはまた、(転換性のない)付帯的な事情(20)や一連の動き(21)を表している「ソシテ」と、「サテ」を置き換えることができないことからも明らかである。

(20)　顔に水滴があたった。(そして／*サテ)それはまぎれもなく雨だった。
　　　　　　　　　　　　　　　　　　(森山2006: p.198、「サテ」を加えた)
(21)　エス氏は休日を楽しむため、ここへやってきた。(そして／*サテ)、湖の氷に小さな丸い穴をあけた。そこから糸をたらして、魚を釣ろうというのだった。だが、なかなか魚がかからない。
　　　　　　　　　　　　　　　　　　(森山2006: p.202、「サテ」を加えた)

なお、古代語の「サテ」には、場面・視点の転換がない添加の例が見られる。これについては、歴史的な考察で述べていく。

4.2　サテ②について

次に、「トコロデ」と似た働きをするサテ②について考察していく。「トコロデ」[6]について川越(1995)は、「トコロデ」の本質は「話題レベルのシフト」(p.473)であり、文脈によって「話題の変更、参照あるいは補注、補足、本題の導入、関連事項の導入」として機能し、本題を導入する「トコロデ」については、「サテ」に置き換えられると指摘する。

この「トコロデ」の機能についての川越(1995)「話題レベルのシフト」の指摘は首肯できるが(転換Bとする)、「トコロデ」と「サテ」の置き換えについては、現在のところ、テクストの性質が大きく関わっているのではないかと考える。

まず、川越(1995)「話題の変更、補足」の例(22)(23)については、確かに「サテ」と置き換えられない。

(22) 〈話題の変更〉
　　　(友人同士、電話でのやりとり)
　　　A：(最近イギリス旅行から帰ったところ。帰国後すぐ東京の学会へ
　　　　　行って疲れたという話題。)(ところでさあ／＊サテ)、Oxford
　　　　　Picture Dictionary って知ってる？
　　　B：Oxford の辞書なの？
　　　A：そう。向こうで買ったの。結構面白いから今度見せてあげるよ。
　　　　　　　　　　　　　　　(川越 1995: p.473、「サテ」を加えた)
(23) 〈補足〉
　　　(台所で客と家人の会話)
　　　客：熱いお茶が飲みたいんですが。
　　　家人：じゃ、コンロでお湯を沸かして。(やかんを手渡す)
　　　客：はい。(やかんに水を入れる)
　　　家人：(ところで／＊サテ)、熱い何が飲みたいの？
　　　　　　　　　　　　　　　(川越 1995: p.474、「サテ」を加えた)

　ところが、(22)(23)を以下のように、やや改まったインタビューや映画の場面にかえると置き換え可能となる。

(22)' (インタビュー。イギリス留学・東京での学会の話の後)
　　　A：(トコロデ／サテ)、Oxford Picture Dictionary をご存じですか？
　　　B：Oxford の辞書でしょうか？
　　　A：はい。是非一度御覧頂きたいと思い、持参したのですが。
(23)' (洋画の一場面。吹き替え。貴族の家に、客が来たところ)
　　　客：熱いお茶をいただきたいのですが。
　　　家人：では、お湯を沸かしましょう。
　　　客：はい。
　　　家人：(トコロデ／サテ)、何をお飲みになりたいのでしょうか？

以上から、サテ②では「本題の導入」と「話題の変更・補足」といった機能の違いではなく、「トコロデ」がくだけた対話に用いられやすいのに対し、「サテ」はそのような場合には用いられにくいというテクストの違いによるものと考えられる[7]。
　ただし、「トコロデ」と「サテ」には機能の違いもあり、その機能の相違とは「サテ」が、サテ①や③(そして④)として働いている場合であり、その場合には、もちろん置き換えることができない。

(19)″〈サテ②：前件から後件へ添加〉
　　太郎と次郎は、二人でお金を出し合って馬券を買うことにした。(ソシテ／サテ／＊トコロデ)次の日、5万ずつ出し合い、10万円分の馬券を買った。
(9)′〈サテ③：先行する発話がなく、次の行動や場面へと転換する〉
　　(＊トコロデ／ジャ(デハ)／サテ)、出かけるかな。

4.3　サテ③について

　次に、サテ③について考察していく。まず、「デハ」について[8]浜田(1991)は「新しい情報が入力された時、普通人間は、推論を行い、周囲への働きかけ等、積極的反応をする。その時現れるのが「デハ」系接続語なのである」(p.30)、また「「デハ」の本質的機能は推論であるが、そこから派生して解釈、推論の確認・補充、態度表明、転換などの機能を有している。」(p.41)と指摘する。以下に、浜田(1991)のそれぞれの例を示す(例はすべて浜田1991、「サテ」を加えた)。

(24)〈解釈〉
　　三好「ベストスコアはどのくらいですか。私は最近、調子悪くて80台が出れば御の字ですけどね。」
　　山口「(じゃ／＊サテ)、38、9で回ることもしばしばあるんだ。」
　　　　　　　　　　　　　　　　　　　　　　　　　　　(p.35)

(25) 〈推論：伝達・確認〉

　　西川「何年生まれでございますか？」

　　西本「僕は昭和二十二年なんです。」

　　西川「(じゃ／*サテ)、僕、ひとつ上になります。」　　(p.36)

(26) 〈推論：補充〉

　　「佐野さんの旦那ははっきり言うとったよ、おまえがしたって」

　　「あの家は何があっても、私のうちのせいにするのよ」

　　「(じゃ／*サテ)、誰がしたんだ？」　　(p.37)

(27) 〈態度表明〉

　　一郎は眠ってしまった梓を抱いていた。「眠っちゃったの？」「ええ…」「(じゃ／*サテ)、そのまま寝かせて下さい。部屋のベッドで…」

　　(p.38)

(28) 〈転換〉

　　a. (では／サテ)、次のニュースです。

　　b. (では／サテ)、ただ今より会議を始めます。　　(p.39)

　上記において、「サテ」と置き換え可能な「デハ」は、(28)の転換のみである[9]。そして(24)から(27)のように、前件から後件へ推論が行われた場合、およびその派生である「解釈、推論の確認・補充、態度表明」(浜田1991)の場合に現れる「デハ」と「サテ」が置き換えることができないのは、「サテ」が前件と後件のこのような関係を表すことができないことによると考えられる。

　なお、この「デハ」と「サテ」が置き換え可能の場合は、上記(28)の次の話題や行動へと移るときに現れるものと、さらに(29)のクイズ・質問形式に現れるものである(サテ③転換Cとし、さらに次の話題や行動へ移るときを「サテ③話題・行動」、クイズ・質問形式の場合を「サテ③質問」とする)。

(29) 首相に就任してから顔を使い分ける技量が一気にうまくなったのは田中角栄だったと振り返る。それまで悪口を言っていた相手と出会ったとたんに、眉を開いて破顔一笑、ほほを使って笑い相手のふところに飛び込んだ。(さて／デハ)、それでは次期首相にふさわしい「顔」を持つ政治家とは、いったい誰なのか。

(AERA 2007/10/1、「デハ」を加えた)

なお、サテ③については(30)(31)(32)のように、感動詞「さあ」等と置き換え可能である。

(30) (サテ／サア)そろそろ出かけようか。
(31) 「(さて／サア)今日は、沖縄が独り占めしてきた米軍基地を、特別価格でお届けします。普天間がたったの7千億円！」
「えっ社長、そんなにお安くしていいんですか」
「今回だけの特別ご奉仕！」

(朝日新聞 2008/5/25 総合1、「サア」を加えた)
(32) (女子的川柳：1)貼り付けた笑顔が剥がれる音がする
(さて／サア)一回目。口角をあげ、我慢を重ねて愛想を振りまく日々。そこに心ない上司の一言。厚塗りのファンデでも怒りが隠せないことってありますよね。　(AERA 2007/8/13、「サア」を加えた)

つまりサテ③は、これまでの前件から後件への添加(サテ①)や、話題の転換(サテ②)といった文と文、または段落と段落との関係を表すものではなく、次の行動や場面等へと転換する前の、いわば掛け声・先触れ・宣言のような役割をしており、より感動詞に近い用法であるといえる。

4.4　感動詞的用法のサテ④について

最後にサテ④として、感動詞として働く「サテ」について述べる。このサテ④は、以下のような疑念・とまどい等を表す場合に用いられる(典型的に

は「サテハ・サテハテ」のように用いられる)。

(33) なぜ、夫人が殺されかけたと尾島は考えたのか。そんな理由があるのだろうか？「さて、それは—」医師にそんなことを訊いても無理というものだ。　　　　　　　　　　（赤川次郎、女社長に乾杯！、p.500）
(34) 犯人の要求通り、身代金の用意をした。しかし、犯人は約束の時間には現れない。「さては、逃げたのでは…」と誰もが、そう考えた。
(35) 「さてはて、どうしようか」

また、さらに古代語の副詞的用法が慣用的に残った「サテオキ」がある。

(36) スポーツ映像は、勝敗が決した瞬間が華だろう。顔を両手で覆う選手が結構いる。悲喜を問わず、感極まった面相は公開無用の「私物」ということかもしれない。それはさておき、北京からの絵に一喜一憂するこの国で、覆いようがなくなってきたものがある。政治と経済の弱さだ。　　　　　　　　　　　　　　　（朝日新聞 2008/8/22 総合1）

4.5　現代語「サテ」のまとめ

以上、現代語における「サテ」について考察をおこなった。これまで「転換の接続詞」とされてきた現代語「サテ」は詳細に分析していくと、サテ①〜④のような様々な意味・用法をもつことが分かる。

さて次に、古代語(中古)の「サテ」を調査したところ、現代語では見いだせない副詞的に働くものや、前件と後件の条件関係を示すものが見られること、また、現代語のサテ③・サテ④にあたる用法をもたないことが指摘される。これについては、次節以降で論じていく。

5.　古代語の「サテ」について

古代語の「サテ」はサ系列の語の中でも、最も早く(中古)見いだせる語で

ある。この古代語における「サテ」を明らかにするためには、「サ」の指示副詞としての性質と、さらに古代語の接続助詞「テ」の機能も視野に入れて、調査・分析する必要があると考える。

そこで、本節ではまず「サテ」が見いだせるようになる中古において、どのような意味・用法であったのかを、接続助詞「テ」の用法を視野に入れながら明らかにしていく。そしてその後、歴史的な流れの中で変化していく「サテ」について述べていきたい。

5.1 中古の「サテ」の意味・用法について

中古の源氏物語[10]の「サテ」の用法について分析し、分類したものを示していく。なお、中古では「サテ」に、助詞「モ」「ハ」等がついた「サテモ」「サテハ」等や、「サテ」を重ねた「サテサテ」が見いだせるが、これについては現代語「サテ」との比較、また歴史的変化における議論を分かりやすくするために、考察対象外とする[11]。

先にも述べたが古代語の「サテ」については、接続助詞「テ」の意味・用法とあわせ考察する必要があると考えられる。

そこで、古代語の接続助詞「テ」の用法について、重要な指摘であると考える山口(1980)を参照する。山口(1980)によると、「テ」で接続される前句と後句の意味関係は、二つ(以上)の事態が、空間的にせよ時間的にせよ、ただ並列されているというだけの関係であると見てよいとする。その上で「テ」は以下のように働くとする(山口1980の指摘を、まとめたものを示す)。

(37) a.　「テ」で接続される両句の事態は、現実において「時間的に継起する関係」が認められるものと、「空間的に隣接共存する関係」が認められるものがある。

　　b.　両句の意味関係としては、「確定と仮定(それぞれ順接と逆接)といった条件関係」、「前句の事態が後句の事態の成立する場面になるという場面性の関係」、「後句において前句と価値的情況的に類似す

る事態が累加するという累加性の関係」、「二つの事態が同時的に並行する同時性の関係」、「前句が後句の手段ないし方法にあたるという意味関係(「方法性」と呼ぶ)」等がある。
　c.　bに示す「テ」の関係表示は消極的なものであり、文脈に依存している。

　中古の「サテ」についても、指示副詞「サ」で指示する事態を前件とし、「サテ」に後続する(または係る)事態を後件とすると、前件と後件の意味関係は上記の「テ」による接続と同じく、空間的・時間的にただ並列(同時・継起)されている関係であり、文脈により(37b)と同じような関係を表すと考えられる。
　そこで、両件の意味関係から、古代語の「サテ」を分類すると、以下のようになる。指示副詞「サ」が指示する前件の事態が、後件の事態を修飾・限定する(Ⅰ)副詞的用法、また前件の事態を受け後件の事態と関係づける(Ⅱ)接続詞的用法、そしてさらに(Ⅱ)接続詞的用法は次のように分類される(詳しくは5.2で述べる)。

(Ⅰ)副詞的用法
(Ⅱ)接続詞的用法
　(Ⅱ-A)条件
　(Ⅱ-B)添加
　(Ⅱ-C)転換を含む添加
　(Ⅱ-D)転換α
　(Ⅱ-E)転換β：(Ⅱ-E-1)質問、(Ⅱ-E-2)話題・行動

　さらに、中古の「サテ」にはなく、「サテモ・サテサテ」等と用いられる場合に見られる、前件と後件の事態をまったく関係づけない(Ⅲ)感動詞的用法がある(「サテ」は、中世以降にこの用法を獲得するため、分類に入れる)。
　なお、結論を先取りすることになるが、現在の調査では、近世前期まで

（Ⅱ）接続詞的用法の（Ⅱ-E-1）（Ⅱ-E-2）を見いだすことができない（近世前期までは（Ⅱ-E）として一括して扱う）。

この分類において、（Ⅱ-C）「転換を含む添加」は現代語サテ①、（Ⅱ-D）「転換α」はサテ②へと、それぞれ歴史的につながっていく。（Ⅱ-B）については現代語の「サテ」にはない添加（のみ）の用法であり、詳しくは 5.2 において源氏物語の例を示しながら説明していく。

5.2 中古の「サテ」と歴史的変化の予想—源氏物語を中心に—

源氏物語の「サテ」を分類したものを表1に示す。

表1 源氏物語の「サテ」の用法

| Ⅰ | Ⅱ接続詞的 ||||| Ⅲ | 計 |
副詞的	A	B	C	D	E	計	感動詞的	
48	18	17	6	18	0	59	0	107

注：Ⅰ副詞的用法、Ⅱ接続詞的用法（Ⅱ-A 条件、Ⅱ-B 添加、Ⅱ-C 転換を含む添加、Ⅱ-D 転換α、Ⅱ-E 転換β（Ⅱ-E-1 質問・Ⅱ-E-2 話題・行動）、Ⅲ感動詞的用法、以降表では下線部のみで記す。

表1に示すように（Ⅰ）副詞的用法と（Ⅱ）接続詞的用法は、ほぼ差がなく見いだせる。そして、この時期の特徴として現代語のサテにはない（Ⅰ）副詞的用法 48 例、（Ⅱ-A）条件 18 例、（Ⅱ-B）添加 17 例とまとまって見いだせ、（Ⅱ-E）転換βと（Ⅲ）感動詞的用法は見られない。

では、それぞれの用法について、例を示しながら詳しく見ていく。

（Ⅰ）副詞的用法

副詞的用法としての「サテ」は、前件が後件の表す動作・できごと等のやり方・ありさまを示したり、前件が後件と同時並行的におこなわれている付帯的な動作・状況を示す。

(38) 「よき若人、童など、都のやむごとなき所どころより類にふれて尋ね
とりて、まばゆくこそもてなすなれ」、「情なき人なりてゆかば、さて
心やすくてしもえおきたらじをや」など言ふもあり。
(若紫 1 巻、p.204)
(そんなふうに気楽にはほってはおかないだろうな)

(39) いと睦ましく、ありがたからむ妹背の契りばかり聞こえかはしたま
ふ。御几帳隔てたれど、すこし押しやりたまへば、またさておはす。
(初音 3 巻、p.147)
(そのままいらっしゃる)

(40) 六は春宮に奉らんと心ざしたまへるを、いとほしうもあるべいかな、
わづらはしう尋ねんほども紛らはし、さて絶えなんとは思はぬ気色な
りつるを　　　　　　　　　　　　　　　　　　(花宴 1 巻、p.359)
(あれきりで別れようとは)

　なお、源氏物語の(Ⅰ)副詞的用法の「サテ」には、「サテ(モ)」＋「アリ」
＋「ベシ」で「それはそれで(ありだろう・良いだろう)」という慣用的な表
現で、まとまって見られる例がある。

(41) 唐国のはげしき獣の形、目に見えぬ鬼の顔などのおどろおどろしく作
りたる物は、心にまかせてひときは目おどろかして、実には似ざらめ
ど、さてありぬべし。　　　　　　　　　　　　(帚木 1 巻、p.70)
(真実に遠いようでしょうが、それでそれでまあいいでしょう)

(Ⅱ)接続詞的用法
　先に述べたように源氏物語には、現代語では用法がない(Ⅱ-A)条件と
(Ⅱ-B)添加、そして現代語のサテ①につながる(Ⅱ-C)転換を含む添加、サ
テ③につながる(Ⅱ-D)転換αが見いだせる。そして(Ⅱ-E)転換βについて
は源氏物語では例は見いだせない。

(II-A)条件

前件と後件が、条件関係[11]を示すもの。現代語においては「ソレデ・デハ・ソレデモ・ソウシタラ」等と、かなり近い働きをする。

(42) 父宮の尋ね出でたまへらむも、はしたなうすずろなるべきを、と思し乱るれど、<u>さて</u>はづしてむはいと口惜しかべければ、まだ夜深う出でたまふ。　　　　　　　　　　　　　　　　（若紫 1 巻、p.252）
（もし父宮から尋ね出されもしたら、みっともなく格好のつかぬことになるだろうと色々お考えになるが、それでもこの機会をやり過ごしてしまったら、まことに不本意なので）

(43) 「いとすきたる者なれば、かの入道の遺言破りつべき心はあらんかし」「<u>さて</u>たたずみ寄るならむ」と言ひあへり。　　（若紫 1 巻、p.204）
（「実際好色男だから、その入道の遺言を反故にしてやろうという魂胆だろうよ」「それでその辺をうろうろしているのだろう」）

(44) 「着たる物のさまに似ぬは、ひがひがしくもありかし」とのたまへば、大臣うち笑ひて、「つれなくて、人の御容貌推しはからむの御心なめりな。<u>さて</u>、いづれをとか思す」と聞こえたまへば

　　　　　　　　　　　　　　　　　　　　（玉鬘 3 巻、p.135）
（人のご器量を推し量ろうというおつもりのようですね。では、あなたはどれをとお思いですか）

(II-B)添加

(II-B)は先にも述べたように、現代語では「サテ」と置き換えられない「ソシテ」と近い働き(場面・視点の転換がない添加)をするもの(46)、さらに現代語で添加として働く「ソレデ・ソレカラ」等と近い働きをするものである(ソレデ(47)、ソレカラ(48))。

(45) フードセンターの前の有楽町でおりましてね、(そして／ソレデ／ソレカラ)アノ銀座へ向かっていらっしゃいましてね、電車通りの、一つ、四つ角をね、入りますとすぐ左側ですけど。

(浜田 1995a: p.575、原文のまま)

(46) 宮、大将などにやゆるしてまし、さてもて離れ、いざなひ取りてば、思ひも絶えなんや　　　　　　　　　　(常夏 3 巻、p.234)
(兵部卿宮か右大将などにでもいっそのこと許してしまおうか、そして自分とは縁が切れて、その人たちに迎え取られるのだったら、諦めもつこうというもの)

(47) 「しか。一昨年の春ぞものしたまへりし。女にていとらうたげになん」と語る。「さていづこにぞ。人にさとは知らせで我に得させよ。(後略)」　　　　　　　　　　　　　　　　　(夕顔 1 巻、p.186)
(「女の子でとても可愛らしゅうございました」「それで、どこにいるの？」)

(48) さらにかかる消息あるべきことにもあらずとのたまはせ放ちければ、かひなくてなん嘆きはべりける。さて、また、常陸になりて下りはべりにけるが　　　　　　　　　　　　　(宿木 5 巻、p.460)
(その女はお知らせ申したかいもなかったと嘆いていたのでございました。それからまた、その夫が常陸守になり自分も下向しておりまして)

(Ⅱ-C)転換を含む添加

　現代語のサテ①(添加+転換 A)と、ほぼ同じ働きをするものである。

(49) 絵などのこと、雛の棄てがたきさま、若やかに聞こえたまへば、げに いと若く心よげなる人かなと、幼き御心地にはうちとけたまへり。さ て後は、常に御文通ひなどして、をかしき遊びわざなどにつけても疎 からず聞こえかはしたまふ。　　　　　　　（若菜上 4 巻、p.92）
（宮（女三の宮）はあどけないご性分なので、すっかりおなじみにならゐれた。そして後は、いつもお手紙のやりとりなどがあって）

(II-D) 転換 α

現代語のサテ②(転換 B)と、ほぼ同じ働きをするものである。

(50) 「深き里は人離れ心すごく、若き妻子の思ひわびぬべきにより、かつ は心をやれる住まひになんはべる。（中略）後の世の勤めもいとよくし て、なかなか法師まさりしたる人になむはべりける」と申せば、「さ てそのむすめは」と問ひたまふ。　　　　　（若紫 1 巻、p.203）
（「深い山里は人家も遠くてぞっとするほど寂しく、若い妻子が辛く思 うに違いないでしょうし、（中略）法師となってかえって人柄もまさっ た人物というものでございました」「ところで、その娘というのは」）

(III) 感動詞的用法

　感動詞的用法としての「サテ」について、森田(1973)では「平安時代に は「ソレデハ」の気持ちの発展として驚きを感ずるときや、驚きあきれると きの感動詞としても転用されている。多く「さてさて」「さても」「さてもさ ても」の形で使われた」(p.205)とし、「さてもつれなきわざなりや」(源氏物 語・椎本)の例をあげている。森田(1973)にはこれ以上の言及はないが、本 書で調べたところ源氏物語には「サテ」のみで感動詞として働くものはな く、「サテモ(ヤ)」「サテサテ」の形で用いられている(なお、現代語「サテ」 は驚きあきれると言った意味合いではなく、「とまどい」等の感情を表す場 合に用いられている)。

(51) 　宿世の引く方はべるめれば、男しもなむ仔細なきものははべめる」と
　　　申せば、残りを言はせむとて、「さてさてをかしかりける女かな」と
　　　すかいたまふを、心は得ながら、鼻のわたりをこつきて語りなす。
　　　　　　　　　　　　　　　　　　　　　　　　　（帚木 1 巻、p.86）
　　　（いやはや、面白い女がいるもんだ）

　以上のように源氏物語には、「サテ」のみで(Ⅲ)感動詞的用法として働く
ものは見いだせず、これについては以下に示す他の中古の資料でも同様であ
る。
　次に、土左日記・竹取物語・伊勢物語の「サテ」について調査したもの
を、表 2 に示す。表に示すように、「サテ」はかなり少ないが(Ⅱ-E)と(Ⅲ)
が見いだせないことは源氏物語の結果と同様であり、やはり中古ではこれら
の用法は、未だ発生していなかったと考えられる。

表 2　その他、古代語(中古)の「サテ」の用法

	Ⅰ 副詞的	Ⅱ接続詞的 A	B	C	D	E	計	Ⅲ 感動詞的	計
土左	1	1	1	1	1	0	4	0	5
竹取	0	1	1	0	1	0	3	0	3
伊勢	0	0	8	2	0	0	10	0	10

注：更級日記では「サテ」のみは見られなかった。

(52) 　うみをみやれば、くももみななみとぞみゆるあまもがないづれかうみ
　　　ととひてしるべく　となんうたよめる。さて、とうかあまりなれば、
　　　つきおもしろし　　　　　　（土左日記、承平五年一月十三日、p.38）
　　　（ところで、十日すぎなので月がとてもよい）

(53) むかし、おとこ、武蔵の国までまどひありきけり。さて、その国に在る女をよばひけり。父はこと人にあはせむといひけるを、母なんあてなる人に心つけたりける。　　　　　　　（伊勢物語、10段、p.118）
（昔ある男が、武蔵の国までさまよい歩いた。そしてその国に住む女に求婚した）

　以上、中古に見いだせる「サテ」の用法について明らかにしてきた。ここで、現代語の「サテ」の用法と比較したものを以下の表にまとめる。

表3　現代語と古代語（中古）の「サテ」の用法

サテ	I 副詞的	II接続詞的					III 感動詞的
		A	B	C	D	E	
古代語	○	○	○	○	○	×	×
現代語	×	×	×	○	○	○	○

　表3から、古代語から現代語への変化の過程で「サテ」は（I）副詞的用法、（II）接続詞的用法の（II-A）条件と（II-B）添加を失い、また（II-E）（E-1質問、E-2話題・行動）と、（III）感動詞的用法を獲得したものと予想される。そこで、この変化がいつ頃おこったのか、中世以降の資料を調査した結果を以下に示していく。

5.3　中世における「サテ」について

　中世における「サテ」について、覚一本平家物語・天草版平家物語と、さらに天草版平家物語と原拠本の対照を中心に、その変化を指摘していく。

5.3.1　覚一本平家物語の「サテ」について

　覚一本平家物語の調査結果を表4にまとめる。

表4 覚一本平家物語の「サテ」

I	II接続詞的						III	計
副詞的	A	B	C	D	E	計	感動詞的	
8	2	46	8	5	0	61	0	69

表4に示すように、（Ⅰ）副詞的用法と（Ⅱ-A）条件が激減する。また（Ⅱ-E）と（Ⅲ）については、中古と同じく例は見いだせない。なお（Ⅰ）については、

(54) 少将「いたうな歎ひそ。宰相さておはすれば、命ばかりはさり共こいうけ給はむずらむ」となぐさめ給へ共、　　（巻2 少将乞請、p.165）
（ひどく嘆いてくれるな。宰相がそのようにおられるから、命だけはいくらなんでももらい受けてくださるだろう）

をはじめ、「さて渡（わたら）せ給・さて御渡候ゆへ」（上p.159・上p.261・上p.265、下p.386）[13]、「さておはすべかりし人」（上p.328）、「さてそこにあれば」（上p.251）と、存在や移動を表す動詞に偏ることからも次第に衰退していることが窺える（もう1例は「さておぼしめしかへさせ給」（下p.250））。

5.3.1 天草版平家物語の「サテ」について

　天草版平家物語の調査結果を表5にまとめる。天草版平家物語における（Ⅰ）副詞的用法と（Ⅱ-A）条件は、中世前期の覚一本平家物語と比べると、あまり変化は見られないが、（Ⅰ）12例中9例が(55)のような「サテアラウズルコト（アラウコト）デナケレバ」という定型句であることから、この時期には（Ⅰ）副詞的用法は衰退していたのではないかと考えられる。

表5 天草版平家物語の「サテ」

I	II接続詞的						III	計
副詞的	A	B	C	D	E	計	感動詞的	
12	2	36	14	17	0	69	8	89

(55) 海上も次第に暗うなれば、名残わ惜しけれども、さてあらうずること
でもなければ　　　　　　　　　　　　　　　（巻第4第14、p.319）

なお、(II–E)については天草版平家物語においても見いだせない(IIIについては、次の原拠本との対照から考察する)。

天草版平家物語と原拠本の対照

次に天草版平家物語の「サテ」と、原拠本の対応する箇所を対照させた結果[14]について述べていく。なお、両者の関係は次の①から③にまとめることができる(以降、例では天草版平家物語は(天)、覚一本平家物語は(覚)、百二十句本平家物語は(百)と示す)。

①天草版平家物語「サテ」、原拠本の該当箇所も「サテ」

(56) a. （天）　若君姫君も筆を染めて、さてを返事わ何と書かうぞと仰せらるれば　　　　　　　　　　　　　　　　（巻第4第10、p.290）

b. （百）　若君姫君モ筆ヲ染テ・サテ御返事ハイカニ書ヘキヤラント申玉ヘハ　　　　　　　　　　　　　　　　　　（巻第10、p.570）

②天草版平家物語「サテ」、原拠本の該当箇所は「サテ」以外

(57) a. （天）　ひとえに後生を願うたと、申そ．さて春も過ぎ、夏もたけて、
　　　　　　　　　　　　　　　　　　　　　（巻第2第1、p.103）

b. （覚）　ひとへに後世をぞねがひける。かくて春すぎ夏闌ぬ。
　　　　　　　　　　　　　　　　　　　　　（巻1祇王、p.104）

③天草版平家物語「サテ」、原拠本には該当箇所なし

(58)a. （天）　さらば人参れと言うて、小松殿え帰られた．さて盛国を呼う
　　　　　　　で重盛こそ天下の大事を聞きいだいたれ　　（巻第1第6、p.49）

　　 b. （覚）　さらば人まいれ」とて、小松殿へぞ帰られける。主馬判官盛
　　　　　　　国をめして、「重盛こそ天下の大事を別して聞出したれ。

（巻2烽火之沙汰、p.176）

そこで上記①から③の天草版平家物語のサテと、原拠本の対応する箇所を対照させた結果を表6にまとめる。

表6　天草版平家物語と原拠本の対照

①天草版平家「サテ」、原拠本の該当箇所も「サテ」	25例
②天草版平家「サテ」、原拠本の該当箇所は「サテ」以外	23例 内訳：サル程ニ6例、サテモ6例、カクテ4例、イカニ(ヤ)3例、サテイカニ1例、ソモ1例、抑1例、サテシモ1例
③天草版平家「サテ」、原拠本には該当箇所なし	41例

注：原拠本の「扨・去テ」はサテ、「如何」はイカニ、「去程ニ」はサルホドニ、「此クテ」はカクテとした。「抑」はソモソモと考えられるが、そのまま記した。

次に①から③について、分析をしていく。

①天草版平家物語「サテ」、原拠本の該当箇所も「サテ」について

用法としては(Ⅰ)副詞的用法が5例、(Ⅱ-A)条件2例、(Ⅱ-B)添加15例、(Ⅱ-C)転換を含む添加1例、(Ⅱ-D)転換αが2例であった。なお、(Ⅱ)接続詞的用法の(Ⅱ-A)条件が2例とも、この①(原拠本と天草版平家物語が同じ)であることから、(Ⅰ)副詞的用法と同じく、(Ⅱ-A)はこの期には衰退していたことが予想される。

②天草版平家物語「サテ」、原拠本の該当箇所は「サテ」以外について

　用法としては（Ⅰ）副詞的用法 6 例、（Ⅱ-B）添加 5 例、（Ⅱ-C）転換を含む添加 5 例、（Ⅱ-D）転換α 3 例、（Ⅲ）感動詞的用法が 4 例であった。

　（Ⅰ）副詞的用法の 6 例はすべて、原拠本「サテ（シ）モ」→天草版平家物語「サテ」であり、また 6 例とも「サテアラウズルコトデナケレバ」であることから、やはりこの時期には（Ⅰ）副詞的用法は衰退しているものと考えられる。

　また原拠本「イカニ」→天草版平家物語「サテ」である(59)は（Ⅲ）感動詞的用法であり、この時期には「サテ」は（Ⅲ）を獲得していたことが窺える。ただし、意味は現代語とはやや相違しており、これについては次節で詳しく述べる。

(59) a.　（天）　あれわさて仏御前と存ずるが　　　　（巻第 2 第 1、p.104）
　　 b.　（覚）　あれはいかに、仏御前と見たてまつるは。

（巻 1 祇王、p.105）

　なお原拠本と天草版平家物語の対照において「（天）さて成親卿わ少しくつろぐこともあらうかと」（巻第 1 第 8、p.60）と「（覚）さる程に、新大納言はすこしくつろぐ事もやと」（巻 2 大納言死去、p.187）のような原拠本「サル程ニ」→天草版平家物語「サテ」、原拠本「カクテ」→天草版平家物語「サテ」（例 57）がまとまって見られた。これについては、「サル程ニ・カクテ」の変化とも関わっていると考えられ、今後の課題としておきたい。

③天草版平家物語サテ、原拠本には該当箇所なしについて

　用法としては（Ⅰ）副詞的用法が 1 例、（Ⅱ-B）添加 16 例、（Ⅱ-C）転換を含む添加 8 例、（Ⅱ-D）転換α 12 例、（Ⅲ）感動詞的用法が 4 例であった（Ⅰ副詞的用法の 1 例は「サテアラウズルコトデナケレバ」（巻第 1 第 11、p.79）である）。

　③の「サテ」が現れる箇所は、右馬の允・喜一検校の会話部分、また原拠

本と天草版平家物語の文脈はまったく変わらないが、「サテ」のみが挿入されたもの、そして原拠本の内容が大幅に省略された部分に「サテ」が使われたものの3パターンである。このように現代語にはない(II–B)添加が、会話部分や、そもそもなかった部分に挿入されていることから、未だ口頭語でも活発に用いられていたと考えられる。

(60)　右馬．さてついにわ兄弟のを仲なんとなったぞ？
(巻第4第25、p.379)

5.4　近世前期・近松浄瑠璃における「サテ」について

近世前期の資料である近松浄瑠璃(世話浄瑠璃)の調査結果を表7にまとめる。表7に示すように(I)副詞的用法と(II–A)条件は見いだせなくなる。また(II–E)の確実な例は未だ見いだせない[15]。

表7　近松浄瑠璃の「サテ」

I	II接続詞的						III	計
副詞的	A	B	C	D	E	計	感動詞的	
0	0	6	1	7	0	14	13	27

(61)　請出すことはさておき思出しも出すにこそ。（心中天の網島、p.370)
(62)　どなたでござると笠をのぞいてヤア伊左衛門様か。なんと喜左。是は夢か七つか。さてお久しや懐しや。　　　（夕霧阿波鳴渡、p.193)
(63)　たむくろの親仁殿疑ひの念なきやうに誓紙書かすが合点か。何がさて千枚でも仕らう。　　　　　　　　　　（心中天の網島、p.372)

表7に示すように、この期の「サテ」には(III)感動詞的用法が多く見いだせる。なお、現代語「サテ」は感動詞的用法において、疑念・とまどい等の感情を表す場合に用いられるが、近世前期では喜び(62)や「何ガサテ」(63)という定型句で「もちろんだ・言うまでもない」という意味で用いら

れているものが見られる(また、現代語で見いだせる慣用句サテオキ(61)も見いだせるようになる)。このように中世に発生した(Ⅲ)感動詞的用法は、近世において様々に用いられ、現代語に至るまでに、何らかの変化があったことが予測される。

　なお、(Ⅱ–B)添加については、以下のように近世に入っても用いられている。

(64)　染めた模様を花かとて肩に止ればおのづから。紋に揚羽の超泉寺。さて善導寺栗東寺。天満の札所残なく。そなたに廻る夕立の雲の羽衣。

(曽根崎心中、p.20)

5.5　近世後期・浮世風呂における「サテ」について

　最後に、近世後期の江戸語の資料となるが、浮世風呂の「サテ」について述べておきたい。そこで浮世風呂の「サテ」を、以下表8にまとめる。

表8　浮世風呂の「サテ」

I 副詞的	\multicolumn{7}{c}{II 接続詞的}	III 感動詞的	計

I 副詞的	A	B	C	D	E-1	E-2	計	III 感動詞的	計
0	0	3	3	3	0	1	10	20	30

　(65)に示すように、やや現代語と用法は相違するものの、近世前期と同様に、(Ⅲ)感動詞的用法が目立って見いだせる。

(65)　めく　頭か走つて手が踊る　にか　これから拍子でやつてくりよ
　　　めく　ヲ、、さてそこらは合点だ。足の三陰足もとから　　(p.306)

　また、現代語で慣用的に見いだせるハテサテ(66)も、まとまって見いだせるようになる(全部で8例)。

(66) イヤ何のかのと取紛れて碁も出しませぬて　ムヽ、夫はわるい。ハテ<u>さて</u>夫は気の毒千万。　　　　　　　　　　　　　　　　(p.65)

さらに、浮世風呂には、以下(67)のように、次の行動に移る際に見られる「サテ」(II-E-2)ではないかと考えられる例が見いだせる。

(67) 八百屋さん。おまへ実性か。テモさても直にならんしたナア。
　　　<u>サテト</u>　<ruby>しばらく<rt>かんがへ</rt></ruby>　イヤ、待よ。直にならんしたは能が、江戸子の声色つかふたばかりに、高札で落とした。　　　(p.281)

ただし、(67)は(III)感動詞的用法であるとも判断される(このことはまた、「サテ」の(II-E)の発生と(III)感動詞的用法の発達との関わりを窺わせるものである)。

6. まとめ　—指示詞との関係について—

　以上、歴史的な「サテ」について、中古では(I)副詞的用法、(II)接続詞的用法の(II-A)条件、(II-B)添加、(II-C)転換を含む添加、(II-D)転換αをもち、そして中世の間に(I)副詞的用法と(II-A)条件を失い、(III)感動詞的用法を獲得したことを示した。
　なお、(II-B)の衰退と、いわゆる現代語の転換である(II-E)の発生と展開については、現在の調査範囲では詳しく論じることはできなかった。今後も、調査範囲を広げて分析を続けたいと思う。

　最後に、接続詞「サテ」と、指示副詞サ系列「サ」との関連についても考えておきたい。
　ここまで本書では、サ系列「サ」は中古で活発に用いられ、中世後期には定型化が進み、近世には衰退したことを明らかにした(第3章)。
　ところで「サテ」が(I)副詞的(前件を受け後件の事態を修飾する)、また(II-A)条件(前件と後件の条件関係を示す)として働く場合は「サテ」の

「サ」は、明らかに前件の事態を受ける、つまり前件の事態を先行詞とする指示詞として機能していると考えられる。

そして、「サテ」の（Ⅰ）（Ⅱ-A）が中古で多く見られることと、上記に示すサ系列「サ」が中古で活発に用いられていたことは無関係ではなく、また中世以降の「サ」の衰退と「サテ」の変化も、両者の関係から予測されるところである。

しかし、「サテ」の（Ⅰ）副詞的用法と（Ⅱ-A）条件については、本章の5.3で示したように、中世の前期には衰退し始めることから、指示副詞「サ」の衰退よりもやや早いように感じられる。このことから、次のように考えられるのではないだろう。

「サテ」は中世以降に一語化し、指示副詞「サ」としては意識されなくなる。それに伴い、（Ⅲ）感動詞的用法を発生・展開させ（その後、Ⅱ-Eを発生させていく）、独自の発達の道を歩み始める。

また、青木（1973）の調査で示されるように、中世後期以降には「ソウシテ（ソシテ）・ソレデ」等（それぞれの初出は中華若木詩抄・近松浄瑠璃）の新しいソ系（列）の接続詞が現れ始め、サ系列と交替していく。

本来であれば、「サテ」も他のサ系列の語とともに衰退するはずであったが、上記のような独自の発達から、現代語まで残ることができたのではないだろうか。

注

1 西田（2001）では、伊勢物語や竹取物語の地の文における「サテ」には転換の用法があるが、源氏物語の地の文にはないとし、その理由として源氏物語が長編であることを指摘する。なお、西田（2001）は「サテ」の用法を副詞的用法と接続詞的用法とするが、副詞的用法についても詳しい定義はない。

2 女社長に乾杯！の「サテ」全29例中、会話文17例、独白文（又は心内文）7例、地の文5例であった。独白文の7例中6例は同じく行動の区切り目を示す例である。

3 その他「ソシテ」の先行研究として浜田(1995b)がある。浜田(1995b: p.582)は「ソシテ・ソレデ・ソレカラ」を添加の接続詞とし、それぞれの性質を「ソシテ…聞き手と話し手の相互交渉を前提としない文脈で用いられる」、「ソレデ…聞き手と話し手の相互交渉を前提とする文脈で用いられる」、「ソレカラ…発話の内部に含まれないで、発話同士を連接する」と指摘する。
4 「添加(累加)」は岡﨑(2008)では「列叙」とする。本章では「添加」を用いる。
5 森山(2006)は「添加とは文字通り別の内容を加えるという意味であり、いわば、添加される内容は「異項目」でなければならないと言えそうである」(pp.190–191)「そもそも「異項目」として連結されるという前提として、より上のレベルにおいては「同類」の項目であるということも考えておく必要がある」(p.191)として、「同類異項目」の添加であるとしている。
6 その他の「トコロデ」(と「サテ」)の先行研究をまとめておくと、森田(1980)では、「トコロデ」は「文章の流れは完全に切れて、別の方向へと転換している。視点の方向転換である。したがって「ところで」は「さて」に置き換えられない例が多い」(pp.182–183)とする。また、田中(1984)は「トコロデ・サテ」は同じく「まったく別の話を切り出したり、新たな話題をもち出すときに用いるものである」(p.119)とし、「トコロデ」は「話しことば的な、ややくだけた言い方で、改まった文章や公の場面では用いられない」、「サテ」は「話ことばにも書きことばにも広く使われる」(p.119)とする。このように、森田(1980)は「トコロデ」と「サテ」に機能の違いを認めるが、田中(1984)では機能の相違ではなく、テキストの相違であると指摘する。
7 例文の「サテ」の場合、「サテ」の前にポーズが入ること、また浜田(1995c: p.603)で、対話においてはスクリプトを構成する権利がない話し手は「サテ」を用いにくい(ただし、浜田1995cは本論のサテ③で分析している)という指摘もあり、テキストの相違のみではないかもしれない。これについては、さらに分析が必要である。
8 「デハ」のその他の先行研究についてまとめておく。塚原(1958: pp.158–159)は「(呂)条件的接続詞(イ)順態接続詞＝前件の論理的必然としての帰結が後件であることを表す」とし、また市川(1976: p.252)では「(オ)転換：前の内容から転じて、別個の内容を導く。〔区分〕＝それでは・では」とする。
9 浜田(1991)はこの転換の「デハ」に関して「非言語的情報が「デハ」を導いている典型的な例である」(p.34)とする。
10 後の表に示すが、中古の他の資料において「サテ」の例数は少なく、源氏物語については、ある程度まとまって例が見いだせるため、源氏物語を中心に中古の考察をおこなう。なお、中古以前については、上代において1例のみ(「住吉の岸を田に墾り蒔きし稲のさて［乃而］刈るまでに逢はぬ君かも」万葉集、2244、岩波

古典文学大系)「サテ」と考えられる例が見られるが、「しかかるまでに」『増訂万葉集全註釋』(武田祐吉)、「かくてかるまで」『萬葉集』(おうふう、鶴久・森山隆編)(小学館日本古典文学全集、小島憲之・木下正俊・佐竹昭広)と定訓を見ないため、「サテ」があったかどうかは確定できない。

11 「サテモ」「サテハ」「サテサテ」の他に、「サテ+(ナム・コソ・ダニ・モヤ・シモ・ノ・ノミヤハ・ノミコソ・ノミナム・ヤ・ノ)」がある。なお「サテサテ」「サテモ」等には(Ⅲ)感動詞的用法があり、また「サテモ」と「サテハ」については、それぞれ特に現代語で「ソレニシテモ」と、「サラニ・ソノタ」に解釈できるものに用法が偏っている。

  (1)「サテモ」
   ものげなきほどを、心の闇にまどひて、急ぎものせんとは思ひよらぬことになん。さても、誰かはかかることは聞こえけん。
               (少女3巻、p.43)
   (孫が可愛さに目がくらんで、急いで二人を一緒にさせようなどとは考えてもみなかったことです。それにしても、誰がこのようなことをお耳に入れたのでしょう)

  (2)「サテハ」
   またさるべき書ども、文集など入りたる箱、さては琴一つぞ持たせたまふ。
               (須磨2巻、p.176)
   (またしかるべき書類類、白氏文集などが入っている箱、そのほかは琴一張をお持たせになる)

12 条件関係については山口(1980)を参照した。

13 覚一本平家物語の例は、岩波古典文学大系の頁数のみ記す。

14 対照については、第3章3と同じ。

15 次の例について(Ⅱ-E)とも解釈できるが、本章では「いや酒は飲んできた。ところで、話すことがある」と考え、(Ⅱ-D)として扱う。

  (1)のさばり上ればそれ煙草盆お盃と。ありべかゝりに立騒ぐ。イヤ酒はおきゃ飲んで来た。さて話すことが有る。これの初が一客平野屋の徳兵衛めが。身が落した印判拾ひ。二貫目の贋手形で騙らうとしたれども
               (曽根崎心中、p.29)

結語　指示副詞の歴史的研究にあたって

　最後に、指示副詞の歴史的研究における過去と現在、そして未来の展望について述べておきたい。

　これまで数年にわたり指示副詞の歴史的変化についての研究をおこなってきたが、常につきまとっていた問題としては、指示副詞の語の種類は多様な上に、指示副詞を見ているだけでは、その本当の姿は何も見えてこないということである。

　それは、指示副詞の研究は、同じ体系内にある指示代名詞の歴史的な性質を考慮にいれながら、またさらに副詞としての歴史的な機能も明らかにし、その上で考察をおこなわなければならないという、複雑に入り組んだ問題を総合的にまとめなければならないものであった。

　そして、その問題の上に、指示副詞の多様な語はそれぞれに用法が異なり、また、一つ一つの語を考察しても、全体的な視野に立たない限り、本質的にはその性質を何も理解できないのである。

　また、このような指示副詞に対し、先行する研究は少ないために、筆者がこれまでにおこなってきた作業を、もし例えるとするならば、広大な未開の土地を微力ながら耕している、そのような感を受けるものであった。しかし、それだけに新しく発見することも多く、非常に興味深い研究対象であったと思われる。

　本書は、これまでの調査・研究を一同に集め、さらに考察をおこなったものであるが、歴史を通した指示副詞の本当の姿を、ほんの少しだけ示したに過ぎない。

また、指示詞全体として、本書中に示した多数の今後の課題があり、さらに以下に示す問題も残っているのが現状である。

① 中古における訓点資料の調査。特にサ系列「シカ」の意味・用法の調査と考察。
② 連体詞的用法をもつ指示副詞の問題。指示副詞には「コンナ・コウイウ」等の、いわば連体詞的な語がある。なお、現代語「コウ」は連体修飾できないのに対し、「カク」は非常に早い時期(上代)には連体修飾をおこなっていたことが調査で分かっている。これらの語についても、現代語・古代語の用法の詳細な調査・考察、また歴史的変化の調査・考察が必要であろう。
③ 第9章で述べたように、「サテ」以外の接続詞、人称代名詞の問題等。

以上、指示詞の歴史的研究には未だ問題が山積していると思われるが、本書がこれからの活発な指示詞研究の足がかりとなれば良いと思われる。

あとがき

　随分、長く険しい道をここまで歩んできた気がします。
　そもそも研究の道に入ったのも遅く、短大の英文科を出て就職し、26歳の時に3年次編入で大学に、そして2年で大学を出て神戸大学大学院博士前期課程に入学しました。その頃、研究というものをまったく理解しておらず、とにかく歴史的資料から用例を集め、そして、その変化した部分だけを記述するのが研究と思っていました。
　しかし、神戸から指導教官であった金水敏先生の「言語研究も科学でなければならない」という考えに触れ、非常に衝撃を受けるとともに、自分なりにそれを理解しようと努力し、少しずつではありますが、研究の本当の楽しさを知っていったように思います。
　そんな頃、「などてわが心の若くいはけなきにまかせて、さる騒ぎをさへひき出でて」(源氏物語・澪標)等のサ系列の指示副詞が、「あのような騒ぎまで引き起こして」のようにア系として解釈できる、そのことに気付き指示副詞の研究を始めました。
　また、博士前期課程1年の夏休みだったでしょうか、天草版平家物語の全文を原拠本と対照させていた時に、覚一本平家物語では「兵衛佐「あれはいかに」との給へば」(平家物語、巻5福原院宣)と「あれ」の部分が、天草版平家物語では「頼朝それわ何ぞと問わるるに」(天草版平家物語、巻2第9)のように「それ」となっていたのを見つけ、指示体系全体の歴史的な変化にも興味をもったのが、本書のもととなっています。
　その後、大阪大学大学院博士後期課程に進学、決して楽とは言えない生活

の中、どうにか研究を進められたのは、金水先生の暖かい指導と、また蜂矢真郷先生・岡島昭浩先生をはじめとする大阪大学の先生方の励まし、そして金水先生のゼミに所属することにより、田窪行則先生を始め国内外の高名な研究者の方々とお会いし、指導して頂ける環境にあったお陰だと感じております。記して、心より感謝を申し上げます。

　また、平成 16 年に新村出財団から第 22 回研究助成金を頂いたことも、「研究を続けても良いよ」という、大きな励ましを与えてくれたものでした。

　私は、今でもいつも、自分の学問へのスタートの遅さと、知識の浅さを感じています。そのような時は郷里の国学の偉人、本居宣長の言葉を思い出します。

　　「才のともしきや、學ぶ事の晩きや、暇のなきやによりて、思ひくづをれて、止ることなかれ。とてもかくても、つとめだにすれば、出来るものと心得べし。すべて思ひくづをるゝは、學問に大にきらふ事ぞかし」
　　　　　　　　　　　（本居宣長『うひ山ふみ　鈴屋答問録』岩波文庫）

　どうにか続けていけば、何かを明らかにできるかもしれない、次につながる何かを残せるかもしれない、そう自分を励まし、これからも楽しく険しい道を歩んでいきたいと思います。

　いつも、支えてくれる家族に感謝しながら。

2009 年夏　岡山にて
岡﨑　友子

主要資料一覧

【1】 使用テキストの記載がない場合は、筆者による作例である。なお「*」は、文法的に非文であること、また「??」に関しては、文法的に許容度の低いことを示す。
【2】 テキストに関して、特に必要のない場合には、ルビを省略した部分がある。
【3】 源氏物語に記した巻数は、小学館新編日本古典文学全集の巻数である。
【4】 天草版平家物語に関しては、江口正弘『天草版平家物語対照本文及び総索引』の漢字仮名交じりの翻訳本文を使用した。なお、頁数に関しては天草版平家物語の本文による。
【5】 使用テキストが複数の場合には、用例として載せたものを資料として最初にあげている。

1. 中央語・上方語・京阪方言

上代語
日本書紀
　　坂本太郎・家永三郎・井上光貞・大野晋(校注)『日本書紀　上下』日本古典文学大系新装版・岩波書店
記紀歌謡
　　土橋寛・小西甚一(校注)『古代歌謡集』日本古典文学大系・岩波書店
万葉集
　　小島憲之・木下正俊・佐竹昭広(校注)『万葉集』日本古典文学全集・小学館、鶴久・森山隆(編)『萬葉集』おうふう

中古語
土左日記・更級日記
　　鈴木知太郎・川口久雄・遠藤嘉基・西下經一(校注)『土左日記　かげろふ日記　和泉式部日記　更級日記』日本古典文学大系・岩波書店
古今和歌集
　　佐伯梅友(校注)『古今和歌集』日本古典文学大系・岩波書店
竹取物語・伊勢物語
　　阪倉篤義・大津有一・築島裕・阿部俊子・今井源衞(校注)『竹取物語　伊勢物語　大和物語』日本古典文学大系・岩波書店

枕草子
　　池田龜鑑・岸上愼二(校注)『枕草子』日本古典文学大系・岩波書店、『枕草子』新編日本古典文学全集・小学館
源氏物語
　　阿部秋生・秋山虔・今井源衞・鈴木日出男(校注)『源氏物語』新編日本古典文学全集・小学館
落窪物語・堤中納言物語
　　松尾聰・寺本尚彦(校注)『落窪物語　堤中納言物語』日本古典文学大系・岩波書店

中世語

却癈忘記
　　『鎌倉旧仏教』日本思想大系・岩波書店
古本説話集
　　山内洋一郎編『古本説話集総索引』風間書房
宇治拾遺物語
　　渡邊綱也・西尾光一(校注)『宇治拾遺物語』日本古典文学大系・岩波書店
保元物語・平治物語
　　永積安明・島田勇雄(校注)『保元物語　平治物語』日本古典文学大系・岩波書店
方丈記・徒然草
　　神田秀夫・永積安明・安良岡康作(校注)『方丈記　徒然草　正法眼蔵随聞記　歎異抄』日本古典文学全集・小学館
覚一本平家物語
　　高木市之助・小澤正夫・渥美かをる・金田一春彦(校注)『平家物語　上下』岩波日本古典文学大系・岩波書店
延慶本平家物語
　　北原保雄・小川栄一編『延慶本平家物語　本文篇　上・下』勉誠社
百二十句本平家物語
　　慶應義塾大学附属研究所斯道文庫編『百二十句本平家物語』斯道文庫古典叢刊2・汲古書院
竹柏本平家物語
　　天理図書館善本叢書和書之部編集委員会編『平家物語竹柏園本』天理図書館善本叢書和書之部・天理大学出版部・八木書店
天草版平家物語
　　江口正弘『天草版平家物語対照本文及び総索引』明治書院
　　亀井孝・阪田雪子『ハビアン抄キリシタン版平家物語』、福島邦道解説『天草版

平家物語』、近藤政美・池村奈代美・濱千代いづみ編『天草版平家物語　語彙用例総索引』
義経記
　　岡見正雄(校注)『義経記』日本古典文学大系・岩波書店
曽我物語
　　市古貞次・大島建彦(校注)『曽我物語』日本古典文学大系・岩波書店
中華若木詩抄
　　中田祝夫編『中華若木詩抄』抄物大系・勉誠社
虎明本狂言
　　池田廣司・北原保雄著『大蔵虎明本狂言集の研究　本文篇　上・中・下』表現社

近世語

近松浄瑠璃

　　近松・世話浄瑠璃について(重友毅(校注)『近松浄瑠璃集上』岩波日本古典文学大系・岩波書店を使用した。含まれる作品と略語、初演は以下の通り)。

作品名	初演年
曽根崎心中	1703(元禄16)年
堀川波鼓	1707(宝永4)年
重井筒	1708(宝永5)年頃
丹波與作待夜の小室節	1708(宝永5)年
五十年忌歌念佛	1709(宝永6)年
冥途の飛脚	1711(正徳元)年
夕霧阿波鳴渡	1712(正徳2)年
大経師昔暦	1715(正徳5)年
鑓の権三重帷子	1717(享保2)年
山崎與次兵衛壽の門松	1718(享保3)年
博多小女郎波枕	1718(享保3)年
心中天の網島	1720(享保5)年
女殺油地獄	1721(享保6)年
心中宵庚申	1722(享保7)年

洒落本

　　洒落本について(『洒落本大成』、中央公論社)、以下の大阪版京都版のみを対象とした。洒落本に関しては金沢裕之(1994)「明治期大阪語の仮定表現」『国語と国文学』71-7, pp.45–60・金沢裕之(1998)『近代大阪語変遷の研究』(和泉書院)、矢野準(1976)「近世後期京阪語に関する一考察—洒落本用語の写実性—」『国語学』107, pp.16–33・同

(1976)「近世後期上方語資料としての上方版洒落本類」『語文研究』41、pp.22–31 などを参考とした。

　　　大成 1 巻・烟花漫筆(寛延 3 年)
　　　大成 2 巻・新月花余情(宝暦 7 年)、聖遊廓(宝暦 7 年)、花街浪華色八卦(宝暦 7 年)、穿当珍話(宝暦 6)
　　　大成 3 巻・陽台遺編　姙閣秘言(宝暦 7 年)、月花余情(異本)(宝暦 7 年)、列仙伝(宝暦 13 年)
　　　大成 4 巻・郭中奇譚(異本)(明和 8 年？)、陽台三略(宝暦年間？)、間似合早粋(明和 6 年？)
　　　大成 6 巻・花街浪華今八卦(安永 2 年)
　　　大成 8 巻・風流裸人形(安永 8 年)
　　　大成 9 巻・見脈医術虚辞先生穴賢(安永 9 年)
　　　大成 12 巻・徒然睟か川(天明 3 年)
　　　大成 13 巻・短華蘂葉(天明 6 年)
　　　大成 16 巻・睟のすじ書(寛政 6 年)、北華通情(寛政 6 年)、言葉の玉(寛政 6 年)
　　　大成 17 巻・青楼阿蘭陀鏡(寛政 10 年)、十界和尚話(寛政 10 年)、戯言浮世瓢単(寛政 9 年)・三睟致うかれ草紙(寛政 9 年)
　　　大成 18 巻・南遊記(寛政 12 年)、身体山吹色(寛政 11 年)
　　　大成 19 巻・昇平楽(寛政年間？)
　　　大成 23 巻・当世嘘の川(文化元年)
　　　大成 24 巻・滑稽粋言竊潜妻(文化 4 年)
　　　大成 26 巻・当世粋の曙(文政 3 年)
　　　大成 27 巻・色深狹睡夢(文政 9 年)、北川蜆殻(文政 10 年？)、河東方言箱まくら(文政 5 年)

その他
西鶴
　　　『西鶴集上』日本古典文学大系・岩波書店
穴さがし心の内そと
　　　前田勇『近代語研究』第 4 集・武蔵野書院

近代
明治・大正大阪落語 SP レコード、用例では「落語 SP」とする
　　　真田信治・金沢裕之(1991)『二十世紀初頭大阪口語の実態：落語 SP レコードを資料として』文部省科学研究費補助金「幕末以降の大阪口語変遷の研究」研究成果報告書・課題番号：01450061(研究代表者：真田信治)

演者(生年と没年)、作品名、(推定)録音・発売年を以下に記す(真田・金沢1991より：pp.8–9、口演時間は省略した)。
  (a)二代目曽呂利新左衛門(1844〈弘化1〉～1923〈大正12〉)
『馬小屋』『盲の提灯』(1903〈明治36〉)、『後へ心がつかぬ』(1907〈明治40〉頃)、『鋲盗人』『恵比須小判』(明治末～大正初)、『日と月の下界旅行』『動物博覧会』(1911〈明治44〉)、『絵手紙』(1911〈明治44〉頃)
  (b)二代目桂文枝(1844〈弘化1〉～1916〈大正5〉)
『近江八景』『小噺』『たん医者』『近日息子』(1911〈明治44〉頃)
  (c)三代目桂文団治(1856〈安政3〉～1924〈大正13〉)
『倹約の極意』『芝居の小噺』(明治末～大正初)
  (d)三代目桂文三(1859〈安政6〉～1917〈大正6〉)
『天神咄』『魚売り』(1903〈明治36〉)
  (e)初代桂枝雀(1864〈元治1〉～1928〈昭和3〉)
『亀屋左兵衛』『蛸の手』『きらいきらい坊主』『煙管返し』(1903〈明治36〉)、『いびき車』(1909〈明治42〉頃)、『芋の地獄』(1909〈明治42〉以降)、『さとり坊主』(1923〈大正12〉頃)
  (f)二代目林家染丸(1867〈慶応3〉～1952〈昭和27〉)
『日和違い』『電話の散財』(1923〈大正12〉)
  (g)四代目笑福亭松鶴(桂枝鶴)(1869〈明治2〉～1942〈昭和17〉)
『一枚起請』『いらちの愛宕参り』『魚尽し』『筍手討』『平の蔭』(1907〈明治40〉頃)、『理　屈あんま』(1924〈大正13〉以降)、『やいと丁稚』(1925〈大正14〉)、『浮世床』(1926〈大正15〉頃)
  付録
    桂文雀(生年不明。明治前期か)
    『長屋議会』(1923〈大正12〉)

2. 東国語・江戸語・近代東京語・標準語

近世(江戸語)
浮世床
　　中野三敏・神保五彌・前田愛(校注)『洒落本　滑稽本　人情本』日本古典文学全集・小学館
浮世風呂
　　中村通夫(校注)『浮世風呂』日本古典文学大系・岩波書店
夢酔独言
　　江藤淳責任編集『勝海舟』中央公論社

牛店雑談安愚楽鍋
  興津要編『明治開化期文學集』明治文学全集・筑摩書店、興津要解説『明治開化期文学集』日本近代文学大系・角川書店
昔夢会筆記
  渋沢栄一(編)大久保利謙(校訂)『昔夢会筆記―徳川慶喜公回想談―』東洋文庫76、平凡社
旧事諮問録
  旧事諮問会編進士慶幹(校注)『旧事諮問録　江戸幕府役人の証言　上下』岩波文庫、岩波書店

また、参考として以下の資料も調査した(すべて岩波古典文学大系)。
後藤丹治(校注)『椿説弓張月』、中村幸彦(校注)『春色梅児誉美』、水野稔(校注)『黄表紙洒落本集』、麻生磯次(校注)『東海道中膝栗毛』、小高敏郎(校注)『江戸笑話集』

その他近現代東京語
夏目漱石『三四郎』岩波書店、夏目漱石『坊っちゃん』新潮社、林真理子『不機嫌な果実』文藝春秋

参照とした辞書・索引について
土井忠生訳注『日本大文典』ロドリゲス・三省堂
土井忠生・森田武・長南実訳『邦訳日葡辞書』岩波書店
上田英代他編『源氏物語語彙用例総索引』自立語篇1〜5・勉誠社
金田一春彦他編『平家物語総索引』学習研究社
北原保雄他編『大蔵虎明本狂言総索引』1〜8・武蔵野書院
牧村史陽(1979)『大阪ことば事典』講談社

新潮文庫 100 冊 CD-ROM
　日本人の作者による作品を対象とした。扱った作品は以下の通り(▼作者[作者生年]『書名』の順で示す)。
▼森鷗外［文久2・1862］『山椒太夫・高瀬舟』、▼伊藤左千夫［元治元年・1864］『野菊の墓』、▼夏目漱石［慶応3・1867］『こころ』、▼樋口一葉［明治5・1872］『にごりえ・たけくらべ』、▼島崎藤村［明治5・1872］『破戒』、▼泉鏡花［明治6・1873］『歌行燈・高野聖』、▼柳田国男［明治8・1875］『遠野物語』、▼有島武郎［明治11・1878］『小さき者へ・生れ出づる悩み』、▼志賀直哉［明治16・1883］『小僧の神様・城の崎にて』、▼武者小路実篤［明治18・1885］『友情』、▼谷崎潤一郎［明治19・1886］『痴人の愛』、▼石川啄木［明治19・1886］『一握の砂・悲しき玩具』、▼山本有

三［明治20・1887］『路傍の石』、▼芥川龍之介［明治25・1892］『羅生門・鼻』、▼宮沢賢治［明治29・1896］『銀河鉄道の夜』、▼三木清［明治30・1897］『人生論ノート』、▼井伏鱒二［明治31・1898］『黒い雨』、▼川端康成［明治32・1899］『雪国』、▼石川淳［明治32・1899］『焼跡のイエス・処女懐胎』、▼壺井栄［明治33・1900］『二十四の瞳』、▼梶井基次郎［明治34・1901］『檸檬』、▼小林秀雄［明治35・1902］『モオツァルト・無常という事』、▼竹山道雄［明治36・1903］『ビルマの竪琴』、▼林芙美子［明治36・1903］『放浪記』、▼山本周五郎［明治36・1903］『さぶ』、▼堀辰雄［明治37・1904］『風立ちぬ・美しい村』、▼石川達三［明治38・1905］『青春の蹉跌』、▼井上靖［明治40・1907］『あすなろ物語』、▼中島敦［明治42・1909］『李陵・山月記』、▼太宰治［明治42・1909］『人間失格』、▼大岡昇平［明治42・1909］『野火』、▼松本清張［明治42・1909］『点と線』、▼新田次郎［明治45・1912］『孤高の人』、▼福永武彦［大正7・1918］『草の花』、▼水上勉［大正8・1919］『雁の寺・越前竹人形』、▼阿川弘之［大正9・1920］『山本五十六』、▼三浦綾子［大正11・1922］『塩狩峠』、▼司馬遼太郎［大正12・1923］『国盗り物語』、▼遠藤周作［大正12・1923］『沈黙』、▼池波正太郎［大正12・1923］『剣客商売』、▼安部公房［大正13・1924］『砂の女』、▼吉行淳之介［大正13・1924］『砂の上の植物群』、▼三島由紀夫［大正14・1925］『金閣寺』、▼星新一［大正15・1926］『人民は弱し官吏は強し』、▼立原正秋［大正15・1926］『冬の旅』、▼北杜夫［昭和2・1927］『楡家の人びと』、▼吉村昭［昭和2・1927］『戦艦武蔵』、▼田辺聖子［昭和3・1928］『新源氏物語』、▼開高健［昭和5・1930］『パニック・裸の王様』、▼野坂昭如［昭和5・1930］『アメリカひじき・火垂るの墓』、▼三浦哲郎［昭和6・1931］『忍ぶ川』、▼有吉佐和子［昭和6・1931］『華岡青洲の妻』、▼曾野綾子［昭和6・1931］『太郎物語』、▼五木寛之［昭和7・1932］『風に吹かれて』、▼渡辺淳一［昭和8・1933］『花埋み』、▼井上ひさし［昭和9・1934］『ブンとフン』、▼筒井康隆［昭和9・1934］『エディプスの恋人』、▼大江健三郎［昭和10・1935］『死者の奢り・飼育』、▼倉橋由美子［昭和10・1935］『聖少女』、▼塩野七生［昭和12・1937］『コンスタンティノープルの陥落』、▼藤原正彦［昭和18・1943］『若き数学者のアメリカ』、▼椎名誠［昭和19・1944］『新橋烏森口青春篇』、▼沢木耕太郎［昭和22・1947］『一瞬の夏』、▼宮本輝［昭和22・1947］『錦繍』、▼赤川次郎［昭和23・1948］『女社長に乾杯』、▼高野悦子［昭和24・1949］『二十歳の原点』、▼村上春樹［昭和24・1949］『世界の終わりとハードボイルド・ワンダーランド』

参考文献

相原林司(1987)「接続語句と文章の展開」『日本語学』6、9月号、pp.37–45、明治書院.

青木怜子(1973)「資料1 接続詞および接続的語彙一覧」『品詞別日本文法講座6 接続詞・感動詞』鈴木一彦・林臣樹編、pp.210–253、明治書院.

庵 功雄(1994)「定性に関する一考察—定情報という概念について—」『現代日本語研究』1、pp.40–56、大阪大学文学部日本学科現代日本語学講座.

庵 功雄(1995a)「テキスト的意味の付与について—文脈指示における「この」と「その」の使い分けを中心に—」『日本学報』14、pp.79–93、大阪大学文学部日本学研究室.

庵 功雄(1995b)「語彙的意味に基づく結束性について—名詞の項構造との関連から—」『現代日本語研究』2、pp.85–102、大阪大学文学部日本学科現代日本語学講座.

庵 功雄(1996)「指示と代用—文脈指示における指示表現の機能の違い—」『現代日本語研究』3、pp.73–91、大阪大学文学部日本学科現代日本語学講座.

庵 功雄(2007)『日本語におけるテキストの結束性の研究』日本語研究叢書21、くろしお出版.

池上秋彦(1972)「代名詞の変遷」『品詞別日本文法講座2 名詞・代名詞』、pp.124–162、明治書院.

池上禎造(1947)「中古文と接続詞」『国語国文』15–20、pp.1–9.

市川孝(1976)「6 副用言　四接続詞」『岩波講座日本語6 文法Ⅰ』岩波書店、pp.240–253.

井手 至(1952)「萬葉集の指示語—「その」について—」『萬葉』5、pp.49–58、萬葉学会.

井手 至(1958)「憶良の用語「それ」と「また」：助字の修辞的利用」『萬葉』26、pp.23–29、萬葉学会.

糸井通浩(1987)「中古文学と接続詞—「かくて」「さて」を中心に—」『日本語学』6、9月号、pp.84–94、明治書院.

井上博嗣(1999)「中古に於ける指示副詞「さ」の程度副詞・陳述副詞化について—源氏物語を資料として—」『女子大国文』125、pp.129–167、京都女子大学.

井上博嗣(2002)「中古に於ける「指示副詞"かく"＋副助詞」の程度副詞性・陳述副詞性」『京都語文』9、pp.24–48、佛教大学国語国文学会.

井上 優(1992)「指示表現を含む副詞成分の一特徴—「コ(ソ・ア)ンナニ」を例に—」

『都大論究』29、pp.13–22.
井本 亮(2000)「否定と共起した［指示詞＋ほど］の用法について」『筑波日本語研究』5、pp.18–38、筑波大学文芸・言語研究科日本語学研究室.
江口 正(2002)「遊離数量詞の関係節化」『福岡大学人文論叢』33–4、pp.2147–2167.
江富範子(1988)「萬葉の「その」」『国語国文』57–2、pp.17–30.
大堀壽夫(2002)『認知言語学』東京大学出版会.
岡﨑友子(1998)「照応指示詞の史的変遷について―ソ系・サ系・シカ系を中心に―」神戸大学大学院文学研究科平成9年度修士論文
岡﨑友子(1999a)「指示副詞の歴史的考察―「カク」を中心に―」文部省科学研究費研究成果報告書『明治時代の上方語におけるテンス・アスペクト形式―落語資料を中心として―』(研究代表者：金沢裕之)、pp.107–136.
岡﨑友子(1999b)「いわゆる「近称の指示副詞」について」『語文』73、pp.42–52、大阪大学国語国文学会.
岡﨑友子(2001)「指示副詞の史的変遷について」『国文学解釈と教材の研究』46–2、pp.119–122、学燈社.
岡﨑友子(2002)「指示副詞の歴史的変化について―サ系列・ソ系を中心に―」『国語学』53–3(通巻210)、pp.1–17、国語学会.
岡﨑友子(2003)「現代語・古代語の指示副詞をめぐって」『日本語文法』3–2、pp.163–180、日本語文法学会.
岡﨑友子(2004)「「コソアで指示する」ということ―直示(ダイクシス)についての覚書―」『語文』83、pp.59–70、大阪大学国語国文学会.
岡﨑友子(2006a)「程度を表す指示副詞について」『大阪大学大学院文学研究科紀要』46、pp.65–87.
岡﨑友子(2006b)「感動詞・曖昧指示表現・否定対極表現について―ソ系(ソ・サ系列)指示詞再考―」『日本語の研究』2–2(通巻225)、pp.77–91、日本語学会．
岡﨑友子(2006c)「指示副詞のコ・ソ・ア体系への推移について」『国語と国文学』83–7(平成18年7月号)、pp.59–74、東京大学国語国文学会.
岡﨑友子(2006d)「近世以降の指示副詞の基礎的調査―明治期以降の小説を中心に―」『就実表現文化』1(通巻27)、pp.90(1)–70(21)、就実大学表現文化学会.
岡﨑友子(2007)「中古における指示副詞の用法と変化について」『就実表現文化』2(通巻28)、pp.94(1)–74(21)、就実大学表現文化学会.
岡﨑友子(2008)「指示語「サテ」の歴史的用法と変化について―『源氏物語』を中心に―」『国語語彙史の研究』二十七、pp.183–202、国語語彙史研究会、和泉書院.
岡﨑友子(2009)「接続詞「サテ」について―現代語の用法とテクスト―」『就実論叢』38、pp.63–78、就実大学・就実短期大学.

岡﨑友子(印刷中)「サテの歴史的変化について―中世天草版平家物語を中心に―」『語文』92・93、大阪大学国語国文学会.
岡村和江(1972)「代名詞とは何か」『品詞別日本文法講座2 名詞・代名詞』pp.80–121、明治書院.
奥田靖雄(2001)「deixisのこと」『教育国語』4-1、教育科学研究会・国語部会編、pp.6–20、むぎ書房.
奥津敬一郎(1980)「「ホド」―程度の形式副詞」『日本語教育』41、pp.149–168、日本語教育学会.
荻野千砂子(2000)「接続詞「サテ」に関する一考察」『純真紀要』41、pp.89–98、純真女子短期大学.
尾上圭介(1983)「不定語の語性と用法」『副用語の研究』渡辺実編、pp.404–431、明治書院.
加藤重広(2003)『日本語修飾構造の語用論的研究』ひつじ書房.
加藤重広(2004)『シリーズ・日本語のしくみを探る6　日本語語用論のしくみ』町田健編・加藤重広著、研究社.
金沢裕之(1994)「明治期大阪語の仮定表現」『国語と国文学』71-7、pp.45–60、東京大学国語国文学会.
金沢裕之(1998)『近代大阪語変遷の研究』和泉書院.
川越菜穂子(1995)「ところで、話は変わるけど―Topic shift markerについて―」『複文の研究(下)』仁田義雄編、pp.463–479、くろしお出版.
川端善明(1993)「指示語」『国文学解釈と教材の研究』38-12、pp.60–67、学燈社.
菊池康人(2003)「現代語の極限のとりたて」『日本語のとりたて―現代語と歴史的変化・地理的変異』沼田善子・野田尚史編、pp.85–105、くろしお出版.
木村英樹(1983)「「こんな」と「この」の文脈照応について」『日本語学』2、11月号、pp.71–83、明治書院.
京極興一・松井栄一(1973)「接続詞の変遷」『品詞別日本文法講座6 接続詞・感動詞』鈴木一彦・林臣樹編、pp.90–136、明治書院.
清瀬良一(1982)『天草版平家物語の基礎的研究』溪水社.
清田朗裕(2008)「『源氏物語』の地の文にみえるカ系指示詞について―カノN・ソノNの対照から―」『国語国文　研究と教育』46、pp.13–27、熊本大学教育学部国文学会.
金水　敏(1986)「連体修飾成分の機能」『松村明教授古希記念　国語研究論集』pp.602–624、明治書院.
金水　敏(1988)「日本語における心的空間と名詞句の指示について」『女子大文学国文篇』、pp.1–24、大阪女子大学国文学科.
金水　敏(1989)「指示詞と人称・指示詞用例集」『日本語の名詞句の指示性に関する研

究』昭和 63 年度科学研究費特定研究(1)「言語情報処理の高度化」研究成果報告書.
金水 敏(1990)「指示詞と談話の構造」『言語』19-4、pp.60-67、大修館書店.
金水 敏(1999)「日本語の指示詞における直示用法と非直示用法の関係について」『自然言語処理』6-4、pp.67-91、言語処理学会.
金水 敏(2000)「指示詞「直示」再考」中村明編『現代日本語必携』別冊国文学 53、pp.160-163、学燈社.
金水 敏・木村英樹・田窪行則(1989)『日本語文法セルフ・マスターシリーズ 4 指示詞』くろしお出版.
金水 敏・田窪行則(1990)「談話管理理論からみた日本語の指示詞」『認知科学の発展』3、pp.85-115、日本認知科学会、講談社.
金水 敏・田窪行則(編)(1992a)『日本語研究資料集　指示詞』ひつじ書房.
金水 敏・田窪行則(1992b)「日本語指示詞研究史から／へ」『日本語研究資料集　指示詞』pp.151-192、ひつじ書房.
金水 敏・岡﨑友子・曺 美庚(2002)「指示詞の歴史的・対照言語学的研究—日本語・韓国語・トルコ語—」『シリーズ言語科学 4　対照言語学』生越直樹編、pp.217-247、東京大学出版会.
金水 敏(2004)「書評　李長波著『日本語指示体系の歴史』」『国語学』55-3(通巻 218)、pp.143(1)-138(6)、日本語学会.
金水 敏(2006)『日本語存在表現の歴史』ひつじ書房.
金田一春彦(1950)「国語動詞の一分類」『言語研究』15(金田一春彦(編)『日本語動詞のアスペクト』むぎ書房 1976 に再録、pp.7-26).
金 善美(2004)「現場指示と直示の象徴的用法の関係—日韓対照研究の観点から—」『日本語文法』4-1、pp.3-21、日本語文法学会.
金 善美(2006)『韓国語と日本語の指示詞の直示用法と非直示用法』風間書房.
工藤 浩(1983)「程度副詞をめぐって」『副用言の研究』渡辺実編、pp.176-198、明治書院.
工藤真由美(1995)『アスペクト・テンス体系とテクスト—現代日本語の時間の表現』ひつじ書房.
久野 暲(1973)「コ・ソ・ア」『日本文法研究』pp.185-190、大修館書店.
熊谷政人(2006)「「レ系指示詞＋ガヤウ」考」『語文研究』102、pp.36-45、九州大学国語国文学会.
倉持保男(1969)「ばかり—副助詞—〈現代語〉」『古典語現代語助詞助動詞詳説』松村明編、pp.518-520、学燈社.
黒田成幸(1979)「(コ)・ソ・アについて」『林栄一教授還暦記念論文集　英語と日本語と』pp.41-59、くろしお出版.(金水・田窪編 1992a 再録、pp.91-104)

小林賢次(1996)『日本語条件表現史の研究』ひつじ書房.
小林芳規(1969)「ばかり・のみ—副助詞—〈古典語〉」『古典語現代語助詞助動詞詳説』松村明編、pp.496–513、学燈社.
小柳智一(2000)「中古のバカリとマデ—副助詞の小さな体系—」『国学院雑誌』101-12、pp.13–27、国学院大学.
小柳智一(1997a)「中古のバカリについて—限定・程度・概数量—」『国語と国文学』74–7、pp.43–57、東京大学国語国文学会.
小柳智一(1997b)「中古の「バカリ」と「ノミ」」『国学院雑誌』98-12、pp.13–26、国学院大学.
小柳智一(1998)「中古の「ノミ」について—存在単質性の副助詞—」『国学院雑誌』99–7、pp.14–28、国学院大学.
小柳智一(1999)「万葉集のノミ—史的変容—」『実践国文学』55、pp.38–52、実践国文学会.
小柳智一(2003)「限定のとりたての歴史的変化—中古以前—」『日本語のとりたて—現代語と歴史的変化・地理的変異』沼田善子・野田尚史編、pp.159–177、くろしお出版.
近藤泰弘(1990)「構文的に見た指示詞の指示対象」『日本語学』9、3月号、pp.31–38、明治書院.
近藤泰弘(1997)「否定と呼応する副詞について」『日本語文法 体系と方法』川端善明・仁田義雄編、pp.89–99、ひつじ書房.
佐久間鼎(1936)『現代日本語の表現と語法』厚生閣.
佐久間鼎(1951)『現代日本語の表現と語法(改訂版)』厚生閣.
佐久間鼎(1966)『現代日本語の表現と語法(補正版)』厚生閣(1983年くろしお出版より復刊).
阪田雪子(1969)「ほど—副助詞—〈現代語〉」松村明編『古典語現代語助詞助動詞詳説』pp.555–557、学燈社.
阪田雪子(1971)「指示語「コ・ソ・ア」の機能について」『東京外国語大学論集』21(金水・田窪編1992aに再録、pp.54–68).
迫野虔徳(1996)「「たそかれ」考」『筑紫語学研究』7、pp.1–15、筑紫国語学談話会.
迫野虔徳(2002)「指示詞におけるコソアド体系の整備」『語文研究』94、pp.1–12、九州大学国語国文学会.
佐々木峻(1981)「院政・鎌倉時代に於ける「類同・例示」等の表現法「如し」と「やうなり」について」『鎌倉時代語研究』4、pp.81–98、武蔵野書院.
定延利之(2002)「「うん」と「そう」に意味はあるのか」『「うん」と「そう」の言語学』定延利之編、pp.75–112、ひつじ書房.
定延利之・田窪行則(1995)「談話における心的操作モニター機構—心的操作標識「え

えと」と「あの(―)」―」『言語研究』108、pp.74–93、日本言語学会.

定延利之(2005)『〈もっと知りたい!日本語〉ささやく恋人、りきむレポーター』岩波書店.

佐野由紀子(1998)「程度副詞と主体変化動詞との共起」『日本語科学』3、pp.7–22、国書刊行会.

島田泰子(2005)「連用における例示と程度―コンナニ類の程度副詞化―」『日本近代語研究 4：飛田良文博士古稀記念』pp.157–169、ひつじ書房.

清水 功(1973)「平家物語における指示語の特殊用法について―指示体系の変遷に関連して―」金田一春彦・清水功・近藤政美編『平家物語総索引』pp.464–481、学習研究社.

鈴木芳明(2000)「指示副詞サトサ系連語―指示性と一語化を中心に―」『日本語研究』20、pp.50–63、東京都立大学.

正保 勇(1981)「『コソア』の体系」『日本語の指示詞』pp.51–122、国立国語研究所.

高山善行(2003)「極限のとりたての歴史的変化」『日本語のとりたて―現代語と歴史的変化・地理的変異』沼田善子・野田尚史編、pp.107–122、くろしお出版.

高橋太郎(1956)「「場面」と「場」」『国語国文』25–9、京都大学国語国文学研究室(金水・田窪編 1992aに再録、pp.38–46)

高橋尚子(1985)「中古接続詞の機能と変遷―物語文学作品を資料にして―」『愛文』21、pp.8–17、愛媛大学文理学部国語国文研究会.

田窪行則(1990)「ダイクシスと談話構造」『講座日本語と日本語教育』12、pp.127–147、明治書院.

田窪行則(2002)「談話における名詞の使用」『複文と談話』野田尚史他編、pp.193–216、岩波書店.

田窪行則(2005)「感動詞の言語学的位置づけ」『言語』34(11)、pp.14–21、大修館書店.

田窪行則・金水 敏(1996)「複数の心的領域による談話管理」『認知科学』Vol. 3、No. 3、pp.59–74.

田中 望(1981)「「コソア」をめぐる諸問題」『日本語の指示詞』pp.1–50、国立国語研究所.

田中章夫(1984)「4 接続詞の諸問題―その成立と機能―」『研究資料日本文法第 4 巻 修飾句・独立句編　副詞・連体詞・接続詞・感動詞』鈴木一彦・林臣樹編、pp.82–123、明治書院.

塚原鉄雄(1958)「接続詞」『続日本文法講座 1 文法各論編』pp.156–174、明治書院.

築島 裕(1963)『平安時代の漢文訓讀語につきての研究』東京大学出版会

堤 良一(2008)「談話中に現れる間投詞アノ(―)・ソノ(―)の使い分けについて」『日本語科学』23、pp.17–36、国書刊行会.

東郷雄二(2000)「談話モデルと日本語の指示詞コ・ソ・ア」『京都大学総合人間学部紀要』7、pp.27–46.
時枝誠記(1950)『日本文法　口語篇』岩波書店.
中村幸弘・碁石雅利(2000)『古典語の構文』おうふう.
西田隆政(2001)「源氏物語における指示語「さて」の用法—平安和文での接続詞的用法の展開をめぐって—」『国語語彙史の研究』二十、pp.127–139、国語語彙史研究会、和泉書院.
西田直敏(1986)「文の連接について」『日本語学』5、10月号、pp.57–66、明治書院.
丹羽哲也(1992)「副助詞における程度と取り立て」『人文研究』44–13、pp.93–128、大阪市立大学文学部.
沼田善子(2000)『時・否定と取り立て』岩波書店.
野田尚史(2003)「現代語の特立のとりたて」『日本語のとりたて—現代語と歴史的変化・地理的変異』沼田善子・野田尚史編、pp.3–22、くろしお出版.
橋本四郎(1961)「かより合はば—接頭語と指示副詞と—」『女子大国文』20号、京都女子大学(『橋本四郎論文集　国語学編』昭和61、角川書店に再録、pp.195–208).
橋本四郎(1966)「古代語の指示体系—上代を中心に—」『国語国文』35–6、pp.329–341.
橋本四郎(1982)「指示語の史的展開」『講座日本語学2 文法史』pp.217–240、明治書院.
長谷川哲子(2000)「転換の接続詞「さて」について」『日本語教育』105、pp.21–30、日本語教育学会.
服部四郎(1961)「「コレ」「ソレ」と this、that」『英語青年』107–8(金水・田窪編1992aに再録、pp.47–53).
服部匡(1994)「アマリ〜ナイとサホド(ソレホド)〜ナイ」『日本語日本文学』6、pp.1–21、同志社女子大学日本語日本文学会.
濱田敦(1966)「指示詞—朝鮮資料を手がかりに—」『国語国文』35–6、pp.352–369.
浜田麻里(1991)「「デハ」の機能—推論と接続語—」『阪大日本語研究』4、pp.25–44.
浜田麻里(1995a)「いわゆる添加の接続詞について」『複文の研究(下)』仁田義雄編、pp.439–461、くろしお出版.
浜田麻里(1995b)「ソシテとソレデとソレカラ—添加の接続詞」『日本語類義表現の文法(下)複文・連文編』宮島達夫・仁田義雄編、pp575–583、くろしお出版.
浜田麻里(1995c)「サテ、デハ、シカシ、トコロデ—転換の接続詞—」『日本語類義表現の文法(下)複文・連文編』宮島達夫・仁田義雄編、pp.600–607、くろしお出版.
林四郎(1983)「代名詞が指すもの、その指し方」『朝倉日本語新講座5 運用I』水谷静夫編、pp.1–45、朝倉書店.
林奈緒子(1999)「指示機能をもつ程度副詞に見られる制約について—「こんなに」「あ

んなに」「そんなに」を例に―」『言語学論叢』18、pp.25–38、筑波大学一般・応用言語学研究室.
藤田保幸(2000)『国語引用構文の研究』和泉書院.
藤本真理子(2006)「指示詞における聞き手領域の成立」平成18年度大阪大学文学研究課修士論文.
藤本真理子(2008)「ソ系列指示詞による聞き手領域の形成」『語文』90、pp.40–53、大阪大学国語国文学会.
藤本真理子(2009a)「ナタ形指示詞の空間・時間における方向性―平安時代を中心に―」『詞林』45、pp.1–14、大阪大学古代中世文学研究会.
藤本真理子(2009b)「「古代語のカ(ア)系列指示詞」再考」『日本語文法』9-2、pp.122–138、日本語文法学会.
古田東朔(1957)「代名詞遠称「あ」系語と「か」系語の差異」『文藝と思想』14、pp.26–35、福岡女子大学文学部.
堀口和吉(1978)「指示語の表現性」『日本語・日本文化』8、大阪外国語大学(金水・田窪編1992aに再録、pp.74–90)
松村 明(1958)「副助詞―のみ・ばかり・まで・など・すら・さへ・ばし―」『国文学解釈と鑑賞』23-4、pp.93–120、学燈社.
松本明子(2004)「中世室町期を中心とした「いかなる」と「何たる」の様相」『和漢語文研究』2、pp.78–94、京都府立大学国中文学会.
三上 章(1955)『現代語法新説』刀江書院(くろしお出版1972復刊版).
三上 章(1970)「コソアド抄」『文法小論集』pp.145–154、くろしお出版.
宮地朝子(2003)「限定のとりたての歴史的変化―中世以降―」『日本語のとりたて―現代語と歴史的変化・地理的変異』沼田善子・野田尚史編、pp.179–202、くろしお出版.
宮地朝子(2005)「形式名詞に関わる文法史的展開―連体と連用の境界として」『国文学解釈と鑑賞』50-5、pp.118–129、学燈社.
森重 敏(1954a)「群数および程度量としての副助詞」『国語国文』23-2、pp.1–12.
森重 敏(1954b)「内属判断としての副助詞」『国語国文』23-7、pp.1–12.
森重 敏(1955)「代名詞「し」について」『萬葉』16、pp.20–27、萬葉学会.
盛岡健二(1973)「文章展開と接続詞・感動詞」『品詞別日本文法講座6 接続詞・感動詞』鈴木一彦・林巨樹編、pp.8–44、明治書院.
森田良行(1973)「感動詞の変遷」『品詞別日本文法講座6 接続詞・感動詞』鈴木一彦・林臣樹編、pp.178–208、明治書院.
森田良行(1980)『基礎日本語2』角川書店.
森野 崇(2003)「特立のとりたての歴史的変化―中世以前―」『日本語のとりたて―現代語と歴史的変化・地理的変異』沼田善子・野田尚史編、pp.23–43、くろしお

出版.
森山卓郎(2006)「「添加」「累加」の接続詞の機能―「そして」「それから」などをめぐって」『日本語文法の新地平3 複文・談話編』益岡隆志・野田尚史・森山卓郎編、pp.187–207、くろしお出版.
矢島正浩(2004)「言語資料としてみた近松世話浄瑠璃の文体」『江戸文学』30、pp.41–54.
安本美典(1982)「文章様式論」『講座日本語学8 文体史Ⅱ』宮地裕編、pp.1–22、明治書院.
矢野 準(1976a)「近世後期京阪語に関する一考察―洒落本用語の写実性―」『国語学』107、pp.16–33、国語学会.
矢野 準(1976b)「近世後期上方語資料としての上方版洒落本類」『語文研究』41、pp.22–31.
山口堯二(1980)『古代接続法の研究』明治書院.
山口堯二(1986)「上代語の文と句の連接」『日本語学』5、10月号、pp.4–12、明治書院.
山口堯二(1990)「指示体系の推移」『国語語彙史の研究』十一、pp.157–174、国語語彙史研究会、和泉書院.
山口堯二(1991)「指示体系の推移における史的節目」『研究集録(人文・社会科学)』39、pp.31–44、大阪大学教養部.
山田孝雄(1954)『奈良朝文法史』宝文館出版.
山梨正明(1992)『推論と照応』くろしお出版.
湯澤幸吉郎(1936)『徳川時代言語の研究』刀江書院.
吉本 啓(1992)「日本語の指示詞コソアの体系」『日本語研究資料集 指示詞』金水敏・田窪行則編、pp.105–122、ひつじ書房.
李 長波(2002)『日本語指示体系の歴史』京都大学学術出版会.
李 妙熙(1993)「近世における副助詞「くらい」の用法について―「ほど」との比較を通して―」『国語学研究』32、pp.11–25、東北大学文学部「国語学研究」刊行会.
渡辺伸治(2001)「ダイクシス―その全体像の解明の試み―」『言語文化共同研究プロジェクト2000 言語における指示をめぐって』pp.1–20、大阪大学言語文化部大阪大学大学院言語文化研究科.
渡辺伸治(2003)「ダイクシスと指示詞コソア」『言語文化研究』29、pp.417–433、大阪大学言語文化部大阪大学大学院言語文化研究科.
渡辺 実(1952)「指示の言葉」『女子大文学』5、pp.1–20、大阪女子大学文学会.
渡辺 実(1991)「「わがこと・ひとごと」の観点と文法論」『国語学』165、pp.1–14、国語学会.

渡辺 実 (1990)「程度副詞の体系」『上智大学国文学論集』23、pp.1-16.
Eve E. Sweetser (1990) *From Etymology to Pragmatics: Metaphorical and Cultural Aspects of Semantics Structure.* Cambridge University Press.(『認知意味論の展開　語源学から語用論まで』澤田治美訳、研究社、2000)
Fillmore, Charles J. (1997) *Lectures on Deixis.* CSLI Publications.
Hajime Hoji, Satoshi Kinsui, Yukinori Takubo, and Ayumi Ueyama (2003) The Demonstratives in Modern Japanese, Yen-hui Audrey Li and Andrew Simpson (eds.) *Functional Structure(s), Form and interpretation: Perspectives from East Language,* pp.97-128, Routledge Curzon, New York.
Hopper, p. j. and Traugott, E. C. (1993) *Grammaticalization.* Cambridge: Cambridge UP.
Levinson, Stephen C. (1983) *Pragmatics.* Cambridge University Press.(『英語語用論』1990、安井稔・奥田夏子訳、研究社)
M.A.K. Halliday and Ruqaiya Hasan (1976) *Cohesion in English.* London: Longman. (M.A.K. ハリディ、ルカイヤ・ハサン『テクストはどのように構成されるか—言語の結束性—』、安藤貞雄・多田保行・永田龍男・中川憲・高口圭轉訳、ひつじ書房、1997年)
Lyons, J. (1977) *Semantics.* Cambridge University Press.

索引

あ

アア 155, 156
アアイウ風ニ 75, 155, 180
アアイウヨウニ 80
アアシテ 155
アアヤッテ 75, 155
曖昧指示表現 3, 4, 14, 26, 42, 90, 94, 218, 219, 225, 255
曖昧指示表現α 227, 232, 234
曖昧指示表現β 228, 232, 235
曖昧領域指示 25
ア系の特殊用法 130
ア系列 48, 96
アナイ（ニ） 83, 155
アノクライ 213
アノゴトク（ニ） 155
アノヤウニ 155, 171
天草版平家物語 2, 44, 54–63, 66, 69, 286
アレ 97
アレガヤウ 120
アレダケ 193, 195, 213
アレッポッチ 193
アレホド 195, 208, 213
アレ（カレ）＋ガ＋ヤウ 121
アンナ風ニ 75, 155, 181

い

庵功雄 222
一連の動き 270
一般知識領域 221, 230
一般知識領域内 225, 228
井手至 227

う

浮世風呂 290

え

江口正 194
江富範子 10, 91
エピソード記憶領域 20, 221
エピソード記憶領域内 12, 225
延慶本平家物語 65, 97
遠称 13, 100, 119

お

岡﨑友子 9, 13, 21, 23–25, 88, 96, 219
奥田靖雄 241
尾上圭介 230

か

カ 44, 105, 142
階層的記憶モデル 220
カウザマニ（カウサマニ） 143
係助詞 45, 48, 200
限られた程度 204
カク（カウ） 145, 172
覚一本平家物語 97
カクサマニ 142
カクシテ（カウシテ） 148
カクゾ 189, 200
カクダニ 200
カクテ 145, 169
カクノゴト 144
カクノミ 198, 199, 212
カクバカリ 189, 196–198, 212
カクモ 189, 200
カ系列 44
可視的 103
カノ 44
カバカリ 204, 213
カホド 208
上方語 11
上方版洒落本 11
カヤウ 48, 69
カヤウニ（カウヤウニ） 145, 169
カレ 44
川越菜穂子 266, 270
感覚可能 103
眼前指示 242
感動詞 3, 4, 14, 25, 42, 225, 226, 234, 267, 274
感動詞的 26
感動詞的用法 277, 282, 288
観念用法 12, 13, 20, 26, 27, 87, 92, 94, 221
慣用句 267

き

記憶指示用法 27
聞き手 100
聞き手以前の指示 101
聞き手領域指示 119, 120
金善美 41, 243, 246, 250
木村英樹 14, 22, 27, 30, 32, 38, 40, 42, 193
旧事諮問録 80, 81
強調 200

清瀬良一　85
距離　246
距離区分説　13, 23, 24
距離（人称）　247, 249, 256
距離表示　248
近・遠の対立　120
近称　13, 100, 119
近称制約　250
金水敏　7, 8, 9, 13, 14, 19, 21–25, 27, 30, 32, 38, 40, 42, 54, 88, 96, 117, 119, 193, 219, 241
金田一春彦　36, 39, 190, 191

く

空欄指示　219
工藤真由美　36, 39, 190, 191
久野暲　22, 117
黒田成幸　9, 252
訓点特有語　48
訓読特有語　107

け

一系　18
形式名詞　194, 197, 210, 213
京阪方言　83
一系列　18
系列の名称　18
原拠本　286
言語・思考・認識活動の内容を表す用法　15, 21, 28, 33, 29, 133, 157
言語思考活動動詞　33, 34, 36
源氏物語　48, 57, 71, 102, 276, 278
現代語法新説　184

現代日本語の表現と語法　19
限定用法　211
現場指示　242

こ

語彙情報　248
コウ　152
コウイウ風ニ　75, 152, 180
コウイウヨウニ　80
高程度　204
高程度・大きい量　193, 198
行動の区切り目のマーカー　266
行動の区切り目を示すマーカー　263
後方照応　12, 20, 23, 34, 41
コウヤッテ　75, 152
コガイ　72
コキダ　189
コキダク　189
古今和歌集　102
ココダ　189, 201
ココダク　201
ココバク　189
コソアドの体系化　72
こち　91
コナイ（ニ）　83, 152
コノクライ　213
コノゴトク（ニ）　147
コノヤウ　69
コノヤウニ　65, 147, 171
小柳智一　196, 198
語用論的　249, 256
コレダケ　193, 195, 213
コレッポッチ　193
コレホド　195, 208, 213
コレ＋ガ＋ヤウ　121

コンナ風ニ　75, 152, 181

さ

サ　48, 174
サウ　57, 124
佐久間鼎　7, 8, 13, 16, 19, 22, 23
サ系列　44
サ系列の直示用法　117
サコソ　189
迫野虔徳　9, 72
さしも　235
定延利之　25, 26
サテ　3, 145, 169, 259, 275
サテオキ　275
サテサテ　276, 277, 282
サテハ　267, 275, 276
サテハテ　267, 275
サテモ（ヤ）　276, 277, 282
サバカリ　189, 204, 212, 213
サホド　208
さほど　235
さま　16, 17, 22, 27, 104, 109
サヤウ　48, 69
サヤウニ　145, 169
さらぬ　233
さりげなく　233
サル（ベキ）N　232, 234

し

シ　90
シカ　45, 85, 108
しかじかと　233
シカゾ　189, 200
シカノミ　198
シカモ　189, 200
シカルベキN　232, 234
思考活動動詞　135

指示体系の転換期　2
指示の過程　247
指示範囲　241
指示用法　87, 127, 172
指示領域　100, 119
事態の限定　211
指標詞　243, 246
事物の限定　211
清水功　130
周縁的な用法　217
修辞法　227
修飾　134
修飾成分　134, 174, 175
春色梅児誉美　81
照応用法　11, 13, 20–23, 27, 34, 38, 39, 87, 93, 221, 241
条件　279
状態・性質の程度　191
上代のカク系列　105
上代のカ系列　91
上代のコ系列　89
上代のサ系列　106
上代のソ系列　90
状態の程度　198
象徴的用法　243, 246, 250
使用場面　30, 37
使用場面制約　22, 31, 140, 153, 154, 156, 166
所在既知性　253
身体的指示動作　30, 244, 246, 249
心的モデル　20
心的領域　220, 236
進展性　36, 42, 190
心理的操作　251

す

推論　223, 224, 272
推論による照応　223
スキーマ　230
スケール　194

せ

静態動詞　168
静的状態の様子を表す用法　15, 21, 28, 29, 39, 40, 133, 168
制約　30
昔夢会筆記　80, 81
接続詞　3, 259
接続詞的用法　277, 279
接続助詞「テ」　262, 276
絶対指示　250
先行詞　230
前方照応　12

そ

ソウ　154, 234
ソウイウ風ニ　75, 154, 180
ソウイウヨウニ　80
ソウシテ　154
ソウヤッテ　75, 154
ソガイ　72
ソキラク　189
属性（語彙）情報　247, 248, 256
ソ系列の直示用法の発生　103
ソコ　98, 101–103
そこはかとなく　233
ソコバ　189, 201
ソコラク　189
ソシテ　265, 266, 269, 270, 280
ソナイ（ニ）　83, 154
ソノクライ　213
ソノゴトク（ニ）　150
ソノヤウ　69
ソノヤウニ　65, 125, 149, 150, 154, 171
ソレ　97, 99
ソレカラ　280
ソレダケ　193, 195, 213
ソレッポッチ　193
ソレデ　280
ソレホド　125, 195, 208, 213
ソレ＋ガ＋ヤウ　121
ソンナ風ニ　75, 154, 181

た

ダイクシス　242
体系性　128
対象の同定　248
代動詞　137, 138
対立的な視点　120
田窪行則　7–9, 14, 19, 22, 27, 30, 32, 38, 40, 42, 193, 241, 250, 251, 253
単純な照応　222
段落の連接　268
談話管理理論　220
談話空間　252, 255
談話情報領域　220, 222, 236
談話標識　268
談話モデル　220

ち

近松浄瑠璃　54, 64, 69, 70, 289
竹柏園本平家物語　54
中華若木詩抄　86
中距離　41
中距離指示　24, 28, 119
中古のア系列　95
中古のカ系列　95
中古のカク系列　109
中古のコ系列　92

中古のサ系列　111
中古のソ系列　93
中称　13, 100, 119
中世天草版平家物語　5
中世のア系列　98, 121
中世のカ系列　98
中世のカク系列　123
中世のコ系列　123
中世のサ系列　124
中世のソ系列　97, 124
長期記憶領域　221, 236
直示　3
直示語　246
直示の定義　243, 244
直示用法　12-14, 21-24, 26-28, 38, 39, 87, 92, 93, 119, 221, 241
直示用法の確立の時期　101
直示用法の発生過程　99
直接指示　242
直接身体的指示動作　31
曹美庚　9, 13, 21, 23-25, 88, 96, 219

つ

築島裕　48, 106

て

程度・量の大きさを表す用法　15, 16, 21, 28, 29, 34, 35, 38, 39, 133, 164
デハ　272, 273
添加　269, 279, 280
添加の接続詞　265
転換 A　269
転換 B　270
転換 C　273
転換 α　279
転換 β　279

転換期　44, 53, 54
転換の接続　259
転換を含む添加　279, 281
電話による直示　253

と

東郷雄二　220
統語論　133
動作・作用の結果状態の程度　192
動作・作用の様態　37
動作・作用の様態を表す用法　15, 21, 28-30, 133, 140
動作・作用の量　192
同時性　253
同定　256
同程度　204
同程度・同量　193
同類異項目　269
匿名指示　219
特立　200
独立性　253
トコロデ　266
虎明本狂言　50, 54, 62, 63, 68, 72

な

内的情態動詞　190, 191

に

二人称　103
二人称相当　93
丹羽哲也　35, 42, 195, 199
人称区分　8
人称区分説　13, 23, 24
人称制限　117, 119, 120
人称代名詞　259

の

ノミ　198

は

バカリ　199
橋本四郎　8, 9, 44, 72
長谷川哲子　263
服部四郎　13, 23
服部匡　38, 42, 220
発話状況　246, 247-249, 256
発話場面依存ダイクシス　246
濱田敦　86
浜田麻里　263, 272
場面　252
場面・視点の転換　269, 270
場面制約　32

ひ

非感覚的　103
非言語行為　243, 246
非言語的指示行為依存ダイクシス　246
非体系性　128
否定対極表現　3, 4, 14, 26, 38, 39, 42, 218, 225, 231, 233, 235
独り言　252
百二十句本平家物語　54, 57, 60

ふ

フィラー　259
不可視的　103
副詞的用法　133, 172, 277, 278

副詞の関係節化　194
副助詞　35, 42, 45, 48, 57, 210, 212
複数性　199
藤田保幸　33, 42
付帯的な事情　270
不明確項指示用法　230
不明確事態指示用法　230
文脈内直示用法　22

ほ
方言形　83
補充　134
補充成分　134, 135
補助的なツール　249
堀口和吉　250

ま
枕草子　102
万葉集　10, 45-47

み
三上章　9, 13, 23, 184

め
メタ的情報　268

も
もの・こと　17, 22
森重敏　90, 108
森山卓郎　269

や
山口堯二　72, 276
山田孝雄　91

よ
用法の縮小　175

吉本啓　220

り
李長波　8, 10, 13, 14, 51, 72
量性　199

れ
例外的な用法　218
連想照応　224
連続量　199

ろ
logo 指示用法　219

わ
渡辺伸治　241, 244

【著者紹介】

岡﨑友子（おかざき ともこ）

〈略歴〉1967年、三重県伊勢市生まれ。
1998年、神戸大学大学院文学研究科博士前期課程修了。2004年、大阪大学大学院文学研究科博士後期課程修了。博士（文学）。大阪大学大学院文学研究科助手を経て、2006年より就実大学人文科学部専任講師、2007年准教授。

〈主な著書・論文〉「指示副詞の歴史的変化について―サ系列・ソ系を中心に―」『国語学』53巻3号（国語学会、2002年）、「現代語・古代語の指示副詞をめぐって」『日本語文法』3巻2号（日本語文法学会、2003年）、「感動詞・曖昧指示表現・否定対極表現について―ソ系(ソ・サ系列)指示詞再考―」『日本語の研究』2巻2号（日本語学会、2006年）、「指示副詞のコ・ソ・ア体系への推移について」『国語と国文学』83巻7号（東京大学国語国文学会、2006年）など。

ひつじ研究叢書〈言語編〉第77巻
日本語指示詞の歴史的研究

発行	2010年2月15日 初版1刷
定価	6600円＋税
著者	©岡﨑友子
発行者	松本 功
本文フォーマット	向井裕一（glyph）
印刷所	三美印刷株式会社
製本所	田中製本印刷株式会社
発行所	株式会社 ひつじ書房
	〒112-0011 東京都文京区千石2-1-2 大和ビル2階
	Tel.03-5319-4916 Fax.03-5319-4917
	郵便振替 00120-8-142852
	toiawase@hituzi.co.jp　http://www.hituzi.co.jp

ISBN978-4-89476-456-9

造本には充分注意しておりますが、落丁・乱丁などがございましたら、小社かお買上げ書店におとりかえいたします。ご意見、ご感想など、小社までお寄せ下されば幸いです。